LINGUAGEM E POLÍTICA 1:

PRINCÍPIOS TEÓRICO-DISCURSIVOS

Conselho Editorial
Ataliba Teixeira de Castilho
Carlos Eduardo Lins da Silva
José Luiz Fiorin
Magda Soares
Pedro Paulo Funari
Rosângela Doin de Almeida
Tania Regina de Luca

Proibida a reprodução total ou parcial em qualquer mídia
sem a autorização escrita da editora.
Os infratores estão sujeitos às penas da lei.

A Editora não é responsável pelo conteúdo da Obra, com o qual não necessariamente concorda.
Os Organizadores e os Autores conhecem os fatos narrados, pelos quais são responsáveis,
assim como se responsabilizam pelos juízos emitidos.

Consulte nosso catálogo completo e últimos lançamentos em **www.editoracontexto.com.br**.

Oriana N. Fulaneti
Alexandre Marcelo Bueno
(organizadores)

Denis Bertrand • José Luiz Fiorin • Arnaldo Cortina
Diana Pessoa de Barros • Federico Montanari
Juan Alonso Aldama • Kati Caetano • Glaucia Proença Lara
Conrado Moreira Mendes • Elizabeth Harkot-de-La-Taille

LINGUAGEM E POLÍTICA 1:
PRINCÍPIOS TEÓRICO-DISCURSIVOS

editoracontexto

Copyright © 2013 da Organizadora

Todos os direitos desta edição reservados à
Editora Contexto (Editora Pinsky Ltda.)

Montagem de capa e diagramação
Gustavo S. Vilas Boas

Preparação de textos
Lilian Aquino

Revisão
Ana Paula Luccisano

Dados Internacionais de Catalogação na Publicação (CIP)
(Câmara Brasileira do Livro, SP, Brasil)

Linguagem e política : princípios teórico-discursivos / Oriana N. Fulaneti e Alexandre Marcelo Bueno (orgs.) . – São Paulo : Contexto, 2013.

Vários autores.
Bibliografia
ISBN 978-85-7244-795-9

1. Análise do discurso 2. Linguística 3. Política – Linguagem 4. Semiótica 5. Teoria crítica I. Fulaneti, Oriana N. II. Bueno, Alexandre Marcelo.

13-03380 CDD-401.41

Índices para catálogo sistemático:
1. Análise do discurso político : Comunicação : Linguagem 401.41
2. Discurso político : Análise : Linguagem e comunicação 401.41

2013

EDITORA CONTEXTO
Diretor editorial: *Jaime Pinsky*

Rua Dr. José Elias, 520 – Alto da Lapa
05083-030 – São Paulo – SP
PABX: (11) 3832 5838
contexto@editoracontexto.com.br
www.editoracontexto.com.br

Sumário

Apresentação

"Político só faz promessa", "político é bom de discurso". Quem já não ouviu alguma afirmação dessas, ou algo parecido? Desde a democracia grega, a "arte do bem falar" encontra-se intrinsecamente associada à política. Partindo dessa relação e do fato de que tanto a política quanto os estudos de linguagem vêm conhecendo inúmeras transformações nas últimas décadas, sentimos a necessidade de reflexões sobre a relação entre linguagem e política na atualidade. Concebemos, então, um projeto de estudo do discurso político e, para a nossa boa surpresa, tivemos tanta adesão que foi preciso dois volumes para acolher seus resultados.

A perspectiva linguística adotada é a dos estudos discursivos, tendo como ênfase a teoria semiótica da escola de Paris. O termo "político" está sendo empregado de acordo com o senso comum que a palavra veicula, cujas acepções se encontram em dicionários da língua portuguesa, e não como um conceito teórico do campo da Sociologia ou da Filosofia. Dessa forma, os caminhos possíveis para se classificar um discurso como "político" podem ser percorridos de diversas maneiras, como pelos valores que ele articula (como no caso de discursos sobre identidade nacional ou regional, por exemplo); por tratar de temas como o da relação entre diferentes grupos sociais; por ser proferido por figuras políticas do passado, ou contemporâneas, ou ainda por movimentos sociais de atuação política etc.

A abordagem semiótica do domínio político data do surgimento da teoria, entre as décadas de 1970 e 1980, quando muitos pesquisadores dedicavam-se à análise de discursos políticos, procurando depreender uma estrutura subjacente aos textos analisados. De maneira geral, esses trabalhos, condizentes com as preocupações da teoria no momento, voltam-se para a organização narrativa de discursos políticos – discursos de busca do poder – e para o seu desenvolvimento temático. Entretanto, a Semiótica é uma teoria em movimento, que mais recentemente vem enfatizando os estudos sobre enunciação, paixão, interações, tensividade, corpo e sensorialidade, de modo a captar as desestabilizações, os deslizamentos, as ondulações que atravessam o percurso de produção de sentido. Essas novas ênfases deram origem a diferentes desdobramentos teóricos, como a semiótica tensiva, as formas de vida, a sociossemiótica, o semissimbolismo, a semiótica das paixões etc.; que estabelecem relações interdisciplinares diversas – a fenomenologia de Hurssel e Merleau-Ponty, a Sociologia de Bourdieu, a Retórica, entre outras.

Nesta obra, a busca pelo desenvolvimento de abordagens até então não contempladas teoricamente vem acompanhada do desafio de se debruçar sobre objetos ainda não estudados, e é reforçada pelo desejo de compreender novas realidades discursivas e, consequentemente, novos valores, hábitos e comportamentos sociais. Assim, os capítulos aqui presentes consistem na reunião de trabalhos representativos de diferentes países e diversas abordagens existentes atualmente na Semiótica de linha francesa, todos voltados para o discurso político, compreendido e analisado sob diferentes formas de manifestação: documentos políticos, discursos, cartas, romances, reportagens de jornal, filmes, quadros, blogs, sites, programas de televisão etc. Trata-se, portanto, de abordar a política sob novas perspectivas teóricas, mas também de depreender novas formas de manifestação da política.

O primeiro volume concentra textos que discorrem sobre categorias mais amplas e abstratas, as quais poderão servir de suporte a outras análises (não necessariamente apresentadas neste livro). Nele encontramos uma apresentação da concepção semiótica dos modos de construção da significação nos discursos políticos. Os capítulos do segundo volume são mais analíticos, isto é, dedicam-se ao estudo de um ou mais discursos específicos. Sabemos, entretanto, que essa separação é tênue, pois, muitas vezes, um estudo teórico pode se valer de exemplos práticos em sua construção e, por outro lado, a análise de um discurso específico pode trazer grandes contribuições teóricas. Dessa forma, esta obra é concebida na complementariedade teórico-prática e, ao longo de seus dois volumes, proporciona ao leitor uma maior compreensão do funcionamento do discurso político.

Os capítulos deste primeiro volume, privilegiando aspectos teóricos, exploram o funcionamento de determinados elementos constitutivos e/ou estratégias empregadas nos discursos políticos. Denis Bertrand desenvolve uma reflexão em torno das diferentes manifestações dos regimes de concessão e implicação na política e, por meio da análise de discursos do ex-presidente francês Nicolas Sarkozy, elenca a concessividade como a operação de base de uma nova forma de se fazer política na França. As relações entre os campos discursivos religioso e político são analisadas por José Luiz Fiorin, que, em seu texto, além de apontar características dos discursos de cada um dos campos, mostra alguns efeitos resultantes da incorporação de traços do discurso religioso no discurso político. Os efeitos da interseção entre os campos da religião e da política no discurso também são estudados por Arnaldo Cortina, que trata da polêmica da legalização da união homoafetiva no Brasil por meio da análise dos discursos do pastor Silas Malafaia (conhecido por suas posições contrárias à união homoafetiva) e do deputado federal Jean Wyllys, explorando principalmente as estratégias de sensibilização do leitor/ouvinte. No mesmo viés de intersecção de campos discursivos, Diana Pessoa de Barros apresenta características de discursos políticos e de discursos intolerantes, revelando como podem ser utilizados na constituição de estratégias de discursos políticos.

Os quatro primeiros capítulos consistem, cada um a sua maneira, no desvelamento de um conjunto de estratégias enunciativas frequentemente empregadas em discursos políticos e do efeito de sentido resultante da forma como tais estratégias se agregam. De modo inverso, os três textos que dão continuidade à obra dedicam-se à descrição do funcionamento de uma característica específica do discurso político. Assim, Federico Montanari discorre sobre manifestações semióticas do conflito. Em seu capítulo, o autor italiano expõe algumas definições do termo para delinear os traços relevantes em um estudo das atuais formas de guerra e de conflito. Em abordagem semelhante, o espanhol Juan Alonso Aldama investiga a figura da rendição, traçando seu percurso semiótico. Para isso, utiliza-se de muitos exemplos de guerra e de conflitos políticos, atendo-se mais demoradamente a dois objetos específicos: um quadro de Velázquez, *A rendição de Breda*, e um gráfico dos soldados franceses mortos na guerra entre França e Rússia na época de Napoleão. Kati Caetano estuda a configuração narrativa da promessa, com ênfase para a dimensão sensível desse ato.

Os dois últimos capítulos discorrem sobre a manifestação discursiva de valores contemporâneos e os desafios teóricos de abordá-los. Glaucia Proença Lara e Conrado Moreira Mendes estudam o entrecruzamento entre o público e o privado na política ao analisar imagens e discursos proferidos por Dilma Rousseff e Barack Obama quando da visita do presidente americano ao Brasil. Conjugando conceitos como formas de vida, níveis de pertinência e *ethos*, os autores mostram a tênue divisão entre os dois âmbitos e os efeitos da invasão de um em outro, como, por exemplo, a exploração de notícias sobre a vida pessoal dos políticos, muitas vezes transformados em celebridades.

A imagem do corpo, enquanto uma preocupação social e política (de saúde pública, de valores da sociedade), é analisada por Elizabeth Harkot-de-La-Taille em textos midiáticos de diferentes gêneros discursivos (sites, blogs, notícias de jornal impresso, documentários televisivos etc.) que tratam de transtornos alimentares em jovens. Estudando a representação de corpos excessivamente magros nos meios de comunicação pelo viés de questões identitárias e corporais, a autora mostra como os estudos de uma semiótica do comportamento podem contribuir para o combate do que é considerado uma doença social contemporânea.

Como se pode observar, ao longo dos capítulos, a política em seu sentido lato é flagrada sob diversos ângulos. Acreditamos que a leitura desses textos traga contribuições de três ordens: primeiro, e o que consideramos mais importante, trata-se de uma obra que desvenda o funcionamento do discurso político em diferentes aspectos, apontando suas características e configurações mais constantes, mostrando o modo de depreender seus valores, descrevendo a forma de construção de suas numerosas estratégias etc.; segundo, permite uma melhor compreensão da política e de seu estado atual de desenvolvimento, com suas temáticas e formas de manifestação; e, por fim, apresenta uma amostra substanciosa do estado em que a teoria semiótica se encontra atualmente.

Os organizadores

Política e concessão

Denis Bertrand
Trad. Alexandre Marcelo Bueno

Por que escolhemos a Semiótica como parte dos "novos instrumentos" para a análise do discurso político? De quais "antigos instrumentos" essa análise se distingue? De início, pensamos na Retórica Geral, ao mesmo tempo descrição técnica do discurso eficaz, quer dizer, persuasivo. Ela é uma disciplina plurissecular, a mais velha e a mais estável de todas nas ciências humanas, com suas idas e vindas regulares no fio da história, seus declínios e suas ressurreições (e cuja renovação pode ser observada atualmente nas sociedades e nos cursos universitários).

A Semiótica, historicamente uma jovem disciplina, é às vezes mais modesta e às vezes mais ambiciosa do que a Retórica. Mais modesta por ser uma disciplina da observação do sentido e não da prescrição de condutas discursivas: como a significação funciona por meio de sua materialidade e de seus signos? Como ela é compartilhada? Quais são seus mecanismos? Podemos objetivamente descrevê-los? E mais ambiciosa, porque a Semiótica se apresenta também como uma teoria geral da linguagem, com posições epistemológicas, com um dispositivo teórico e com um instrumental de análise. A Semiótica se mostra, assim, como uma teoria da linguagem ou, de preferência, das linguagens: as palavras, as imagens, os corpos, os gestos, os lugares, os sons, toda a variedade de discursos sociais são seu objeto de interesse, sobretudo os modos de união presentes no sincretismo das manifestações concretas.

Uma palavra de Paul Ricoeur sobre ser mais modesta ou mais ambiciosa aparece como a mais fecunda das justificativas: a Semiótica permite "explicar mais para compreender melhor".[1] Acrescentaríamos o seguinte, já que se trata do discurso, das práticas e da vida política: para compreender melhor e para se investir melhor no julgamento, eventualmente no julgamento crítico.

Evidentemente, não se trata aqui de discutir os princípios e os métodos de nossa disciplina do sentido, supostamente bem conhecidos, mas sim de destacar um de seus avanços teóricos. Fá-lo-emos a partir do exame concreto de um caso, que é o de uma instituição central da Quinta República francesa encarnada em uma pessoa: o presidente da república, seus modos de presença, seu corpo e seu discurso.

O discurso de Nicolas Sarkozy

Interessamo-nos pelo discurso político após ter publicado, com Jean-Louis Missika e Alexandre Déze, uma análise semiótica dos discursos das campanhas para a eleição presidencial de 2007.[2] Fomos, depois da publicação do livro, surpreendidos por um fenômeno notável, transversal aos diferentes domínios dos discursos políticos. Esse fenômeno é o da concessão (no sentido gramatical do termo), cuja lógica se exprime pelo "ainda que", pelo "posto que", pelo "mesmo se". O fenômeno da concessividade foi iniciado, de maneira surpreendente, nos parece, pelo presidente Sarkozy no exercício – ou nas diversas formas de exercício – de seu discurso desde sua eleição, em 2007, até 2010.

Jean-Louis Missika publicou um artigo sobre a comunicação de Nicolas Sarkozy com o título de "La communication de Nicolas Sarkozy: l'art de la saturation".[3] Inicialmente, Missika nota em seu trabalho, como traço fundamental, "a onipresença da fala" em oposição à "fala rara"[4] que dava tradicionalmente a força institucional ao discurso presidencial. O discurso de Nicolas Sarkozy tende, ao contrário, a saturar o espaço midiático. A consequência principal dessa característica é a de desestruturar o debate político, tornando voláteis os temas propostos. Eles parecem, assim, fugazes, conjunturais e, frequentemente, sem perspectivas futuras: é a "carta aos professores", no início do quinquenal, a "política de civilização" ou a "refundação do capitalismo".[5] É ainda o uso oportuno de *fait divers*[*] para legislar ou mesmo para perturbar relações inter-

---

* N.T.: Resumidamente, o *fait divers* (fato diverso) é uma reportagem que veicula, muitas vezes de modo exagerado e sem qualquer reflexão, notícias do cotidiano (e não de política ou economia, por exemplo), como mortes, curiosidades, violências etc. Por isso, ela tem um caráter essencialmente popular ou popularesco.

nacionais, como se viu recentemente no caso Cassez* e suas implicações sobre o ano do México na França. À volatilidade da agenda política, pode-se adicionar o parâmetro da emoção, que se refere não às grandes paixões políticas (a ambição, o entusiasmo, a persistência etc.), mas ao registro emocional que faz falar, por exemplo, do "sofrimento social" antes das "desigualdades sociais", que se apodera, em tempo real, das emoções midiáticas e explora o potencial político do medo do outro ou que se apossa de temas da extrema-direita sobre a xenofobia. Um terceiro parâmetro é o do excesso do "dizer" sobre o "fazer", regulação naturalmente difícil de realizar-se no exercício político, mas cuja lacuna aparece aqui levada ao extremo. O último parâmetro, resultado dos anteriores, é o da neutralização do adversário, que se desgasta para encontrar seu lugar em um espaço desestruturado que obstrui a deliberação política e a confrontação de argumentos.

Todavia, tudo o que foi dito no parágrafo anterior, mesmo objetivamente identificado e analisado por Missika, pode aparecer também como a expressão racional de uma opinião e de um posicionamento políticos. Como escapar totalmente disso? Parece-nos que, no prolongamento das proposições analíticas do artigo anteriormente mencionado, é possível conceitualizar um pouco mais, com os objetivos de identificar uma instância semiótica mais profundamente enraizada na teoria da linguagem que seja capaz de esclarecer a lógica de funcionamento discursivo de Nicolas Sarkozy, por meio da espantosa variedade de suas manifestações, e também de interrogar uma dimensão mais geral do discurso político em si mesmo. A instância mencionada será encontrada no que a Semiótica contemporânea chama de "gramática tensiva".

A gramática tensiva

Para conhecer melhor essa gramática, é preciso fazer uma descrição teórica desse objeto com frequência percebido como complexo e que foi recentemente desenvolvido em nossa disciplina: a Semiótica Tensiva. Seu principal promotor é o semioticista francês Claude Zilberberg, cuja obra conhece no

* N.T.: Florence Cassez, cidadã francesa, foi presa no México e posteriormente condenada pela Justiça mexicana, em 2009, a trinta anos de prisão por ter participado de um sequestro e por porte ilegal de arma. A sua condenação gerou comoção na sociedade francesa, o que levou Nicolas Sarkozy a intervir no caso, mas sem sucesso. Em 2011, quando haveria o ano do México na França, Sarkozy decidiu dedicar o evento a Florence Cassez, o que levou à saída do governo mexicano das festividades e provocou um incidente diplomático entre os dois países.

Brasil uma aclamação maior do que em seu país de origem. Ele publicou, em 2006, um livro intitulado *Elementos de Semiótica Tensiva*[6] que apresenta, de maneira desenvolvida, as posições e os métodos da tensividade na descrição do sentido. Seu sucesso, como todos os trabalhos que vieram depois, não foi ainda confirmado... Mas isso pouco importa. Diz-se que uma das características da pesquisa consiste em, frequentemente, lançar no mercado de ideias proposições que parecem, de início, paradoxos inaudíveis cuja pequena melodia, às vezes, durante o trajeto, é escutada antes de se tornar pontos de referência úteis para pensar melhor nosso mundo.

A Semiótica Tensiva se fundamenta em três características essenciais, que permitem conhecer mais de perto a realidade das significações na linguagem: primeiro, assume-se a ideia de que a afetividade ocupa uma função primordial e diretriz na produção do sentido.[7] Como escreveu Merleau-Ponty, um objeto "[...] parece atraente ou repulsivo antes de parecer negro ou azul, circular ou quadrado [...]".[8] O vocabulário da língua testemunha essa impregnação das palavras pelo afeto: para significar um mesmo fenômeno de conduta, passa-se da "vontade" à "perseverança", depois pela "persistência", em seguida à "obstinação", à "teimosia" até se chegar à "obsessão". Quais são as diferenças de conteúdo entre esses parassinônimos? É, no essencial, o grau de intensidade do afeto que faz passar progressivamente da denominação de uma virtude (a perseverança) a uma paixão (a obstinação).

Segunda característica que o exemplo anterior sugere, a semântica tensiva postula a existência, anterior à análise estrutural clássica de oposições (branco *vs*. preto, quente *vs*. frio, homem *vs*. mulher), de uma elasticidade na relação entre os termos, sob a forma de intervalos, de coberturas, de dependências e de medidas de intensidade. Em outras palavras, há movimento na estrutura, do contínuo sob o descontínuo. O espaço entre os termos contrários se dilata e uma escala gradual permite passar dos subcontrários ditos "átonos", que são, por exemplo, o "aberto" e o "fechado", aos sobrecontrários extremos (ou "tônicos") que são, no mesmo exemplo, o "escancarado" e o "hermético".[9]

Por fim, a terceira característica da Semiótica Tensiva, o discurso faz aparecer a "dimensão concessiva do acontecimento" e instala, portanto, um regime de concessão ("ainda que...", "mesmo que...") oposto, no mesmo nível, ao regime clássico da implicação, o qual articula a relação entre causa e consequência e procede por silogismo: "se... então".[10] A gramática tensiva é, então, colocada sob o signo do concessivo. Como? Retomemos os dois exemplos simples dos subcontrários e dos sobrecontrários, começando com o aberto e o fechado. Esses dois termos se definem reciprocamente: para o aberto, como o que pode ser fechado, e para o fechado, como o que pode ser aberto. Nos sobrecontrários, diferentemente, o hermético se define como o que não se pode abrir (lembremos a fórmula do poeta Francis Ponge, em *O partido das coisas*: "a ostra é um mundo recalcitrantemente fechado"),[11] e o escancarado, como o que não pode ser fechado (uma ferida escancarada,* por exemplo). Como a modalidade exprime, essas grandezas indicam um mundo do possível e um mundo do não possível. No mundo do possível, o fato de o aberto poder ser fechado e o fechado poder ser aberto revela uma lógica da implicação: se a porta está aberta, então se pode fechá-la e inversamente.

Em compensação, abrir o hermético ou fechar o escancarado supõe a passagem do não possível, ou do irrealizável, para o realizado: essas duas operações requerem, então, a intervenção do processo de concessão, que faz sair da regra implicativa e da causalidade operante: "ainda que a ostra esteja teimosamente fechada, eu a abro!", "ainda que a ferida esteja escancarada, eu a fecho novamente!". Se os gramáticos geralmente analisam a concessão como uma causalidade que não funciona, é porque eles a interpretam como uma implicação que fracassa, pois ela é, em outro lugar, estabilizada em virtude de princípios culturalmente cristalizados pelo uso. A concessão transgride um "então": "está frio, então eu fecho a janela" torna-se, concessivamente, "ainda que esteja frio, eu deixo a janela aberta".

Na ordem do jurídico, a concessão ocorre, por exemplo, com um advogado intrépido: "ainda que essa causa seja desesperadora, eu a defendo!"; na ordem do epidítico, é o discurso do publicitário de cosméticos: "ainda que suas rugas certamente se aprofundem, eu as elimino!"; na ordem do deliberativo, é o discurso premonitório dos ecologistas: "mesmo que ninguém creia nisso, nós militamos, apesar de tudo, para a salvação do planeta!". Passa-se do regime do "porque" para o regime do "ainda que". Com a concessão, nos aproximamos do político. A midiatização do fenômeno da concessão faz surgir a ordem tônica do acontecimento, o inesperado da novidade, o imprevisto que se exprime na exclamação, o surpreendente que provoca a emoção. É por meio da concessão que o acontecimento surge e rompe com o sistema de esperas estabilizadas.

---

* N.T.: Em português, fala-se, geralmente, em "ferida aberta" e não em "ferida escancarada". De qualquer forma, mantivemos o exemplo para não se perder a questão do escancarado, fundamental para o desenvolvimento das explicações do autor.

Concessividade e política: discursos de Nicolas Sarkozy

Podemos ver uma das instâncias essenciais da prática política de Nicolas Sarkozy e da ordem de seu discurso: ele explora uma estratégia concessiva. Fazendo surgir o imprevisível, ele declara ter, enfim, triunfado sobre o melancólico "pensamento único". Ele nos diz: "vocês não acreditavam, era inconcebível e, bem, eu o fiz!". Ele era mesmo hiperconcessivo quando declarava exatamente diante da grande crise financeira: a despeito de todas as aparências, "eu irei arrancar três pontos de crescimento com os dentes!". O uso dessas formas concessivas se torna estereotipado em seu discurso e pode se resumir em fórmulas que são mencionadas por Jean-Louis Missika em seu artigo: "criticam-me pelo que fiz, mas não diriam nada se eu fizesse o contrário?" (e também: "quem não teria dito algo se eu nada fizesse?" e "ainda que vocês pensem e esperem isso de mim, eu faço o contrário").[12] A dimensão emocional e espetacular, se frequentemente reconhecida como uma característica da comunicação política contemporânea (para além da sua própria dimensão), encontra talvez nessa versão tensiva da concessão, contra a lógica racional da implicação, sua instância primordial.

Mas, se é isso o que a Semiótica Tensiva prevê, devemos também considerar que, ao lado do regime concessivo "tônico", é possível observar outro regime de concessão, que pode verdadeiramente ser qualificado, na ocorrência da atonia, como seu corolário. É esse o discurso que a oposição se vê forçada a usar. Essas famosas construções: "certamente, tudo não é ruim nas iniciativas do presidente, mas seria preciso, apesar de tudo, considerar que etc.", "é verdade que... no entanto", "a fala é boa... mas o que ele faz de ação?". A estrutura de tais enunciados estava, aos nossos olhos, muito bem caracterizada, entre outras manifestações, nos editoriais do *Libération*, jornal de oposição. Vejamos o exemplo, entre muitos outros, desse trecho do editorial de Laurent Joffrin, a propósito do atentado de Karachi e das comissões de armas doadas que, segundo enquete do jornal, seria a origem do atentado:

> Uma "fábula", disse o presidente [...]. *É verdade* que o negócio de armas tem, por vezes, um aspecto um pouco rocambolesco. [...] *No entanto*, o caso Clearstream, depois de muitos outros negócios, nos mostra todos os dias que o mundo de contratos militares é um mundo sombrio de truques sujos e ilegais, por vezes, sangrento.[13]

O trecho anterior salienta bem a concessão, pois ela reconhece o mérito de suas implicações e sublinha seu caráter inoperante nas ocorrências destacadas.

Podemos explicar o lugar que esse duplo dispositivo concessivo tomou progressivamente no campo político e sua extensão considerável na comunicação midiática e política de hoje. Ele oculta, talvez, o princípio que permite a neutralização da fala do adversário, cuja origem se encontra nas distorções da categoria clássica "direita-esquerda" produzidas por meio do mecanismo de triangulação. É assim nomeada a técnica que consiste em fundar o discurso nos temas esperados de seu próprio campo, mas tomando os temas-chave do campo do adversário para impor, por meio dessa ligação, um terceiro termo que traz, dessa vez, um efeito de novidade. Trata-se, assim, de desafiar a previsibilidade do discurso e de se separar de suas marcas ideológicas, apropriando-se do vocabulário e do tema do antagonista.

De Bill Clinton a Tony Blair, de Nicolas Sarkozy a Ségolène Royal, e hoje talvez Marine Le Pen, essa técnica provou sua eficácia. À direita, Nicolas Sarkozy proclama: "eu quero ser o candidato do trabalho", tema tradicionalmente ligado ao discurso militante da esquerda. De seu lado, Ségolène Royal exige "o enquadramento militar dos jovens delinquentes", ou seja, o discurso da segurança militarizada, que é uma das características do discurso da direita (e, principalmente, da extrema-direita). Nicolas Sarkozy, eleito, sistematizou a triangulação no exercício do poder: um golpe à direita e um golpe à esquerda; manipulação e apropriação de símbolos da esquerda[14] e, principalmente, pela busca de personalidades da esquerda (na política dita de "abertura") para nomeá-las ministros ou funcionários do alto escalão.

Os exemplos são inúmeros. Eles têm o duplo efeito de impor simultaneamente os dois regimes concessivos. Primeiro, a vertente tônica, que é, de um lado, conquistadora, que torna justamente operatória a "causalidade inoperante" pela qual os gramáticos definem a sintaxe da concessão; e de outro lado, esse regime concessivo se abre sobre o passional, exalta o líder, cria o acontecimento que engendra as emoções, realça o brilho e o seu impacto. A segunda vertente, a átona, é a armadilha contratual que se fecha sobre a oposição, que a mina, que usurpa seu território, que a neutraliza e a força ao abandono. Entre o "ainda que..." triunfante, que pretende erguer montanhas, e o "certamente... mas" modesto, que consente suas perdas, é um dispositivo global e coerente de discurso que toma forma. A concessão poderia ainda aparecer, com suas duas vertentes, como um princípio explicativo do discurso político contemporâneo ou, em todo caso, de seu modo de funcionamento dominante na França atual por meio da evidente ilustração dada por Nicolas Sarkozy. A Semiótica Tensiva deve, pelo menos em princípio, dar conta dessa organização de modo claro.

Se esse modelo explicativo permite, assim, analisar facilmente o primeiro período do mandato do presidente da República, durante os anos iniciais de seu quinquênio, podemos perguntar, à luz de numerosos acontecimentos ulteriores, se ele permanece operante. Os eventos da "primavera árabe", a baixa popularidade do presidente, a lentidão da política estrangeira, a crise social latente que se instala etc., todos esses acontecimentos não implicam uma modificação da lógica do discurso? Poderíamos crer que sim (e os cientistas políticos podem discuti-la). De nossa parte, consideramos que esse modelo permanece operatório e explicativo – mesmo sabendo que um modelo, para poder beneficiar-se desse nome, deve ser também em parte preditivo. A grade de leitura que ele propõe deve reconhecer, senão antecipar, o imprevisível do acontecimento ou pelo menos acompanhar a lógica esperada.

Considerando-se os acontecimentos marcantes da conduta presidencial, no decurso da segunda parte de seu mandato, podemos constatar que uma regra aparece sub-repticiamente em seu discurso. É aquela que faz passar, alternativamente, da lógica da implicação – ligada pelo exemplo da encarnação da postura institucional de presidente da República e de seu papel temático programado e previsível – à lógica concessiva – ligada à irrupção do inesperado, à criação do acontecimento midiático, ao surgimento do sobrevir.

Sem fazer uma referência muito próxima aos eventos, cuja importância é por definição bem relativa, lembraremos apenas uma estranha sucessão de fatos. Primeiro exemplo: uma reforma ministerial em novembro de 2010, anunciada há muito tempo, deveria coincidir, segundo a maior parte dos comentaristas, com o reforço da função do primeiro-ministro e o distanciamento do presidente, que voltaria ao Olimpo do Eliseu para crescer novamente nas pesquisas de opinião. Alguns dias mais tarde, uma entrevista com os jornalistas ridiculariza os meios de comunicação em razão do emprego provocador e metafórico da pedofilia pelo presidente, que quer fazer uma graça, prolongando uma questão que a ele foi colocada sobre um *fait divers*: "Amigos pedófilos, até amanhã!" Ainda que essa imagem seja inverossímil, ao se observar seu estatuto presidencial, ele a utilizou: lógica concessiva.

No meio de janeiro de 2011, uma conferência de imprensa diante da representação internacional e dos jornalistas do mundo inteiro, na ocasião da presidência do G-20 pela França, se apresentava como um vasto discurso programático e visionário sobre a nova regulamentação da mundialização financeira. O homem e o discurso recuperavam, com todo o vigor desejado, os atributos presidenciais. Entramos no mundo do devir, aquele da implicação. Algum tempo depois, eis o caso Cassez: uma jovem francesa é condenada no México a trinta anos de prisão por cumplicidade em um sequestro. Essa exploração de um *fait divers* e da emoção, talvez legítima, que a notícia suscitou, teve incidentes graves sobre as relações diplomáticas entre os dois países amigos: a lógica implicativa da função desapareceu em proveito da concessiva, da rapidez de uma emoção geradora, em si mesma, de acontecimentos consideráveis.

Podemos também analisar o anúncio de um debate na França sobre o Islã no contexto das revoluções do mundo árabe como um fenômeno dessa ordem: o acontecimento ao contrário. Da mesma maneira, uma solene alocução em fevereiro de 2011 para anunciar uma reforma ministerial e a nomeação de um homem político experiente (Alain Juppé) para o posto de ministro das Relações Exteriores, se apresentava, na forma do discurso pelo menos, como uma reencarnação da função presidencial: decoro solene, "mitterraneado", com a biblioteca como pano de fundo, fixidez do plano, brevidade do discurso marcadamente escrito, leitura explicativa e sintética do sentido dos acontecimentos internacionais em curso no mundo árabe. Esses elementos indicam ainda a consolidação de um papel temático e a coincidência entre um homem, um discurso e uma função esperados. Então, alguns dias depois, a iniciativa diplomática solitária com o Conselho da resistência libanesa, em companhia do filósofo midiático Bernard-Henri Lévy (e não do ministro das Relações Exteriores) surpreende os parceiros europeus. Podemos reconhecer que esse acontecimento não desorganiza somente o modo do "vocês vão ver isso que vocês vão ver" na condução desse processo pela diplomacia nas semanas que o precederam; ele desorganiza também as esperas do fazer diplomático, instalando o ato em um regime concessivo de criação do acontecimento.

Resumidamente, estamos tentando reconhecer que uma pequena gramática da paixão comanda a coerência dessas ações e desses discursos. O que será uma regra sintática, acima dos conteúdos políticos em si mesmos, que fará essa alternância entre uma lógica racional do devir (a hierarquização, a programação, o encadeamento submetidos ao regime implicativo) e uma lógica passional do sobrevir (a rapidez, o brilho, a produção do acontecimento submetidos ao regime concessivo). Este último será chamado, como por um efeito do andamento, pela instauração do regime precedente. Em outras palavras, na passagem de uma sequência a outra, de um andamento lento a um andamento vivo, é na realidade o ajustamento entre as duas dimensões do papel presidencial que está em jogo: de um lado, a instituição e, de outro, a pessoa. Tudo se passa como se essas duas dimensões não chegassem a se conjugar, a menos que isso seja uma nova definição de instituição presidencial que estamos vendo se formar.

Notas

[1] Paul Ricoeur, *Tempo e narrativa,* trad. Constança Marcondes César, Campinas, Papirus, 1994, t. 1, p. 10.

[2] Denis Bertrand; Alexandre Dezé; Jen-Louis Missika, *Parler pour gagner: sémiotique des discours de la campagne présidentielle de 2007*, Paris, Presses de Science Po, 2007.

[3] Jean-Louis Missika, "La communication de Nicolas Sarkozy: l'art de la saturation", em *La Revue Socialiste – La droite dans tous ses états*, Paris, n. 41, pp. 77-82, abr. 2011.

[4] Idem, p. 78.

[5] Idem, pp. 78-81.

[6] Claude Zilberberg, *Elementos de Semiótica Tensiva*, trad. Ivã Carlos Lopes, Luiz Tatit e Waldir Beividas, São Paulo, Ateliê Editorial, 2012.

[7] Idem, pp. 20-1.

[8] Maurice Merleau-Ponty, *Fenomenologia da percepção*, São Paulo, Martins Fontes, 1999, p. 50.

[9] Claude Zilberberg, op. cit., p. 189.

[10] Idem, pp.137-64.

[11] Francis Ponge, *O partido das coisas,* trad. Ignácio Antonio Neis e Michel Peterson, São Paulo, Iluminuras, 2000.

[12] Jean-Louis Missika, op. cit., p. 81.

[13] *Libération*, 17-18 out. 2009, p. 3, grifos não presentes no original.

[14] A neta do historiador Marc Bloch, militante da esquerda, teve que solicitar oficialmente ao presidente da República que ele não usasse mais o nome de seu avô!

A sacralização da política

José Luiz Fiorin

Campos discursivos

Dominique Maingueneau vale-se de certos conceitos operatórios, que poderiam ser herdados pela Semiótica, pois não são incompatíveis com o estudo dos universos discursivos sob o primado da forma, para estudar as relações entre discursos:[1] a) *formação discursiva* é um sistema de coerções da boa formação semântica de um dado discurso; b) *universo discursivo* é o conjunto de formações discursivas de todos os tipos, que interagem numa dada conjuntura; c) *campo discursivo* é o conjunto de formações discursivas que estão em concorrência, que se delimitam reciprocamente, em uma região determinada do universo discursivo; d) *espaços discursivos* são subconjuntos de formações discursivas que estão em relação pertinente para os propósitos da análise.[2]

Um universo discursivo é constituído de muitos campos, o político, o religioso, o filosófico, etc. Cada campo é formado de vários espaços, que são os interdiscursos. É no interior de cada campo que se constitui um discurso, que se organiza em oposição a outro. Para Maingueneau, reconhecer o primado do interdiscurso significa "construir um sistema em que a definição da rede semântica que circunscreve a especificidade de um discurso coincide com a definição das relações desse discurso com seu Outro".[3] No nível da constituição discursiva, não há possibilidade de geração de uma identidade fechada, mas apenas de uma identidade relacional, que se engendraria a partir de trocas enunciativas. Assim, o *Sermão da Terceira Dominga do Advento,* de Vieira, partindo do episódio bíblico que narra a ida a João Batista de uma embaixada de sacerdotes e levitas de Jerusalém para perguntar-lhe quem era e sua resposta de que era voz que clama no deserto, tece toda uma argumentação, para mostrar que a fidalguia, a nobreza, pertence à esfera da ação, do trabalho, e não à da herança familiar (sangue). Diz que ela não é qualidade, nem sangue, mas ação. Podemos dizer que esse texto pertence à formação discursiva burguesa, que se constitui em oposição à formação discursiva aristocrática, que se baseia no fato de que a nobreza é algo ontológico, um valor herdado pelo nascimento. A ela opõe-se o discurso burguês que considera a fidalguia uma virtude conquistada no trabalho, que nega a existência de uma ordem social natural. A homilia de Vieira, embora tenha uma dimensão política, faz parte do campo do discurso religioso.

Os campos discursivos existentes variam de formação social para formação social e devem ser determinados a partir de um dado universo discursivo. Assim, ao longo da história, surgem novos campos discursivos, outros ganham autonomia. Por exemplo, num dado momento, tanto o discurso astrológico como o discurso astronômico pertenciam ao mesmo campo: o científico. A partir do Renascimento, no entanto, quando Copérnico propõe a teoria heliocêntrica, as duas formações discursivas passam a pertencer a campos diferentes: a astronomia continua no campo do discurso científico, enquanto a astrologia ingressa no campo que se poderia denominar da psicologia popular, com ênfase na caracterologia dos indivíduos, que seria determinada pelos signos em que nasceram, pelo ascendente, etc. Por outro lado, certos campos têm relações privilegiadas entre si em cada período da história. Por exemplo, o movimento literário naturalista, em seu desejo de examinar as determinações que regem as ações humanas (o meio, a hereditariedade, o momento), estabelece uma vinculação especial com o campo discursivo científico.[4] Aspira à "objetividade" do discurso científico, Zola, no prefácio da 2ª edição de *Thérèse Raquin*, diz:

> Começa-se, espero, a compreender que minha finalidade foi antes de tudo uma finalidade científica. [...] Apenas fiz sobre dois corpos vivos [= Thérèse e Laurent] o trabalho analítico que os cirurgiões fazem sobre os cadáveres.[5]

Já o discurso literário romântico manteve estreitas conexões com o campo discursivo da histórica. Essa é a condição discursiva para o surgimento do romance histórico, gênero praticado, em diferentes literaturas, por autores como Walter Scott, Alexandre Dumas, Alexandre Herculano e José de Alencar.

O discurso político e o discurso religioso

Neste capítulo, pretende-se analisar as relações entre o campo discursivo religioso e o campo discursivo político. De um lado, atendendo às exigências metodológicas do princípio da imanência, é preciso examinar o pertencimento a um campo a partir de sua estrutura; de outro, levando em conta o primado da forma, é necessário que o sentido surja da relação. Assim, caracterizar cada campo é estabelecer as diferenças que criam seu sentido.

Primeiramente, é indispensável definir o que é política. Os discursos de diferentes épocas fornecem categorias que permitem fazer um uso intuitivo desse termo: por exemplo, fala-se em greve política em oposição a uma greve reivindicativa; fala-se em Comissão Parlamentar de Inquérito política, quando se diz ou se insinua que sua motivação não é o exercício do poder fiscalizador do parlamento, mas é o jogo eleitoral. Nesse sentido, pode-se dizer que política diz respeito à obtenção, ao exercício e à conservação do poder governamental. Esse é um dos significados que Aristóteles dá à palavra: "[...] como foi possível um dado governo, qual foi sua origem e como, uma vez constituído, pôde sobreviver o maior tempo possível".[6] A política concerne à esfera do Estado em oposição ao domínio privado. Esse sentido está de acordo com a etimologia da palavra, que provém do grego *pólis*, termo construído a partir da raiz indo-europeia *ple-*, que dá ideia de grande número. Significava "cidadela", depois, "cidade", em seguida, "Estado". Não se faz distinção entre a cidade e a sociedade. Como diz Benveniste, trata-se de uma única noção, "os limites do habitat do grupo constituído marcam as fronteiras da própria sociedade".[7]

Entretanto, a questão não é tão simples assim. A definição do termo *política* passa a tornar-se mais fluida no momento em que começam a ser elevadas a essa categoria certas práticas que não faziam parte da definição tradicional da palavra: fala-se em política do corpo, politizar a sexualidade, política de cotas, política de ação afirmativa, etc. Ademais, depois de Foucault,[8] sabe-se que o poder não é uno, mas múltiplo. Ele não tem um lugar demarcado na tópica social, mas está por toda parte: nas instituições, no ensino, nas relações familiares, nos grupos de colegas, nos movimentos sociais, na arte, nos espetáculos, na imprensa... Por toda parte, há vozes autorizadas, chefes, igrejas, dogmas, excomunhões, sumos sacerdotes, pequenos ditadores, opressores... Ele não tem um tempo, mas perpassa toda a história. Assim, a política diz respeito ao poder, ou melhor, aos poderes. Dessa forma, ela é constituída de todos os "atos sociais que transformam as relações intersubjetivas", o que pressupõe "a existência e o exercício do poder" nas interações realizadas por sujeitos individuais ou coletivos.[9] Isso permite incorporar à política não só o que está dentro do campo da aceitabilidade tradicional desse termo, mas também todas as relações de poder que se exercem na vida cotidiana. Neste capítulo, no entanto, vamos levar em conta apenas o sentido que está dentro dos limites da acepção consuetudinária do vocábulo. Assim, consideraremos política apenas o que diz respeito à obtenção, ao exercício e à conservação do poder governamental.

A religião deve ser entendida como um "sistema de crenças, de mitos, de ritos e de símbolos que interpretam e definem o sentido e o fim último da existência humana, subordinando o destino dos indivíduos e das coletividades a uma entidade suprema".[10]

Como se vê, a definição é dada tematicamente. No entanto, é preciso esboçar, ao menos, algumas características do discurso político e do discurso religioso.[11] Este pretende explicar a totalidade do mundo: elucida como se criou o Universo, como teve origem a vida, como surgiu a consciência, por que sofremos, qual é o sentido da vida, que é que acontece depois da morte. Por isso, é um discurso não ancorado no tempo e no espaço, o que denota que é válido para todos os tempos e todos os lugares. Sua temporalidade é da eternidade, ou seja, do não tempo e, por isso, opera no presente gnômico, sendo válido para o presente de cada um dos crentes. O discurso religioso proclama o fim da história e, assim, oferece a cada ser humano parâmetros para compreendê-la por um sentido meta-histórico. É, por isso, um discurso do necessário. Pretende-se a verdade, a que se adere pela fé. Por isso, apresenta-se explicitamente como da ordem do crer. Na verdade, a certeza sobredetermina a necessidade: se p é indubitável, então deve ser. O discurso político, ao contrário, trabalha com os parâmetros da parcialidade: é um discurso válido para um tempo determinado, um espaço preciso. Por isso, é localizado no tempo e no espaço, o que quer dizer que apropriado para dado tempo e para dado lugar. Sua temporalidade não é do presente gnômico, mas, no máximo, do presente durativo. É um discurso que se pretende verdadeiro, mas sua verdade não tem alcance universal. Está imerso na história, não anuncia seu fim, pretende compreender a contingência. Embora também seja um discurso a que se adere por identificação fiduciária, apresenta-se claramente como um discurso da ordem do saber, uma vez que o político que se dirige ao eleitorado se apresenta como um conhecedor dos problemas da unidade político-administrativa que pretende dirigir e da maneira de resolvê-los, tudo isso visando ao "bem do povo".

Os dois são discursos persuasivos. No entanto, o discurso religioso propõe uma ética e, por conseguinte, estabelece para os crentes um dever fazer (modalidade deôntica) e um dever ser (modalidade alética). O discurso político propõe ao enunciatário a atribuição de um poder fazer e um poder ser ao enunciador. Assim, enquanto no discurso religioso o enunciador é o destinador, no discurso político, o enunciador é um destinatário da principal modalidade em jogo.

No discurso religioso, o destinador-enunciador é da ordem da transcendência: sua vontade é única, pois ela não está submetida à de nenhum outro mandante, em relação ao qual ele é o executante. A verdade do discurso religioso deriva do fato de que ele é proferido por essa instância transcendente (por exemplo, no cristianismo, está codificado na *Bíblia*; na religião muçulmana, no *Corão*). Ela é sempre o enunciador primeiro do discurso religioso que, quando não é a palavra divina, é um comentário dela. Essa instância dá sentido a toda a realidade, a todos os acontecimentos, a toda a história e subordina o destino dos indivíduos e das coletividades. No discurso político, o enunciador-destinatário está submetido seja a um destinador social (nação, partido, opinião pública, etc.) ou uma necessidade (as coerções econômicas, etc.), em relação aos quais é um simples executante. Assim, a verdade do discurso político, em princípio, deriva de sua adequação à realidade, como na definição tomista, *adeaquatio intellectus et rei*,[12] embora, como mostra Landowski, a "verdade reconhecida" no discurso político depende "do reconhecimento prévio do *sujeito* que a enuncia: diz a *verdade* aquele em quem tenho confiança".[13] Não há uma impessoalização da política, mas uma personalização: vota-se na credibilidade de alguém e não em argumentos verdadeiros no sentido tomista.

O discurso religioso, na medida em que tem por objetivo dar explicações sobre a totalidade da realidade, é um discurso que se quer único. Como se pretende a verdade, ele funda uma ética que não admite outra e, por conseguinte, se estabelece como único. Por isso, ele é o bem, que se opõe ao que não é ele, o mal. O discurso político tem na sua base uma disputa pelo poder. Assim, por definição, é um entre muitos, o que significa que é plural. Não se pretende o bem em luta contra o mal, que deve ser totalmente derrotado, mas almeja obter o reconhecimento do povo como o melhor projeto de poder em concorrência. Não há no discurso político uma entidade que garanta o sentido da realidade e que submeta o destino dos indivíduos e da coletividade. O discurso religioso funciona com uma absolutização. O princípio que o rege é o da exclusão. Opera com a triagem. Por isso, confronta o exclusivo e o excluído, o puro e o impuro. Seu valor é o do absoluto, do domínio da intensidade. Por isso, é o discurso da certeza total. O discurso político não se apresenta como absoluto. É comandado pelo princípio da participação, cujo operador é a mistura. Coteja o igual e o desigual e, por isso, suas grandezas são intercambiáveis. Seu valor é o de universo, da ordem da extensão. Por conseguinte, é um discurso da ordem do preferível e não do certo. O discurso religioso é o do interdito, tem um aspecto descontínuo, seu andamento é lento. Já o discurso político apresenta um aspecto contínuo, favorecendo a troca, a negociação, a aliança, seu andamento é rápido. É o discurso do permitido. O discurso religioso é fechado, concentrando valores desejáveis e excluindo os indesejáveis. A expansão do discurso religioso se faz pela vitória sobre o erro. O discurso político é aberto, procurando a expansão e a participação.[14]

A extensão do conceito de discurso religioso

Rousseau, em *Do contrato social*, mostra que os homens, para se conservar e para proteger seus bens, se unem, vivem em sociedade e privam-se de parte de sua liberdade. O pacto social define-se da seguinte forma: "Cada um de nós põe em comum sua pessoa e todo o seu poder sob a direção suprema da vontade geral e recebemos, enquanto corpo, cada membro como parte indivisível do todo."[15] A liberdade é inerente à lei, expressão da vontade geral, livremente aceita: "[...] o impulso do puro apetite é escravidão, e a obediência à lei que se estatuiu a si mesma é liberdade".[16] Partindo do pressuposto de que os homens nascem livres e iguais, Rousseau considera o Estado resultado de um contrato por meio do qual os homens não renunciam a seus direitos naturais, mas, desejando protegê-los, estabelecem uma instância para salvaguardá-los. O Estado é, assim, uma unidade, que representa a vontade geral, que não se confunde com a vontade de todos.[17] A República é o Estado regido por leis, expressão da vontade geral. Mesmo uma monarquia pode ser republicana.[18] A religião coletiva é, segundo ele, indispensável para uma sociedade bem organizada, pois é um fator de coesão.[19] No entanto, depois de mostrar a incompatibilidade dos diversos tipos de religião com a sociedade democrática, propõe uma religião civil, que atribui à democracia um caráter sagrado, criando, assim, um liame indispensável à unidade política do Estado fundado na soberania popular. Essa religião civil nasce do anseio de dar legitimidade à democracia e de subordinar o interesse particular à vontade geral.[20]

> Os dogmas da religião civil devem ser simples, em pequeno número, enunciados com precisão, sem explicações e comentários. A existência da Divindade poderosa, inteligente e benfazeja, providente e provisora; a vida futura; a felicidade dos justos; o castigo dos maus; a santidade do contrato social e das leis – eis os dogmas positivos. Quanto aos dogmas negativos, limito-os a um só: a intolerância, que pertence aos cultos que excluímos.[21]

Como se observa, a religião civil confere legitimidade ao contrato social, mas, ao mesmo tempo, recusa dois elementos essenciais do discurso religioso: a totalidade e a exclusividade. Essa extensão do discurso religioso é postulada, porque, na época em que Rousseau produziu sua obra era, como se verá mais adiante, o domínio religioso quem garantia legitimidade ao poder político.

Emilio Gentile[22] vai criar o conceito de religião da política, que se erige, quando uma entidade secular, como a pátria, a raça, a revolução, o proletariado, torna-se absoluta, o que leva a uma obediência irrestrita das pessoas, que acreditam que ela dá uma significação à existência e que deveriam estar prontas a sacrificar sua vida por ela. Essa entidade é, assim, um deus secular. A religião da política pode intervir num contexto democrático, em que há preocupação com as liberdades individuais, a garantia da pluralidade das ideias, a livre competição para o exercício do poder, a revocabilidade dos governantes pelos governados graças a métodos pacíficos e constitucionais, assim como num contexto autoritário, cujo sistema político está fundado no monopólio irrevogável do poder, no monismo ideológico, na subordinação obrigatória e incondicional dos indivíduos e da coletividade a suas leis.[23] A característica principal das religiões da política, segundo Gentile, não está em seu caráter democrático ou ditatorial, mas na consideração da esfera política como um domínio de valores comuns e transcendentes.

Para Gentile, há uma religião da política todas as vezes que um movimento ou regime político preenche quatro condições: a) consagra a supremacia de uma *entidade coletiva secular*, situando-a no centro de uma constelação de crenças e de mitos que definem o sentido e a finalidade da existência social e determinam os princípios do bem e do mal; b) formaliza essa concepção num *código de conduta* ético e social que liga o indivíduo à entidade sacralizada por uma fidelidade e uma devoção que podem ir até o sacrifício da própria vida; c) considera que os seus pertencem a uma *comunidade de eleitos* e interpreta sua ação política como uma *função messiânica* para o cumprimento de uma missão em benefício da humanidade; d) institui uma *liturgia política* destinada a adorar a entidade coletiva sacralizada por meio do culto de figuras que a materializam e da representação mítica e simbólica de uma *história sagrada*, periodicamente atualizada na evocação ritual dos acontecimentos e das proezas da comunidade dos eleitos ao longo da história.[24]

Muitos são os exemplos analisados pelo estudioso italiano. Gentile estuda a cédula do dólar, em que aparece a divisa "*In God we trust*", para mostrar a utilização de símbolos. Para ele, não se trata do Deus da *Bíblia*, mas do deus da América. Depois, há ainda a pirâmide, o olho de Deus no triângulo sagrado e duas frases em latim do poeta Virgílio, que indicam a profecia romana da vinda de um salvador: *Novus Ordo Seclorum* (= uma nova ordem para os séculos) e *Annuit coeptis* (= Ele aprovou aquilo que fizéramos).[25] Dessa forma, aproxima-se o nascimento dos Estados Unidos ao de Cristo. São acontecimentos que visam a salvar a humanidade. Esse simbolismo é visível também nos monumentos americanos. O Memorial de Lincoln parece um templo da grande religião civil americana.

Gentile desvela aspectos míticos e rituais das religiões da política pelo exame do culto maoista da personalidade e da sacralização da "longa marcha" a travessia para a "terra prometida".

Revela como se estabelece num sistema de crenças, estudando a doutrina do *Juché*, de Kim Il-Sung:

> A partir dos anos sessenta, ele [Kim Il-Sung] favoreceu vivamente a instituição de uma religião fundada na divinização de sua pessoa e na sacralização de seu pensamento, a doutrina *Juché* ("Contar com suas próprias forças"), uma mistura de marxismo, de leninismo e de nacionalismo imposta a toda a população pelo reino do terror, da propaganda e uma política de doutrinação capilar e sistemática.[26]

Mussolini funda seu regime sobre o mito da continuidade da Roma Imperial. Em 1922, sete meses antes que se lhe incumba de formar um governo, declara:

> Roma é nosso ponto de partida e nosso ponto de chegada; é nosso símbolo e, se se quiser, nosso mito. Sonhamos com uma Itália romana, sábia e forte, disciplinada e imperial. O que foi o espírito imortal de Roma renasce em grande parte com o fascismo: o feixe de varas do lictor é romano, nossa organização é romana, nosso orgulho e nossa coragem são romanos: *civis romanus sum.*[27]

A primeira questão que a obra de Gentile nos propõe é como articular todos esses elementos: crenças, ritos, mitos, símbolos. Não basta valer-se de símbolos para fundar uma religião; não é suficiente utilizar-se de mitos, para fazer de um discurso qualquer um discurso religioso. No entanto, não é esse o problema maior dessa extensão desmesurada do conceito de religião política. Tanto o conceito de religião civil de Rousseau quanto o de religião da política de Gentile adquirem uma extensão tão grande que perdem toda a intensidade. Quando um conceito tem uma extensão tal que engloba tudo, ele perde todo seu poder explicativo. Nesse caso, parece que o campo discursivo político desaparece e tudo passa a pertencer à esfera de circulação religiosa, seja a religião entendida como civil ou da política. É evidente que qualquer identidade supõe a partilha de ideais comuns, uma história comum, crenças comuns, etc. Isso não faz de todo e qualquer discurso identitário um discurso religioso. Essa crítica às concepções de Rousseau e de Gentile, no entanto, não significa que, em determinadas formações sociais, não haja uma relação privilegiada entre esses dois campos discursivos.

Relações entre o campo discursivo político e o campo discursivo religioso

Existem relações diretas entre esses dois campos discursivos, que levam a uma quase perda da autonomia do campo discursivo político, quando a entidade transcendente que dá sentido ao mundo, estabelece uma ética e submete o destino dos indivíduos e da coletividade no campo religioso é fonte de legitimidade do governante.

É preciso, no entanto, distinguir os casos em que o dirigente político é um deus e aqueles em que sua legitimidade provém da divindade. No primeiro caso, não há nenhuma autonomia do campo do discurso político e os campos religioso e político confundem-se. Um exemplo clássico é o do antigo Egito. O faraó era considerado um deus vivo, filho do Sol (Amon-Rá) e encarnação de todos os deuses, especialmente do deus-falcão Hórus, o que o colocava não só na esfera divina, mas também em pé de igualdade com os outros deuses. Tinha a responsabilidade de proteger a ordem do universo contra as forças do caos sendo o mediador entre o céu e a terra. Por isso seu poder era ilimitado: comandava os exércitos, distribuía a justiça, organizava as atividades econômicas, a ele pertenciam todas as terras do Egito, podia recolher os impostos que quisesse.[28] Em todas as teocracias, não existe autonomia do campo do discurso político, mas ele se confunde com o campo do discurso religioso.

O que vamos chamar sacralização do discurso político ocorre, quando as relações entre esses dois campos são tão estreitas que o discurso político toma do campo religioso conceitos ou características.

No segundo caso, transporta-se, por exemplo, a divindade do campo religioso para o político, como fonte de legitimidade do poder político. É o que ocorre com a doutrina do direito divino dos reis. Ela diz que o rei estava no pináculo, onde Deus o colocara, escolhendo-o como seu representante numa porção da Terra, que ele deveria governar. O direito divino justifica um poder não democrático pela escolha de Deus, que se exprime pela afirmação de uma genealogia. O rei, quando vigorava o princípio do direito divino, recebia seu poder numa cerimônia religiosa, que conferia ao soberano um caráter sagrado, distinguindo-o, assim, dos outros leigos. A sagração aproximava o rei da ordem sacerdotal. Esse estatuto tornava sua pessoa inviolável. Por isso, qualquer atentado contra o soberano era punido com severidade extrema.

A sagração dos reis da França é feita pelo arcebispo de Reims na catedral dessa cidade, porque seu bispo batizara o primeiro rei franco. Esse batismo é considerado o ato fundador da monarquia francesa, seu mito de origem. Participavam ativamente da cerimônia os doze pares de França, seis eclesiásticos (o arcebispo de Reims, o bispo de Laon, o bispo de Langres, o bispo de Beauvais, o bispo de Châlons e o bispo de Novon) e seis leigos (o duque da Borgonha, o duque da Normandia, o duque da Aquitânia, o conde de Toulouse, o conde de Flandres, o conde de Champanha). Depois do juramento, o rei era ungido com o óleo da santa ampola, guardada em Reims, que continha o que se considerava um óleo milagroso que, segundo a lenda, teria sido trazida do céu por uma pomba no dia do batismo de Clóvis pelo bispo São Remi. Em seguida, recebia as insígnias reais, sendo a mais importante a coroa. A sagração continha três partes: a proclamação do rei, a consagração pela unção dos santos óleos, a coroação e a entronização.[29]

Antônio Conselheiro, em seu sermão sobre a República, aceita integralmente a tese do direito divino dos reis:

> O presidente da república, porém, movido pela incredulidade que tem atraído sobre ele toda sorte de ilusões, entende que pode governar o Brasil como se fora um monarca legitimamente constituído por Deus [...]. É evidente que a república permanece sobre um princípio falso e dele não se pode tirar consequência legítima: sustentar o contrário seria absurdo, espantoso e singularíssimo; porque, ainda que ela trouxesse o bem para o país, por si é má, porque vai de encontro à vontade de Deus, com manifesta ofensa de sua divina lei. Como podem conciliar-se a lei divina e as humanas, tirando o direito de quem tem para dar a quem não tem? Quem não sabe que o digno príncipe o senhor dom Pedro 3° tem poder legitimamente constituído por Deus para governar o Brasil?[30] Quem não sabe que o seu digno avô o senhor Dom Pedro 2°, de saudosa memória, não obstante ter sido vítima de uma traição a ponto de ser lançado fora do seu governo, recebendo tão pesado golpe, que prevalece o seu direito e, consequentemente, só sua real família tem poder para governar o Brasil? [...]. Afirmo-vos, penetrado da mais íntima certeza, que o Senhor Jesus é Todo-Poderoso e fiel para cumprir a sua promessa, é um erro de aquele que diz que a família real não há de governar mais o Brasil: se este mundo fosse absoluto, devia-se crer na vossa opinião; mas não há nada de absoluto neste mundo, porque tudo está sujeito à santíssima Providência de Deus, que dissipa o plano dos homens e confunde do modo que quer, sem mover-se do seu

> trono. A república há de cair por terra para confusão daquele que concebeu tão horrorosa ideia. Convençam-se, republicanos, que não hão de triunfar porque a sua causa é filha da incredulidade, que a cada movimento, a cada passo está sujeita a sofrer o castigo de tão horroroso procedimento. [...] Mas este sublime sentimento não domina no coração do presidente da república, que a seu talante quer governar o Brasil, praticando tão clamorosa injustiça, ferindo assim o direito mais claro, mais palpável da família real, legitimamente constituída para governar o Brasil. Creio, nutro a esperança que mais cedo ou mais tarde há de triunfar o seu direito, porque Deus fará devida Justiça, e nessa ocasião virá a paz para aqueles que generosamente têm impugnado a República.[31]

Considera a República um "grande mal para o Brasil" e "tirania para os fiéis", regime político contrário à vontade de Deus. Para Conselheiro, a restauração da monarquia e o retorno da família real ao Brasil eram fatos inevitáveis, inscritos em uma ordem natural: "Negar estas verdades seria o mesmo que dizer que a aurora não veio descobrir um novo dia."[32] Para o beato, para que o homem pudesse salvar-se, Deus instituíra duas ordens de autoridade, a espiritual e a temporal. A primeira é exercida pela Igreja Católica Apostólica Romana, enquanto a segunda o é pela monarquia. Diz o líder de Canudos que, quando se obedece ao pai, ao pontífice, ao monarca, obedece-se a Deus, pois ele é o verdadeiro rei. O romano pontífice é o chefe supremo da ordem espiritual e o monarca é o cabeça da ordem temporal. O princípio falso sobre o qual se apoia a República é o de que todo o poder emana do povo e em seu nome é exercido. Para Conselheiro, todo o poder emana de Deus e deve ser exercido em consonância com seus mandamentos. Porque o presidente não possui a legitimidade dada pela divindade, não passa de um usurpador.

Observe-se como, nesse caso, o discurso político é determinado pelo discurso religioso. Conselheiro é monarquista não porque considerava esse regime ideal para governar o país, mas porque era profundamente católico. É a aceitação do quadro doutrinário católico-tridentino que lhe impõe um pensamento político determinado. Diz Duglas Teixeira Monteiro que o beato de Canudos era um homem piedoso e os valores religiosos permeiam toda a sua existência, desde as suas atividades cotidianas até seu pensamento político.[33]

A dinastia marroquina reivindica descendência do profeta Maomé e nela funda sua legitimidade. A saudita se apoia no fato de ser a guardiã dos locais mais sagrados do Islã.

Há outra relação entre o campo religioso e o campo político, em que este se utiliza de características daquele. A sacralização do político opera, quando:

a) uma entidade, como a pátria, a raça, a revolução, o proletariado, torna-se absoluta, dando significado à história, estabelecendo uma ética, que divide o mundo em dois campos, o do bem e o do mal; b) estabelece-se o culto a um chefe que personifica a entidade mencionada; c) instaura-se uma operação de absolutização, pela qual o discurso almeja abarcar a totalidade da realidade e pretende a exclusividade; d) o operador do discurso é a triagem e os valores que nele circulam são valores do absoluto.

Antes de explicar cada um desses elementos, é preciso afastar vigorosamente uma confusão que se tem infiltrado no pensamento atual: a de que todos os regimes políticos se equivalem. Assim, por exemplo, nazismo e comunismo são a mesma coisa. Não é pelo fato de terem alguns traços semelhantes, como, por exemplo, a sacralização do político, que eles são idênticos. Variam pela finalidade, pelas forças sociais que os sustentam, pelo gênero de sociedade em que se desenvolveram, etc.

O primeiro elemento formal da gramática das religiões que opera na sacralização do político é que há uma entidade, que, à maneira da divindade, atribui sentidos à história e subordina o destino dos indivíduos e da coletividade: a raça, o proletariado, os desvalidos, etc. Essa entidade torna-se um valor supremo, dotado de soberania absoluta. Ela adquire uma transcendência e, assim, o campo político, investido de valores transcendentes, torna-se pivô de crenças, mitos, ritos e símbolos. Estabelece-se um horizonte escatológico, em que, de certa forma, proclama-se o fim da história. Faz-se, guiado por um novo Moisés, uma travessia em direção a um mundo perfeito. Trabalha-se com uma orientação temporal voltada para o futuro. Por isso, pretende-se a ruptura com tudo o que lhe é anterior, a inauguração de um novo tempo e a criação de um mundo novo. O antes é o mal radical, enquanto o depois é um estado político-social perfeito. Essa visão permite postular um combate entre o bem e o mal. Assim, os que se opõe ao poder são vistos como inimigos, como traidores. Certas identidades tornam-se insultos: burguês, pequeno-burguês, judeu, etc. O nazismo, por exemplo, considera a raça ariana "depositária do progresso da civilização e, portanto, um povo de senhores, que tem como missão conquistar e submeter as raças que julga inferiores".[34] A nação, a raça e, por conseguinte, a doutrina do "espaço vital" necessário aos alemães é que dão sentido à história. A raça ariana é a dos eleitos, precursores de nova ordem futura. Qualquer método era válido para alcançá-la; daí o desprezo pelos costumes ordinários, que só eram bons para os que não pertenciam ao grupo de eleição. O futuro é o momento de domínio da raça ariana e da destruição das raças inferiores. Essa lógica molda todo o raciocínio nazista.[35]

As metáforas religiosas da travessia perpassam todo esse discurso. O crer é sua modalidade epistêmica dominante. Por isso, toda a carga de irracionalismo, de emoções exacerbadas, de identificação "dogmática" com um mito coletivo, como a que estava presente nas cerimônias nazistas. Ressalte-se também a importância de símbolos como a suástica, a foice e o martelo, o feixe de varas com a machadinha (=*fascio*), etc. Os mitos da superioridade ariana, a crença na inferioridade de outras raças, tudo isso passa a presidir ao campo político. Muitas vezes, essa sacralização vem impregnada de concepções milenaristas: por exemplo, o Reich de mil anos.

A separação nítida entre os domínios do bem e do mal leva a uma homogeneização identitária por meio de uma operação de universalização abstrata, que não conhece e não reconhece diferenças, considera-as nefastas por serem desestabilizadoras, o que leva a tentar eliminá-las. Cria-se um inimigo comum, que pode ser externo ou interno. Esse inimigo interno é sorrateiro, dissimulado, omnipresente. Foi o que fez o discurso da ditadura brasileira de 1964, que considerava os opositores, que seriam todos comunistas, inimigos da pátria.[36] Para o nazismo, aos comunistas, acrescentam-se no rol dos inimigos internos certas minorias étnico-religiosas, como, por exemplo, os judeus, os ciganos, os povos eslavos. Hitler diz, em seu livro *Minha luta*, que a diversidade étnica e linguística do Império Austro-Húngaro o enfraquecera e que a democracia era uma força desestabilizadora, porque dava poder às minorias étnicas, enquanto a ditadura era melhor, porque dá poder apenas aos indivíduos mais preparados intelectualmente. A nação é a máxima criação de uma raça. As grandes nações seriam produto das grandes raças, enquanto as nações mais fracas seriam resultado de raças impuras, isto é, misturadas.[37] Dentro de uma nação, deveria haver sempre unidade. Mesmo as diferenças linguísticas tinham que ser suprimidas. É o que explica as políticas de defesa da língua contra os idiomas estrangeiros. Na Itália fascista, em 1923, proíbe-se, sob pena de multa, o uso de palavras estrangeiras nos cartazes e tabuletas. Em 1925, suprime-se o ensino do francês no Vale do Aosta, até então bilíngue. Determina-se que os nomes de lugares que soassem franceses fossem substituídos por nomes italianos. Em 1939, decide-se italianizar todos os nomes de família. Na Espanha fascista, não se podiam utilizar o catalão e o basco nos usos públicos. Sucedem-se leis para proibir o uso de nomes não castelhanos nos cartazes, nas razões sociais, etc. e o emprego de patronímicos não castelhanos no registro civil. Na Alemanha, há uma germanização dos nomes próprios. Havia em todos os Estados fascistas uma constante na política linguística: purismo no uso da língua nacional; centralismo antidialetal; centralismo nacionalista contra as minorias nacionais; expansionismo no estrangeiro.[38]

Há um princípio de purificação que rege toda a política. Esse discurso funciona sob o princípio da exclusão, cujo operador é a triagem, levado a sua máxima tonicidade. Pretende-se regenerar a sociedade. Castelo Branco diz no início da ditadura brasileira de 1964:

> Nessa estranha linguagem, aqueles que desejam o desenvolvimento econômico, na moldura de uma sociedade democrática, pregando a cooperação entre as classes e não a luta de classes, e aberto à cooperação internacional para evitar a repressão do consumidor, são chamados "reacionários" e "entreguistas"; os que almejam implantar o totalitarismo de esquerda, muito menos benéfico à grande massa trabalhadora do que à oligarquia burocrática do partido, se intitulam "forças populares de vanguarda", quando não pretendem, com trágica ironia, ser paladinos da "democracia popular". Alguns empresários que exploram o nacionalismo para proteger a sua ineficiência e preservar posições de monopólio, não hesitando para isso em apoiar e financiar a esquerda subversiva, passam a ser membros da "burguesia nacional progressista"; enquanto que outros, preocupados em absorver recursos e tecnologia externa, para reforçar nossa poupança e acelerar o desenvolvimento econômico, são acusados de "alienados" e "antinacionais". A agressão e a infiltração para acorrentar os indivíduos e nações ao serviço da causa comunista passam a ser descritas como "guerras de libertação nacional"; enquanto os países que preferem resistir a essa subjugação, para decidirem o seu próprio destino, estão arrolados como "vassalos do imperialismo ocidental". E que dizer da suprema deturpação semântica, segundo a qual os que desejam subordinar o nosso sistema de vida e escravizar nossas instituições a ideologias estranhas, passam a ser proprietários e árbitros do "nacionalismo"? [...]
>
> Pois, meus caros amigos, não basta combater a subversão institucional e a corrupção moral: é necessário, também, combater a corrupção semântica, que distorce a realidade dos fatos e procura nos impedir a visão objetiva e racional de nossos deveres e de nossa responsabilidade.[39]

A segunda característica da sacralização do campo discursivo político é a deificação de um líder, que personifica a entidade que dá sentido a tudo e submete os destinos individuais e coletivos. O nazifascismo tem como preceito-chave o princípio do líder (em alemão, *Führerprinzip*), que considera que o líder corporifica o movimento e a nação, é a encarnação da vontade popular e das aspirações do povo. A saudação nazista era uma saudação a Hitler: Heil Hitler. No fim do filme *O triunfo da vontade,* de Leni Riefenstahl, Rudolf Hess sublinha a unidade mística do chefe, do partido e do povo: "O partido é Hitler. Mas Hitler é a Alemanha e a Alemanha é Hitler. Hitler, Sieg Hitler."

Os jovens fascistas recebiam, segundo Gentile, o seguinte ensinamento: "Tenha sempre fé. Mussolini lhe deu a fé. [...] Tudo o que o Duce afirma é verdade. A palavra do Duce não se discute. [...] Depois do Credo em Deus, recite todo dia seu Credo em Mussolini."[40]

No discurso de Nikita Khrushchov, feito em 25 de fevereiro de 1956, no 20º Congresso do Partido Comunista de União Soviética, diz-se o seguinte sobre o culto à personalidade de Stalin:

> Após a morte de Stalin, o Comitê Central do Partido começou a aplicar uma política destinada a explicar brevemente, mas de forma positiva, que é intolerável e alheio aos princípios do marxismo-leninismo exaltar uma pessoa, fazendo dela um super-homem dotado de qualidades sobrenaturais, à semelhança de um deus. Um tal homem é suposto [sic] tudo saber, pensar por todos, tudo fazer, ser infalível.[41]

O chefe deificado torna-se um pensador, um político genial, um profeta, um messias, um mestre infalível. Louva-se sua argúcia, sua inteligência, sua esperteza, sua capacidade de previsão, seu conhecimento do futuro e assim sucessivamente. Nele não há defeitos. Sua vontade é lei, ele não admite justificar seus atos, insurge-se contra os controles da sociedade democrática e revolta-se com a oposição. Ele apresenta-se como um messias, um salvador ou um redentor. Na propaganda nazista, Hitler é apresentado, sempre, com contornos messiânicos, como o salvador da Alemanha, redentor do povo alemão. Toda iconografia é fortemente carregada de simbologia religiosa.

A terceira característica da sacralização do discurso político é realizar uma operação de absolutização, pela qual a doutrina exposta adquire o caráter de uma explicação única, porque apenas ela é verdadeira, da totalidade da realidade.[42] Assim, na subdimensão da temporalidade, esse discurso, na análise do passado, leva em conta a valência do foco (ainda não), dada pelo forema da direção. Trata-se de uma dimensão inaugural da história. Muitas vezes, é o renascimento depois de um período de decadência; outras vezes, trata-se da novidade absoluta. Mussolini, como se mostrou anteriormente, compara o fascismo com a fundação da Terceira Roma, com o ressurgimento do Império Romano.

Além disso, há um silenciamento do passado. Certos fatos são considerados inexistentes. Isso ocorre, quando se procura apagar o passado, reescrevê-lo, como no exemplo das célebres fotos em que Trotsky aparecia ao lado de Lenin e que, no período stalinista, foram modificadas com o apagamento da imagem do primeiro.

A sacralização do discurso político vale-se do princípio da exclusão, operando com a triagem, levada até o mais alto grau: a tonicidade da triagem estabelece a unidade, a exclusividade.[43] Isso significa que um só discurso é tido como verdadeiro, é o único a defender a boa causa, considera-se dotado do monopólio da ética, da virtude e do conhecimento da História. Todos os outros são considerados errôneos. Por isso, a oposição é excluída, seja pela desqualificação, seja pelo aniquilamento. Ela é acoimada de atrasada, reacionária, irresponsável, golpista, conspiratória. Dessa forma, seu discurso não tem qualquer legitimidade. A ditadura militar brasileira de 1964 tachava os oponentes de "minorias trêfegas e transviadas", quando não os considerava traidores.[44] Desacordo é visto como traição. Há uma atitude de repúdio ao convívio com a diferença. Por isso, vale passar por cima de qualquer diferença para criar homogeneidades abstratas. A diversidade deve ser excluída, porque os valores são da ordem do absoluto. O outro é retrocesso ou reação; é o mal a ser eliminado; o atraso a ser vencido; a excrescência a ser extirpada. Não é um adversário, mas um inimigo da civilização e, por conseguinte, não merece respeito, tem que ser eliminado. A crítica é sabotagem ou expressão do ressentimento dos que não são vitoriosos. O confronto de ideias é uma etapa superada pela chegada ao poder daqueles que se confundem com o povo.

Como se observa, a sacralização do discurso político é a negação da política. Nela, aparecem elementos da gramática da religião: o povo escolhido, o livro, o líder carismático, a terra prometida, etc. Só pode dar-se em contextos, institucionalmente ou não, autoritários. A democracia é o único lugar, onde pode vicejar o discurso político, porque ela é o regime das instituições e não dos líderes. Por isso, nela não há vozes autorizadas, chefes, igrejas, heresias, excomunhões, sumos sacerdotes... O discurso político pressupõe um princípio de participação, cujo operador é a mistura. Assim, supõe a diversidade, a pluralidade, a discordância, a dissensão, o acordo, o diálogo. Acima de tudo, implica necessariamente a persuasão e rejeita qualquer dogma. O discurso político sacralizado não pretende ser um entre outros, mas tem a pretensão de ocupar todo o campo do discurso político.

Notas

[1] Cf. Louis Hjelmslev, *Prolegômenos a uma teoria da linguagem*, São Paulo, Perspectiva, 1975, pp. 131-3.

[2] Dominique Maingueneau, *Genèses du discours*, Bruxelas, Pierre Mardaga, 1984, pp. 10-29.

[3] Idem, p. 30.

[4] Cf. Hippolyte Taine, *Histoire de la littérature anglaise*, Paris, Hachette, 1866, t. I, pp. XV-XL.

[5] Emile Zola, *Thérese Raquin*, Paris, Bibliothèque Charpentier, 1953, p. III.

[6] Aristóteles. *Politeia (La política)*, Bogotá, Imprenta Patriótica de Instituto Caro e Cuervo, 1989, IV, 1, 1288b 27.

[7] Émile Benveniste, *Le vocabulaire des institutions indo-européennes*, Paris, Éditions de Minuit, 1969, v. 1, p. 364,

[8] Michel Foucault, *Microfísica do poder*, Rio de Janeiro, Graal, 1979.

[9] Eric Landowski, *La société réfléchie: essais de socio-sémiotique*, Paris, Editions du Seuil, 1989, p. 9.

[10] Emilio Gentile, *Les religions de la politique. Entre démocraties et totalitarismes*, Paris, Editions du Seuil, 2006, p. 14.

[11] Essa caracterização encontrou alguma inspiração nos seguintes artigos: Eric Landowski, "Les discours du pouvoir" e J. Delorm; P. Geoltrain, "Le discours religieux", em J. C. Coquet, *Sémiotique: l'école de Paris*, Paris, Hachette, 1982.

[12] Tomás de Aquino, *Quaestiones diputatae de veritate*, Roma, Edição Leonina, 1970, q. 1, art. 1.

[13] Eric Landowski, 1982, op. cit., p. 169.

[14] Para discussão dos dois grandes estilos de circulação de valores, conferir: Jacques Fontanille; Claude Zilberberg, *Tensão e significação*, São Paulo, Discurso Editorial/Humanitas, 2001, pp. 27-54.

[15] Jean-Jacques Rousseau, *Do contrato social*, 4. ed., São Paulo, Nova Cultural, 1987, p. 33.

[16] Idem, p. 37.

[17] Idem, pp. 43-51.

[18] Idem, pp. 53-6.

[19] Idem, p. 143.

[20] Idem, pp. 137-43.

[21] Idem, p. 144.

[22] Emilio Gentile, op. cit.

[23] Idem, p. 16.

[24] Idem, pp. 256-7.

[25] A primeira foi retomada dos versos 5-8 da quarta écloga das *Bucólicas* e a segunda, do verso 624 do canto IX da *Eneida*.

[26] Emilio Gentile, op. cit., p. 220.

[27] Edoardo Susmel; Duilio Susmel, *Opera omnia di Benito Mussolini*, Florença, La Fenice, 1955, v. 18, pp. 160-1.

[28] Ciro Flamarion Cardoso, *Sete olhares sobre a Antiguidade*, 2. ed., Brasília, Editora da UnB, 1998, p. 79; Paul Johnson, *Egito antigo*, Rio de Janeiro, Ediouro, 2010, pp. 65-70; 216 e 337.

[29] Laurent Theis, *Clovis, de l'histoire au mythe*, Paris, Editons Complexe, 1996; Jean-Pierre Bayard, *Sacres et couronnements royaux*, Paris, Éd. Guy Trédaniel, 1984.

[30] Para o Conselheiro, o sucessor de D. Pedro II seria seu neto D. Pedro, que seria o terceiro monarca do mesmo nome. Nota Ataliba Nogueira que "nenhum outro partidário do antigo regime aceitava tal sucessão, não rigorosamente hereditária e contra a Constituição do Império" (Ataliba Nogueira, *Antônio Conselheiro e Canudos: revisão histórica*, São Paulo, Nacional, 1978, p. 39).

[31] Ataliba Nogueira, op. cit., p. 175.

[32] Idem, pp. 175-6.

[33] Duglas Teixeira Monteiro, "Um confronto entre Juazeiro, Canudos e Contestado", em Boris Fausto (org.), *História geral da civilização brasileira*, Rio de Janeiro, Difel, 1977, v. 2, t. III, p. 59.

[34] Norberto Bobbio et al., *Dicionário de política*, Brasília, Editora da UnB, 1998, p. 1061.

[35] Idem, p. 1061; p. 808.

[36] Cf. José Luiz Fiorin, *O regime de 1964: discurso e ideologia*, São Paulo, Atual, 1998, pp. 71-5; 110-13.

[37] Adolf Hitler, *Minha luta: Mein Kampf*, 5. ed., São Paulo, Centauro, 2005.

[38] Jean-Louis Calvet, *La guerre des langues et les politiques linguistiques*, Paris, Payot, 1987, pp. 261-2.

[39] Humberto de Alencar Castelo Branco, *Discursos: 1965*, Rio de Janeiro, Departamento de Imprensa Nacional, s.d., pp. 110-1.

40 Emilio Gentile; Renzo de Felice, *A Itália de Mussolini e a origem do fascismo*, São Paulo, Ícone, 1988, p. 45. No site <http://www.mussolinibenito.it/homepage1.htm>, encontra-se o seguinte texto do credo fascista: "Io credo nell'Italia immortale, creatrice di civiltà e di progresso ed in BENITO MUSSOLINI, Suo grande figlio, nostro DUCE amato ed indimenticato, il quale fu concepito nel dolore e nell'amore del popolo. Nacque da Santa Rosa Maltoni, patì sotto Pietro Badoglio, novello giuda, fu tradito e incarcerato, dopo quaranta giorni fu rapito e liberato per le vie del cielo. Tornò in Italia per salvare l'onore eridarle la grandezza, ma fu assassinato e seviziato. Siede al cospetto di Dio Padre Onnipotente, invocato da tutti i buoni italiani, per venire a giudicare i vili e vendicare i morti. Credo nel Fascismo Universale, nella resurrezione dell'Italia, nell'immortalità degli eroi e dei martiri, nella santità degli ideali della Patria, nella grandezza dei suoi destini, nella sua missione eterna, così sia."

41 Jean Jaures et al., *Discursos que mudaram o mundo*, São Paulo, PubliFolha, 2010, p. 58.

42 Conta-se que, na Romênia, em junho de 1950, na manhã em que os estudantes de Letras da Universidade de Bucareste fariam exame de Linguística, foi publicado o documento em que Stalin expunha a "verdadeira" doutrina do Partido Comunista sobre a linguagem (1953). Ela contrariava o marrismo que era, então, ensinado em todas as escolas como a doutrina proletária sobre a linguagem. Os estudantes foram dispensados do exame, porque os professores não podiam exigir aquilo que passara a ser considerado erro.

43 Jacques Fontanille; Claude Zilberberg, op. cit., p. 33.

44 José Luiz Fiorin, op. cit., pp. 72-3.

Dimensões passionais na legalização da união homoafetiva

Arnaldo Cortina

As palavras de Merleau-Ponty reproduzidas a seguir servem de norte para nosso trabalho:

> [...] a linguagem [...] se assemelha às coisas e às ideias que ela exprime, é o substituto do ser, e não se concebem coisas ou ideias que venham ao mundo sem palavras. Seja mítico ou inteligível, há um lugar em que tudo o que é ou que será prepara-se ao mesmo tempo para ser dito.[1]

A relação entre linguagem, pensamento, ideologia e sujeito é indiscutível. O homem só é capaz de se comunicar por meio de uma linguagem que é responsável pela produção do sentido. Uma perspectiva metodológica para examinar o sentido resultante da linguagem é a da Semiótica e é dela que este texto se valerá para examinar o discurso político brasileiro que trata da questão da homoafetividade.

Perspectivas epistemológicas da Semiótica

A Semiótica, originária das obras de Greimas durante as décadas de 1970 a 1990, tem constantemente sofrido transformações ao longo de sua história. Dizer, por um lado, que uma proposta metodológica está sempre em mudança porque reflete constantemente sobre seu objeto de investigação, qual seja, o texto, é bastante positivo, pois o contínuo hábito de revisão de seus caminhos cria condições para sua evolução e seu aprimoramento. Por outro lado, porém, afirmam alguns de seus críticos, tanta mobilidade pode levar a um esfacelamento de suas propostas fundadoras e a um descrédito relativo a sua validade, pois, se cada vez que se debruça sobre um novo objeto de análise, é necessário reconstruir todo o arcabouço teórico, isso é sinal de que a teoria não se sustenta em suas bases. Na verdade, porém, não se trata de reconstruir a teoria, mas de rearranjá-la para que consiga dar conta das mais diferentes formas de constituição do sentido.

O que se pode afirmar relativamente às bases teóricas da Semiótica da escola de Paris, como a chamava seu criador, Greimas, é que ela se assenta sobre o princípio da narratividade, ou, para ser mais específico, sobre o da transitividade. Não é à toa que os textos para os quais a teoria se voltou em sua gênese foram os literários, porque o componente narrativo desse tipo de texto é determinante em sua constituição. A literatura, por excelência, é a encenação do mundo possível, paralelamente à realidade vivida. Do ponto de vista antropológico, as sociedades humanas sempre se concentram a partir de uma narrativa que irá determinar seus valores éticos, morais, sociais e religiosos. Não é por outra razão também, que tem grande peso o conto maravilhoso por meio do qual a criança é introduzida no mundo da cultura, como bem observou Propp,[2] que se debruçou sobre esse tipo de texto da sociedade russa.

O princípio da transitividade, que se caracteriza pela transformação, pela mudança, é a base da narratividade e ela, por sua vez, é a fonte primária da textualidade. Greimas,[3] e também Greimas e Courtés,[4] fortemente influenciados pelos avanços da Linguística, inicialmente diziam que todo texto assenta-se sob um algoritmo que compreende dois movimentos: o ser e o fazer. Assim, toda ação pressupõe uma sucessão de, no mínimo, dois estados. Para que a ação exista é preciso que um estado x transforme-se num estado y, o que significa dizer que o fazer é o resultado da passagem do estado 1 para o estado 2. E para Greimas, essa passagem se dá por meio de dois processos, quais sejam, a instauração da falta ou a supressão dessa falta, o que, segundo sua terminologia, corresponde aos processos de disjunção e de conjunção, respectivamente. Mas para que o fazer se instaure é preciso que duas posições sintáticas do enunciado tenham existência. Elas correspondem ao sujeito e ao objeto do enunciado. Assim, a disjunção existe quando o sujeito está privado do objeto; já a conjunção, quando ele tem a posse do objeto. Sujeito e objeto são dois actantes do enunciado constitutivos da narratividade.

Esse princípio não se confunde com a narração, que é um modo de organização do discurso, distinto da dissertação, por exemplo, que se centra não na sucessão de acontecimentos no tempo, mas no encadeamento lógico de argumentos que também se submete à temporalidade. Tendo por base esse princípio da narratividade, a Semiótica desenvolve um modelo gerativo que pretende demonstrar a constituição do sentido no texto. Esse modelo é denominado percurso gerativo de sentido. Voltado, portanto, para os elementos do plano do conteúdo, tal percurso desdobra-se em níveis e cada um deles compreende uma sintaxe e uma semântica.

Pode-se constatar, tal como defendeu Ivan Darrault-Harris, durante a palestra que proferiu em Araraquara,[5] que a Semiótica constrói-se a partir de dois espaços epistemológicos: o do estruturalismo linguístico, de herança saussuriana, e o da fenomenologia.

Embora em *Semântica estrutural*,[6] obra com que Greimas inaugura a proposta da Semiótica, haja referências à fenomenologia e à percepção, a primeira fase da teoria semiótica é fortemente influenciada pelo estruturalismo linguístico. Seu modelo de análise é a descrição de uma estrutura a partir da qual se procura mostrar a geração do sentido. O Greimas lexicólogo, influenciado pelas propostas de Saussure e, principalmente, de Hjelmslev, vai desenvolvendo sua proposta teórico-metodológica em consonância com a visão estruturalista da ciência então vigente. E em que pese as atuais críticas ao modelo estruturalista, há que se considerar que é impossível trabalhar a língua e, consequentemente, a linguagem, sem que se percebam e sem que se examinem as relações implicadas nesse processo. E descrever essas relações é examinar sua estrutura. O que se defende atualmente é que a descrição pura e simples da estrutura de uma linguagem não é suficiente para a compreensão de seu funcionamento. Afinal, o processo de constituição de sentido envolve muito mais que simplesmente a mobilização de um encadeamento de signos que tem o objetivo de comunicar algo a alguém. Ao reconhecer isso a Semiótica deixa de focar unicamente a *performance* e passa a observar a existência, isto é, a uma semiótica do fazer, contrapõe-se uma semiótica do ser.

A retomada da vertente fenomenológica que já estava manifesta em Greimas[7] dá um novo impulso para o exame da apreensão do sentido. Mais voltada para os trabalhos de Merleau-Ponty, relativos à fenomenologia da percepção, entendida como o ato pelo qual a consciência apreende um dado objeto, utilizando as sensações como instrumento, a Semiótica se volta para o exame do corpo. O sentido deixa de ser apenas resultado da arquitetura do inteligível e passa à dependência também do sensível. Isso significa uma abertura muito grande para o estudo das diferentes formas semióticas de comunicação, como a pintura, a escultura, o cinema, o desenho, a música, entre outras.

Um dos aspectos centrais da epistemologia estrutural era a constituição de uma semiótica do descontínuo, enquanto, para a epistemologia fenomenológica, uma semiótica do contínuo. O elemento característico da vertente descontínua é o quadrado semiótico proposto por Greimas, construído a partir de uma dualidade marcada pela oposição dos contrários. O elemento característico da vertente contínua é o quadrado tensivo, desenvolvido por Zilberberg, que não obedece exatamente a uma lógica do quadrado, mas sim a uma contraposição vetorial.

Enquanto o quadrado semiótico retoma a disposição lógica entre elementos contrários, contraditórios e complementares, exaustivamente descrita em diferentes trabalhos inspirados nessa fase das investigações semióticas, o esquema tensivo parte da distinção entre uma dimensão da intensidade, que compreende os estados de alma (as paixões), própria do sensível, e uma dimensão da extensidade, que se refere aos estados de coisa, própria do inteligível. Entre a intensidade e a extensidade instaura-se um processo de subordinação, de tal maneira que a segunda é regida pela primeira, o que corresponde ao princípio fenomenológico de que a percepção conduz à intelecção.

Segundo Zilberberg,[8] a intensidade compreende duas subdimensões, o andamento e a tonicidade; a extensidade abarca a temporalidade e a espacialidade. Essas quatro subdimensões alteram-se de acordo com a foria, que corresponde ao princípio axiológico da timia, disposição afetiva de base que "determina a relação que um corpo sensível mantém com seu ambiente".[9] Dessa forma, portanto, três são os foremas que classificam as transformações das duas subdimensões: a direção, a posição e o elã (o impulso).

De acordo com a proposta de Zilberberg,[10] a interseção que se pode estabelecer entre as subdimensões e os foremas ocorre por meio da valência. Dessa forma, o cruzamento das quatro subdimensões com os três foremas dará origem a doze pares valenciais. Na dimensão da intensidade, a interseção do andamento com a direção dá origem ao par valencial aceleração *vs*. desaceleração, com a posição, o par adiantamento *vs*. retardamento e com o elã, o par rapidez *vs*. lentidão; a interseção da tonicidade com a direção dá origem ao par valencial tonificação *vs*. atonização, com a posição, o par superioridade *vs*. inferioridade e com o elã, o par tonicidade *vs*. atonia. Na dimensão da extensidade, a interseção da temporalidade com a direção dá origem ao par valencial foco *vs*. apreensão, com a posição, o par anterioridade *vs*. posterioridade e com o elã, o par brevidade *vs*. longevidade; a interseção da espacialidade com a direção dá origem ao par valencial abertura *vs*. fechamento, com a posição, o par exterioridade *vs*. interioridade e com o elã, o par deslocamento *vs*. repouso. Essas relações podem ser visualizadas na seguinte tabela:[11]

Dimensões	Intensidade regente		Extensidade regida	
Subdimensões / Foremas	andamento	tonicidade	temporalidade	espacialidade
Direção	aceleração *vs.* desaceleração	tonificação *vs.* atonização	foco *vs.* apreensão	abertura *vs.* fechamento
Posição	adiantamento *vs.* retardamento	superioridade *vs.* inferioridade	anterioridade *vs.* posterioridade	exterioridade *vs.* interioridade
Elã	rapidez *vs.* lentidão	tonicidade *vs.* atonia	brevidade *vs.* longevidade	deslocamento *vs.* repouso

O que se percebe quando se leva em conta a perspectiva tensiva é que não mais estão em jogo apenas duas posições antagônicas e estáticas como era a representação do quadrado semiótico. Isso não significa que ele perca seu valor analítico e seja descartado. Ao entender que o sentido constitui-se de forma contínua, o importante passa a ser a depreensão do movimento com que ele se configura.

Em um texto que discute o conceito de "exterioridade" do ponto de vista da Semiótica, Barros[12] mostra, de forma bastante clara, que, para a Semiótica, não existe propriamente aquilo que seja externo ao texto, quando se pretende mostrar os fatores históricos, sociais, ideológicos ou cognitivos em busca do sentido. Da mesma forma que Darrault-Harris, anteriormente referido, a autora mostra que, para a Semiótica, coexistem duas vertentes epistemológicas. Se forem observados os princípios do que se costumou chamar Semiótica *standard*, que é aquela que coloca em destaque a epistemologia estrutural, os conceitos de tema, figura, do nível discursivo, e os de interdiscursividade e intertextualidade, do que se considera nível textual, são capazes de dar conta daquilo que uma teoria como a análise do discurso francesa (AD), por exemplo, chama de exterioridade. Na medida em que se compreende que o discurso é constituído por um sujeito da enunciação, um tempo e um espaço, que têm existência a partir de uma rede figurativa e temática no enunciado, podem-se identificar claramente os componentes históricos, sociais e ideológicos que se manifestam no discurso.

Por outro lado, retomando um texto clássico da Semiótica de Greimas,[13] em que o autor refletia sobre as condições de uma semiótica do mundo natural, Barros[14] demonstra como o mesmo conceito de exterioridade está presente no viés perceptivo da teoria. Em seu texto, Greimas[15] procura discutir como uma linguagem não linguística, como é a gestualidade, constrói o sentido. Sua ideia central é a de que a passagem daquilo que é da ordem do mundo natural para a língua, que é a única forma pela qual o elemento do mundo natural pode ser expresso, ocorre porque o plano da expressão do mundo natural torna-se o plano do conteúdo das línguas naturais. Segundo Greimas:

> [...] Basta considerar o mundo extralinguístico não como um referente *absoluto*, mas como o lugar da manifestação do sensível, capaz de tornar-se a *manifestação* do sentido humano, ou seja, da significação para o homem; em suma, tratar este referente como um conjunto de sistemas semióticos mais ou menos implícitos. Ao afirmar a posição privilegiada da *semiótica das línguas naturais*, que tem a propriedade de receber traduções de outras semióticas, é preciso postular a existência e a possibilidade de uma *semiótica do mundo* natural e conceber a relação entre os signos e os sistemas linguísticos ("naturais"), de um lado, e os signos e sistemas de significação do mundo natural, de outro – não como uma referência do simbólico ao natural, do variável ao invariável, mas como *uma rede de correlação entre dois níveis de realidade significante*. Paralelamente às ciências da natureza, as ciências do homem podem assim afirmar a sua autonomia, que resulta não da "natureza" dos objetos de investigação (palavras ou coisas, natureza ou cultura), mas do *método de abordagem que constitui os objetos em objetos humanos, isto é, significantes para o homem.*[16]

A preocupação da Semiótica em examinar a constituição do sentido não se origina, portanto, de uma perspectiva única, que exclua os aspectos ideológicos, sociais, históricos ou cognitivos em favor unicamente dos elementos estruturantes. É necessário, também, por outro lado, pensar que a descrição da estrutura do objeto não é necessariamente reducionista, mas um dos métodos de investigação do sentido.

Essas considerações sobre as perspectivas epistemológicas da Semiótica se fazem necessárias para, por um lado, dar conta de seus avanços teórico-metodológicos e, por outro, para apontar a perspectiva a partir da qual será tratada aqui a questão do discurso político, foco central de nossa análise. Cabe neste momento, portanto, definir, primeiramente, nosso objeto de análise e, em seguida, empreendê-la.

Delimitação do discurso político em exame

Ao estabelecer o *corpus* a partir do qual pretendemos inserir este capítulo num livro que aborda o discurso político, procuramos destacar duas características inerentes a esse gênero textual. Por um lado seu caráter argumentativo, ao propor defender ideias com vistas a influenciar seu interlocutor relativamente à verdade que pretende afirmar, uma vez que este, normalmente, refere-se à população em geral, embora, dependendo do lugar onde é enunciado, possa constituir um interlocutor específico, distinto do público genérico. Por outro lado, seu caráter polêmico, porque, ao defender posições, coloca-se antagonicamente em relação a outros discursos.

Em função do que afirmamos anteriormente, portanto, elegemos dois discursos políticos, que abordam a questão polêmica da união homoafetiva, quer para legalizar o casamento entre pessoas do mesmo sexo, com os mesmos direitos civis das uniões heteroafetivas, quer para defender a adoção. Para tanto, escolhemos o pronunciamento[17] do pastor Silas Malafaia, irmão do deputado estadual Samuel Malafaia, pelo Partido da República (PR) do estado do Rio de Janeiro, realizado em 12 de maio de 2010, durante audiência pública na Comissão de Constituição e Justiça da Câmara dos Deputados para julgar reformas ao Estatuto das Famílias, e o discurso de posse proferido na Câmara dos Deputados, em 24 de fevereiro de 2011, pelo deputado federal pelo Partido Socialismo e Liberdade (PSOL) do Rio de Janeiro, Jean Wyllys, eleito com a plataforma da defesa dos direitos dos gays.

Embora Silas Malafaia seja pastor da Assembleia de Deus Vitória em Cristo e não propriamente um político, foi escolhido para compor o pensamento evangélico contra o Projeto de Lei (PL) n. 2.285/2007, apresentado pelo deputado Sérgio Barradas Carneiro, que propunha reformas no Estatuto da Família e novas configurações de lei sobre a formação da família, incluindo o casamento homossexual e a adoção de crianças por pessoas do mesmo sexo. Dessa forma, portanto, torna-se o porta-voz da corrente evangélica que toma posição na política brasileira na defesa de seus princípios. Seu discurso não corresponde a uma opinião pessoal, mas à expressão do pensamento de um grupo de políticos que tem influência sobre os destinos da política brasileira atual. Essa é a razão pela qual foi aqui tomado como um discurso político, diferentemente do caso de Jean Wyllys, que fala do lugar de um representante da população brasileira na Câmara dos Deputados.

O que podemos constatar ainda é que o discurso proferido por Jean Wyllys, embora tivesse como interlocutores diretos os deputados federais reunidos em solenidade de posse, contemplava também a população brasileira em geral, para a qual também se dirigia. O pronunciamento do pastor Silas Malafaia, por sua vez, embora primeiramente se dirigisse aos deputados reunidos em sua Câmara, com destaque principalmente para seu presidente, por ele invocado algumas vezes, também procurava atingir o público brasileiro em geral. Tanto na solenidade de posse de Jean Wyllys como durante o pronunciamento de Silas Malafaia, havia representantes da sociedade civil ali reunidos. Na gravação do pronunciamento de Silas, inclusive, é possível ouvir as manifestações desses representantes, por meio de aplausos de apoio a seu discurso em vários momentos, conforme ficou registrado na reprodução transcrita em anexo a este texto.

O que importa, portanto, do ponto de vista teórico-metodológico aqui adotado é a incorporação das preocupações da Retórica às discussões empreendidas pela Semiótica para o tratamento da questão do sentido. Embora inicialmente a Semiótica tenha procurado afastar-se da Retórica, porque considerava que essa disciplina abordava a esfera externa ao discurso, quando retomou sua vocação fenomenológica por meio do exame das paixões, tornou-se peremptório restabelecer o diálogo com a Retórica.

Para Aristóteles,[18] a Retórica é uma arte de que deve se valer o orador. Em grego o termo é *τεχνη* (*tekhnon*), que, em português, dá origem à palavra "técnica". Ao definir a Retórica, portanto, o estagirita dirá o seguinte:

> Entendamos por retórica a capacidade de descobrir o que é adequado a cada caso com o fim de persuadir. Esta não é seguramente a função de nenhuma outra arte; pois cada uma das outras apenas é instrutiva e persuasiva nas áreas da sua competência; como por exemplo, a medicina sobre a saúde e a doença, a geometria sobre as variações que afetam as grandezas, e a aritmética sobre os números; o mesmo se passando com todas as outras artes e ciências. Mas a retórica parece ter, por assim dizer, a faculdade de descobrir os meios de persuasão sobre qualquer questão dada. E por isso afirmamos que, como arte, as suas regras não se aplicam a nenhum gênero específico de coisas.[19]

A primeira questão importante, e que é a razão pela qual a perspectiva retórica ficou distante das preocupações da Semiótica, é que a Retórica sempre levou em consideração os recursos não linguísticos da produção do discurso para compor o ato persuasivo, uma vez que dava conta da situação do orador posto em uma assembleia que tinha como tarefa convencer o juiz e seus membros. O que se percebe na obra de Aristóteles é que, basicamente, na forma de o orador construir sua argumentação, tinha muita importância a impressão que seu discurso causava em seus interlocutores. Isso, a princípio, pode estar distante do elemento estritamente linguístico, mas o que se verifica, quando se leva em consideração a perspectiva do corpo na determinação do sentido, é o componente perceptivo da dimensão do discurso.

Para Aristóteles,[20] a persuasão que se obtém por meio da arte retórica realiza-se por intermédio das provas. Segundo o autor, porém, há dois tipos diferentes de provas de que se pode valer o orador, as artísticas e as inartísticas. Para ele, as inartísticas são aquelas que não dependem de uma arte, porque têm existência própria, isto é, não são consequência dos recursos argumentativos do orador. Essas provas consistem na confissão, nos testemunhos, nos documentos escritos, entre outros, de que pode se valer um orador que quer demonstrar o caráter de verdade de seu discurso.

As provas fornecidas pelo discurso, segundo o autor, podem ser de três tipos: aquelas que residem no caráter moral do orador, as que afetam a disposição do ouvinte e as que se voltam para o aspecto demonstrativo do próprio discurso.

> Persuade-se pelo caráter quando o discurso é proferido de tal maneira que deixa a impressão de o orador ser digno de fé. [...]
> Persuade-se pela disposição dos ouvintes, quando estes são levados a sentir emoção por meio do discurso, pois os juízos que emitimos variam conforme sentimos tristeza ou alegria, amor ou ódio. [...]
> Persuadimos, enfim, pelo discurso, quando mostramos a verdade ou o que parece verdade, a partir do que é persuasivo em cada caso particular.[21]

Se tomarmos os pressupostos teóricos da Semiótica da escola de Paris, verificamos que o discurso é constituído, na sua dimensão sintática, pelas projeções actanciais, temporais e espaciais. Do ponto de vista actancial, no nível discursivo do texto ocorre a manifestação do sujeito da enunciação, que se desdobra em um enunciador e um enunciatário. O sujeito enunciador consiste na imagem de autoria construída pelo discurso que é responsável pelo dizer, pelo enunciado; o sujeito enunciatário corresponde à imagem do interlocutor para quem o enunciador se dirige. O primeiro, do ponto de vista linguístico, corresponde à primeira pessoa da comunicação (eu) e o segundo, à segunda pessoa (tu). O enunciado, portanto, compreende um fazer persuasivo que se instaura na relação entre o enunciador e seu enunciatário.

O que sempre a Semiótica procurou demonstrar é que o sujeito da enunciação é uma construção discursiva e que não corresponde aos sujeitos reais em interlocução quando se produz o ato da escrita e da leitura. O enunciador do texto *Vidas secas*, por exemplo, não é o sujeito em carne e osso, Graciliano Ramos, mas uma imagem de autor construída no discurso; já o enunciatário, por sua vez, não corresponde a cada uma das diferentes pessoas reais que leram o romance, mas à imagem de interlocutor também construída pelo discurso.

Da mesma forma, portanto, podemos dizer que o sujeito enunciador do discurso de posse de Jean Wyllys não é sua pessoa física, mas uma imagem de si instaurada em seu texto, bem como as pessoas a quem ele se dirige são imagens de interlocutores construídas pelo dizer de seu texto. Isso pode parecer de certa forma estranho, porque se sabe que quem está falando na tribuna é o próprio sujeito em carne e osso chamado Jean Wyllys e que, na plateia, quem está ouvindo são outros sujeitos reais, deputados e cidadãos brasileiros comuns. Ocorre, porém, que esse acontecimento é semiótico, porque pleno de sentido. E esse sentido consiste na confluência de diferentes linguagens que se inter-relacionam nesse momento, a linguística, a gestual, a expressão sonora e visual, tudo isso ocorrendo, ao mesmo tempo, num lugar e num tempo que também se harmonizam para comporem o que chamaria de acontecimento da significação. É essa também a ótica de Greimas quando afirma que

> [...] a única presença concebível da significação no mundo é sua manifestação no interior da "substância" que engloba o homem: o mundo dito sensível torna-se assim, na sua totalidade, o objeto da busca da significação; no seu conjunto e nas suas articulações, o mundo se apresenta como uma virtualidade de sentido, por pouco que esteja submetido a uma forma.[22]

Segundo a Semiótica da escola de Paris, portanto, ao se observar o sentido enquanto fenômeno próprio da linguagem e da percepção que dela se tem, podemos chegar a uma compreensão mais completa do processo. A língua é, dentre as diferentes formas de linguagem, aquela capaz de traduzir as demais, mas não é a única a compor o universo significativo do mundo em que o homem habita. No caso deste texto, como tratamos do discurso escrito, o elemento linguístico é determinante para a construção do processo interpretativo, mas a ele será somado o aspecto perceptivo.

Quando se examinam, portanto, as relações sintáticas do nível discursivo do texto, de acordo com a proposta semiótica do percurso gerativo do sentido, observam-se também, do ponto de vista semântico desse mesmo nível, os temas e as figuras. Para a Semiótica, segundo Greimas,[23] o termo *figura* é utilizado, no discurso, para se referir às figuras do plano conteúdo que correspondem às figuras do plano da expressão da semiótica do mundo natural. As figuras podem também aparecer como conectores de isotopia, com que se denomina a iteratividade ou o elemento que assegura a homogeneidade do discurso-enunciado. Já o tema diz respeito aos valores manifestados no texto, que, ao estabelecerem a rede temática do discurso, que dá origem a sua isotopia temática, são responsáveis por sua organização semântica.

No que diz respeito ao conceito de valor, que a Semiótica herda da proposta saussuriana, ele remete à relatividade da significação, uma vez que se entende que o sentido reside nas diferenças. E essa concepção de valor para Saussure é que lhe permite elaborar o conceito de forma do conteúdo. Transpondo a noção linguística de valor para o discurso, pode-se dizer que ele está ali manifesto por meio da axiologia, que compreende o modo de existência paradigmática dos valores. A axiologia, por sua vez, opõe-se à ideologia, que diz respeito à forma do arranjo sintagmático dos valores no discurso. Nesse ponto, portanto, a Semiótica apresenta um campo seguro para examinar e descrever o investimento ideológico que outras teorias consideram externos ao texto, uma vez que remetem ao social e ao histórico.

Tal como já foi dito antes, ao retomarmos as colocações de Barros[24] relativamente à noção de exterioridade, o componente ideológico do texto pode ser apreendido quando se examinam os elementos da sintaxe e da semântica do nível discursivo e também quando se observa como componentes perceptivos do plano de conteúdo do mundo natural são apreendidos pelo plano de conteúdo das línguas naturais.

No próximo item deste capítulo, proporemos examinar os dois discursos que constituem nosso *corpus*.

Defesa do direito à união civil homoafetiva

O discurso de Jean Wyllys é um discurso de posse de um cargo político. Portanto, de acordo com essa modalidade, contém certos traços que lhe são próprios. Ao tomar posse de um cargo eletivo, o sujeito que o assume deve afirmar seus compromissos com os eleitores e firmar o contrato que o sancionou positivamente nesse percurso de eleição. Como todo discurso político, defende ideias e posições que se alinham a uma corrente ideológica dentro do cenário político. No momento em que é proferido, o discurso de Jean Wyllys reafirma o compromisso do sujeito eleito com aqueles que lhe deram seus votos. Portanto, seu fazer é consequência do fazer sancionador do destinador julgador, eleitores.

O discurso inicia-se com a invocação dos interlocutores, o presidente da Câmara, os demais deputados, os brasileiros e seus eleitores cariocas. Essa representação do enunciatário irá determinar a forma de organização de seu enunciado. Em seguida à invocação do enunciatário, o enunciador instaura o processo de construção de si e, para tanto, inicialmente, reporta-se a seu passado. É por meio da recuperação de sua história de vida que o enunciador procurará reafirmar seus compromissos com os eleitores e com o cargo que passa a ocupar. A primeira referência apresentada é sua identificação com o homossexual e com as classes sociais marginalizadas, como se observa no trecho a seguir:

> (1) Muitos de vocês sabem que a injúria [...] contra os homossexuais provoca quase sempre danos irreparáveis à subjetividade ou à alma da pessoa. Agora, imaginem essa injúria combinada à pobreza extrema em que minha família e eu vivíamos na periferia de Alagoinhas, interior da Bahia, em que não havia sequer água e sanitário nas casas de aluguéis em que morávamos.[25]

No relato do sujeito enunciador é ressaltada sua baixa condição social, todas as dificuldades por que passou na infância e na adolescência, mas se destacam sua obstinação e sua vontade de estudar, o que o conduz ao caminho da superação e do afastamento de possível envolvimento com o crime. Além de enfatizar seu apego aos livros e à leitura, o que o conduz, na vida adulta, à condição de professor universitário, há uma clara referência à sua formação religiosa. A temática da religiosidade é de extrema relevância em seu discurso, porque é o momento em que se instaura o embate com o discurso da bancada dos deputados evangélicos, que são contrários aos direitos que Jean Wyllys propõe defender para os homossexuais.

> (2) [...] Tais livros me deram valores humanistas e a preocupação com o outro, típicos do cristianismo – sim, porque, se por um lado o cristianismo fundamentalista que vigora no Congresso Nacional e sua ameaça ao Estado laico e democrático de direito nos apavoram, por outro é inegável que foi o cristianismo livre de fundamentalismo que nos trouxe essa ideia de que o que torna um homem virtuoso são seus atos, ou seja, para o verdadeiro cristianismo, um ser humano é virtuoso quando age em favor do bem comum. [...] A família de meu pai sempre foi ligada ao candomblé, mas eu só vim me aproximar desta religião de matriz africana, e nela me aprofundar, depois dos vinte anos, já homem feito.

O que se percebe em (2), portanto, é uma identificação do enunciador com a religião cristã, base de sua formação, mas, para tanto, instaura uma distinção entre o que considera "verdadeiro cristianismo", responsável pelos princípios humanistas que defende, e o "cristianismo fundamentalista", que "nos apavora" e ameaça o Estado laico. O emprego do pronome de primeira pessoa do plural, distinto do de primeira pessoa do singular que é sistematicamente empregado no texto, estabelece uma comunhão entre Jean Wyllys e aqueles que propõe defender no Congresso. Trata-se de um "nós" inclusivo, em que o enunciador coloca-se junto de seu interlocutor. E a religião de origem africana só é referida mais à frente, porque com ela o enunciador também mantém um contrato, mas essa forma de referência coloca-a numa posição de segundo plano em relação à religião cristã.

Seu propósito consiste em afirmar os valores cristãos religiosos, vistos positivamente porque sustentam os princípios morais do homem, e em negar os dos cristãos conservadores. Não está em questão, portanto, uma oposição entre um pensamento agnóstico e outro religioso. A religiosidade não é discutida, pois é vista como inquestionável e benéfica ao ser humano; o que se estabelece é uma contraposição entre a vertente má e a boa da religião e, além disso, a interferência da corrente religiosa desta última vertente nas relações políticas do Estado.

A defesa do Estado laico leva à afirmação de que deve existir, na sociedade brasileira, um princípio de igualdade, o que significa que tanto os heterossexuais quanto os homossexuais têm os mesmos direitos, o que inclui a possibilidade de união civil, quer para um, quer para outro.

> (3) [...] Se o Estado é laico e se os homossexuais têm todos os deveres civis, então, por uma questão de justiça, os homossexuais têm que ter todos os direitos civis garantidos aos heterossexuais, inclusive o direito ao casamento civil. Se hoje um casal pode se divorciar e, em seguida, partir, cada um, para novos casamentos, é porque o casamento civil não é da competência de igrejas nem religiões.

Do ponto de vista argumentativo, o sujeito enunciador cria uma imagem positiva de si, para referendar seu papel de legítimo representante de determinado segmento da sociedade, os homossexuais, ao mesmo tempo que procura assegurar que os valores morais em que se baseia são cristãos, portanto iguais aos de qualquer cidadão brasileiro, independentemente de sua orientação sexual. Sua estratégia é afirmar a igualdade e não a diferença, para combater a discriminação.

Ao mesmo tempo que o processo de identificação com o interlocutor é estabelecido, instaura-se também uma contraposição a seu oponente, qual seja, os políticos da bancada evangélica, que se posicionam contrariamente à união civil entre pessoas do mesmo sexo.

Se fizermos uma leitura desse documento por meio da perspectiva da proposta tensiva da Semiótica, podemos identificar que sua disposição temático-figurativa, no nível discursivo, afirma a discriminação de segmentos da sociedade, com destaque para os homossexuais, e isso justifica uma ação do sujeito Jean Wyllys em prol do estabelecimento da justiça, o que implica a manutenção do princípio de igualdade entre todos os cidadãos brasileiros.

Do ponto de vista da intensidade, que se refere à dimensão sensível, se destacarmos as subdimensões do andamento e da tonicidade, é possível examinar a disposição dos argumentos em defesa do reconhecimento da união civil entre pessoas do mesmo sexo a partir da disposição modal, tal como é proposto por Zilberberg.[26] De acordo com a perspectiva modal da direção, percebe-se que há no discurso de Wyllys uma desaceleração do processo de identificação do enunciador como legítimo representante dos marginalizados, porque inicialmente é reconstruída sua história de vida, ao mesmo tempo que há uma tonificação de sua representatividade. Quanto à posição, identifica-se, respectivamente, o retardamento e a superioridade; quanto ao elã, a lentidão e a tonicidade.

Do ponto de vista da extensidade, que se refere à dimensão inteligível, quando destacamos as subdimensões da temporalidade e da espacialidade, verificamos como se instaura o argumento em defesa da igualdade de direitos civis entre os homossexuais e os heterossexuais. De acordo com a perspectiva da direção, ocorre a apreensão do valor de igualdade, ao mesmo tempo que se instaura a abertura. Quanto à posição, identifica-se, respectivamente, a posterioridade e a exterioridade; quanto ao elã, a longevidade e o deslocamento.

Ao examinar, portanto, o texto de Jean Wyllys, verifica-se que, do ponto de vista semiótico, é constituído por um discurso que tem por finalidade reafirmar o compromisso de seu enunciador com a causa que defende e com as pessoas que o sancionaram positivamente para execução desse fazer. Seus argumentos são o da igualdade de direitos e a denúncia do antidestinador, evangélicos fundamentalistas, que se opõem a essa igualdade. Do ponto de vista narrativo, para afirmar a igualdade e referendar o saber do sujeito do fazer, é reconstruída a história de vida do sujeito que corresponde ao enunciador do discurso.

Desqualificação da legalização da união entre parceiros do mesmo sexo

Durante a audiência pública da Comissão de Constituição e Justiça da Câmara dos Deputados para discutir o Estatuto das Famílias, realizada em 12 de maio de 2010, a bancada evangélica escolhe como seu porta-voz o pastor da Igreja Vitória em Cristo, Silas Malafaia. A questão que se coloca em discussão nessa sessão da Câmara é o conceito de família e, em consequência, o reconhecimento da legitimidade do processo de adoção por parte de casais homossexuais.

A argumentação contrária ao reconhecimento da união homoafetiva e, consequentemente, da possibilidade de adoção legal por parte de casais que se encontrem nessa condição, é construída com base em dois princípios, quais sejam, o da legalidade e o da cientificidade.

O texto condenatório inicia-se por meio da referência ao texto da Constituição brasileira, ao destacar o conceito de família nele afirmado por meio do seguinte enunciado: "união estável entre um homem e uma mulher". A partir da invocação do texto constitucional, o que se ressalta no discurso do pastor é que qualquer proposta que não observa o que está dito na Constituição significará um descumprimento da lei, já que ela representa a lei maior de um país e sob a qual estão subordinadas todas as outras.

Para assegurar o princípio de verdade do conceito de família manifestado na lei maior do país, o enunciador se vale então do argumento da cientificidade, qual seja, o de que só é possível constituir uma família quando a base dessa união é a procriação. Como é impossível a gestação de um filho entre pessoas do mesmo sexo ("não existe prole homossexual!"), está descaracterizada a formação de uma família. Além disso, o que assegura ao pastor a possibilidade de invocar a ciência para referendar seus argumentos é sua condição de psicólogo.[27] De acordo, portanto, com seu saber, pode afirmar que a homossexualidade é um desvio comportamental e não uma condição do indivíduo, como pode ser verificado no trecho a seguir.

> (4) O que é o homossexual? Um homem e uma mulher por determinação genética e homossexual por preferência aprendida ou imposta. Ninguém nasce homossexual. Não existem genes, cromossomo, ordem homossexual. Não tem isso. Só tem que defender uma tese pra ganhar prêmio Nobel de medicina e provar o contrário. O que estou falando aqui é ciência. Isso aqui é ciência. Não estou brincando, gostem ou não. Ninguém nasce homossexual! É uma questão comportamental. O Instituto Fisher dos Estados Unidos fez a seguinte pesquisa: 82% da homossexualidade feminina já se apaixonou pelo sexo contrário; 66% da homossexualidade masculina já se apaixonou pelo sexo contrário. Que estabilidade é essa?

O que se pode constar em (4) é que, além da afirmação de que a homossexualidade é determinada por um comportamento, outro aspecto enfocado é o de sua instabilidade, uma vez que a maioria dos indivíduos que se enquadram nessa condição pode ter um comportamento heterossexual. Além de confundir sexualidade e afetividade, o que a argumentação do enunciador faz é focalizar a instabilidade para apontar o caos, isto é, a destruição da sociedade.

> (5) [...] Agora, se nós vamos legalizar todo comportamento social, aí nós vamos encontrar o seguinte. A sociedade que não tem limites, ela auto se destrói. Toda sociedade e todo ser humano precisa de limites. E uma sociedade sem limites auto se destrói. Essa que é a verdade. Não querem botar limites? Então, qualquer tipo de comportamento que tiver um grupo de pessoas, dos mais bizarros e loucos, vamos ter que aprovar. Essa é uma realidade. Essa aqui é uma verdade que eu estou falando.

A partir do que pode ser verificado em (5), os argumentos apresentados pelo enunciador constroem um sofisma, pois, invocando a símile, seu discurso irá afirmar que, se se alterar a definição do que seja uma família, tal como está na Constituição brasileira, e se aceitar que pessoas que têm "preferência" por se relacionarem com outras do mesmo sexo possam formar uma família, a sociedade terá que legalizar também a condição daqueles que gostam de se relacionar com cachorro ou com cadáver, pois se trata também de uma questão de comportamento.

Toda a discussão que o discurso de Malafaia instaura sobre a legalização da união homossexual e da possibilidade de adoção conduz ainda a um processo de intimidação. Em verdade, seu enunciatário é o público brasileiro em geral, para o qual apela como juiz na disputa entre os sujeitos oponentes da estrutura narrativa de seu discurso, quais sejam, os evangélicos de um lado e os ativistas gays de outro. O primeiro ocupa a função de destinador e o segundo, a de antidestinador. A intimidação se instaura a partir do momento em que Malafaia acena com a força política dos evangélicos, como se verifica no trecho destacado a seguir.

> (6) Eu quero aproveitar aqui, porque eu ouvi uma fala aqui, usando a pessoa do presidente da República. Eu gostaria de comunicar que aqui tem muito líder evangélico. Vamos aproveitar para ver em quem vamos votar para presidente [aplausos]. Porque nós não somos uma comunidade alienada e vamos deixar gente vir aqui e depois chegar lá na nossa comunidade fazer graça pra gente não. Vamos amadurecer. Quem quer apoiar o quê? Quer apoiar a legalização da prostituição? Não conta com a gente. Quer apoiar união civil e dar *status* de família a homossexuais? Não conta com a gente. Quer apoiar a legalização da droga? Não conta com a gente. Nós somos 25% do eleitorado. Nós decidimos uma eleição. Que papo é esse, senhores? E a sociedade brasileira, senhores deputados, em 90%, sejam evangélicos ou católicos, nós somos a maioria.

Nesse momento de seu discurso, instaura-se como interlocutor a classe política brasileira, pois o que se está afirmando é que, se for permitida a reforma constitucional, a bancada governista perde o apoio dos representantes políticos evangélicos e católicos. Do ponto de vista semiótico, o que se instaura narrativamente é um processo de manipulação por intimidação do sujeito destinador sobre o destinatário. Essa ameaça representa o confronto político que marca a situação de julgamento de uma ação que visa ao reconhecimento de direitos dos homossexuais.

Já no final de seu pronunciamento, ao se dirigir então para os membros da comissão que deverão julgar para aceitar ou não o que está em jogo na reunião, o argumento apresentado pelo enunciador em favor do não reconhecimento da união homossexual se volta para os valores nacionalistas, tal como se verifica em (7):

> (7) Então eu quero dizer pros senhores: não podemos dar *status* de família, a não ser isso que está institucionalizado como sobrevivência da raça humana, que é o macho e a fêmea. Essa instituição de família é que faz uma nação ser forte, é que faz um povo ser forte, é que faz o Estado ser forte. O que passa disso é conversa.

Do ponto de vista argumentativo, o sujeito enunciador constrói uma imagem de autoridade, referendada na ciência e na lei. Seu ponto de vista está ancorado naquilo que institui como verdade e, portanto, não é passível de questionamento. A perspectiva que determina como uma família deve ser definida na Constituição do país é aquela que assegura a união entre pessoas de sexos distintos, porque somente dessa forma cumpre-se o princípio reprodutivo que é seu alicerce. E uma nação assentada sob esses valores torna-se mais sólida e mais pura, porque não se deixa dominar por formas inadequadas de comportamento, como o homossexualismo, o bestialismo e a necrofilia. Na medida em que classifica homogeneamente comportamentos que não seguem o padrão heterossexual, estabelece sua estratégia argumentativa pelo princípio da diferença.

Com relação ao enunciatário construído pelo discurso, ele é aquele que assume os mesmos valores do enunciador. Não há propriamente um processo de convencimento, mas sim o de identificação pela razão, pelo reconhecimento da verdade. Dois oponentes constroem-se ao longo do discurso. De um lado, seu adversário mais contundente é o ativista gay que quer defender o indefensável e que, para atingir seus objetivos, engana e agride o enunciador, ao tentar cassar seu registro profissional. De outro lado estão os políticos da base governista que aceitam as pressões dos grupos dos homossexuais. Os primeiros são declaradamente inimigos desde a abertura do discurso; os últimos são ameaçados no final com a retirada de possível apoio político e da participação na campanha eleitoral.

Ao realizar uma leitura do segundo documento de nosso *corpus* por meio da perspectiva da Semiótica Tensiva, percebemos que sua disposição temático-figurativa, no nível discursivo, reprova a legalização do casamento entre pessoas do mesmo sexo e a permissão para adoção porque isso vai contra a Constituição brasileira e também porque é a negação de um princípio científico da sociedade.

Se destacarmos o ponto de vista da intensidade, que dá conta da dimensão sensível, verificamos que, nas subdimensões do andamento e da tonicidade, os argumentos de reprovação do reconhecimento da união civil entre pessoas do mesmo sexo constituem-se a partir da instauração de um processo de modalização. De acordo com a perspectiva modal da direção, percebe-se que há no discurso de Malafaia uma aceleração do processo de identificação do comportamento do homossexual com a concepção de desvio, de transtorno de conduta. E, ao mesmo tempo, há uma tonificação de sua representatividade para fazer essa afirmação, tendo em vista o fato de ser um psicólogo formado. Quanto à posição, identifica-se, respectivamente, o adiantamento e a superioridade; quanto ao elã, a rapidez e a tonicidade.

Cabe ressaltar aqui que esses aspectos modais que marcam a intensidade acelerada de seu discurso podem ser identificados também por meio do exame da curva entonacional e da modulação sonora de sua fala durante a referida reunião na Comissão de Constituição e Justiça da Câmara dos Deputados. Seu discurso exaltado reflete o sentimento de indignação diante do que se coloca em questão, que corresponde ao reconhecimento da legalidade civil da união entre homossexuais, e isso se manifesta na forma como o enuncia. Além do aspecto sonoro, pode-se levar em consideração a dimensão gestual do ato enunciativo, que corrobora a imagem da intensidade aqui destacada. Esses aspectos, porém, não podem ser observados simplesmente no texto escrito e, para serem verificados, é imprescindível examinar a gravação do depoimento do pastor registrado em vídeo do Youtube, cujo endereço aparece no anexo 2.

Quanto à extensidade, que aborda a dimensão inteligível do ato enunciativo, ao destacarmos as subdimensões da temporalidade e da espacialidade, podemos identificar como se instauram os argumentos que condenam a igualdade de direitos civis entre os homossexuais e os heterossexuais apresentados pelo enunciador. Segundo a perspectiva da direção, portanto, identificamos uma temporalidade focada e um fechamento do espaço. No que diz respeito à posição, as subdimensões da temporalidade e da espacialidade são marcadas pela anterioridade e pela interioridade; no que se refere ao elã, pela brevidade e pelo repouso.

Examinando, portanto, o texto de Silas Malafaia do ponto de vista semiótico, verifica-se que se trata de um discurso cuja finalidade consiste em afirmar a impossibilidade do reconhecimento da união civil entre pessoas do mesmo sexo, porque isso é contrário à lei e à ciência. Para atribuir um estatuto de verdade aos argumentos, a imagem do enunciador constrói-se a partir da afirmação do seu saber. Malafaia diz o que diz porque tem competência para isso. Ao entrar em confronto com seus oponentes, quais sejam, os homossexuais, vale-se de sua argumentação para ameaçar os políticos com quem mantém aliança, se eles votarem em favor da legalização da união civil entre pessoas do mesmo sexo.

Considerações finais

Ao olharmos o que até aqui foi destacado sobre os discursos analisados, podemos chegar a algumas considerações sobre as características próprias desse tipo de texto, de uma forma geral, e alguns aspectos circunstanciais dos discursos políticos em particular examinados neste capítulo.

Com relação ao primeiro aspecto, a constatação a que se chega é que o discurso político tem como principal característica o fato de ser predominantemente temático e, ao mesmo tempo, bastante centrado no embate argumentativo com seu interlocutor para defender determinados pontos de vista. No que se refere à dimensão gerativa do texto, pode-se afirmar que o texto político visa à confirmação de um contrato com seu destinatário ou então à proposição de um contrato que deve ser estabelecido entre seu produtor e seu interlocutor. Nesse sentido, ele mantém uma forte identidade com o texto de propaganda, pois tem como fim último levar o público a que se dirige a realizar um fazer.

Essa é também a visão de Charaudeau,[28] quando examina o discurso político. Segundo o autor, "todos os grandes políticos disseram, ou deram a entender, que a arte política reside em uma boa gestão das paixões coletivas, isto é, em um 'sentir com os outros'."[29] O que se está reafirmando aqui, portanto, é o caráter publicitário do discurso político a que nos referimos anteriormente. Além disso, Charaudeau faz algumas considerações sobre os fatores a partir dos quais a estratégia persuasiva do discurso político se constrói.

> [...] as estratégias discursivas empregadas pelo político para atrair a simpatia do público dependem de vários fatores: de sua própria identidade social, da maneira como ele percebe a opinião pública e do caminho que ele faz para chegar até ela, da posição dos outros atores políticos quer sejam parceiros ou adversários, enfim, do que ele julgar necessário defender ou atacar: as pessoas, as ideias ou as ações.[30]

Embora na proposta de Charaudeau o ator político esteja muito ligado à própria pessoa, porque sua metodologia de estudo do texto não é a da Semiótica, não deixa de chamar atenção para os aspectos aqui apontados. Da mesma forma que no texto publicitário, a construção da imagem de si e a afirmação de que seu enunciado é portador de uma verdade confiável são dois elementos imprescindíveis para que o discurso seja eficaz e atinja seu objetivo maior que é conseguir a adesão de seu interlocutor.

O que pretendemos afirmar, portanto, é que, do ponto de vista de sua constituição, o discurso político e o discurso de propaganda estabelecem relações de semelhança, porque a base de sua formação consiste em convencer o interlocutor a aderir à verdade proposta pelo enunciador do texto. No caso da propaganda, o destinatário da mensagem é levado a adquirir o produto que está à venda; no caso do discurso político, o destinatário é levado a comprar as ideias defendidas e a sancionar positivamente as ações do político que as desempenha. Assim, o componente sensível ganha dimensão e é fator constitutivo para a produção do sentido do discurso político. O discurso político destaca o componente passional porque essa é a forma de se colocar diante das questões que discute e também é a maneira de envolver seu interlocutor. O que parece ser uma característica central do discurso político, embora essa hipótese precisasse ser testada com um número maior de discursos, é que, do ponto de vista tensivo, a subdimensão da tonicidade dos estados de alma sempre apresenta o forema do elã na posição de maior tonicidade, podendo também se estender essa característica para os outros foremas, isto é, o da direção ser marcado pela tonificação e o da posição pela superioridade.

Com relação aos dois discursos políticos particulares aqui examinados, o que se pode observar é que, do ponto de vista da sua organização tensiva, há um processo um pouco diferente entre eles. Embora os dois mantenham a característica acima destacada, qual seja, que na subdimensão da tonicidade, os foremas de direção, de posição e de elã sejam marcados, respectivamente, pelas modalidades da tonificação, da superioridade e da tonicidade, há uma inversão do processo modalizador das outras subdimensões.

Como o discurso do deputado Jean Wyllys, que defende o reconhecimento civil da união entre pessoas do mesmo sexo, organiza-se inicialmente a partir da construção da imagem do sujeito enunciador, por meio do relato de seu trajeto de vida e de sua condição social, para depois discutir a questão central, identifica-se que os foremas da direção, da posição e do elã constroem-se pelas modalidades da desaceleração, do retardamento e da lentidão, no que diz respeito à subdimensão do andamento da intensidade. Já do ponto de vista da extensidade, identificamos a seguinte organização modal: a subdimensão da temporalidade tem os foremas da direção, da posição e do elã modalizados, respectivamente, pela apreensão, pela posterioridade e pela longevidade; a subdimensão da espacialidade apresenta os mesmo foremas modalizados, na mesma ordem do anterior, pela abertura, pela exterioridade e pelo deslocamento.

O que se observa do ponto de vista da dimensão sensível é que o discurso de Jean Wyllys vale-se de uma estratégia argumentativa que mobiliza as paixões por meio de uma desaceleração para, dessa forma, produzir o efeito de aumento de sua intensidade. Por outro lado, do ponto de vista inteligível, cria um processo de alongamento temporal e de ampliação espacial, uma vez que considera a legalização da união homossexual como positiva para o futuro da humanidade e para a ampliação de sua abrangência em demais espaços.

O discurso do pastor Silas Malafaia, que é contrário à legalização da união homossexual, por sua vez, vale-se de procedimentos distintos do anterior para defender seu ponto de vista. Assim, com relação à dimensão sensível, embora conserve a subdimensão da tonicidade da mesma forma que o discurso de Jean Wyllys, instaura no andamento os foremas da direção, da posição e do elã configurados, respectivamente, pelas modalizações da aceleração, do adiantamento e da rapidez. Sua forma de apresentação está diretamente voltada para a condenação da ação em julgamento, pois se abre por meio da citação da lei constitucional do país ("Para efeito da proteção do Estado, é reconhecida a união estável entre o homem e a mulher como entidade familiar, devendo a lei facilitar sua conversão em casamento") para invocar a ilegalidade de reconhecer a união civil entre pessoas do mesmo sexo. No que diz respeito à extensidade, depreendemos a seguinte organização modal: a subdimensão da temporalidade tem os foremas da direção, da posição e do elã modalizados, respectivamente, pelo foco, pela anterioridade e pela brevidade; a subdimensão da espacialidade apresenta os mesmos foremas modalizados, na mesma ordem do anterior, pelo fechamento, pela interioridade e pelo repouso.

Quanto à dimensão sensível, o discurso de Silas Malafaia constrói sua estratégia argumentativa, no que diz respeito à mobilização das paixões, por meio de um processo de aceleração, porque é essa sua forma de propiciar o efeito de aumento de sua intensidade argumentativa. Do ponto de vista do aspecto inteligível, cria um processo de estreitamento temporal e de diminuição espacial, porque considera que o princípio do casamento já é dado tanto pela lei como pela ciência como próprio do comportamento heterossexual e que alterar essa ordem significará alterar a ordem natural das coisas, o que se configura uma ameaça para o futuro.

O propósito deste texto, como se afirmou em seu início, foi tratar do discurso político segundo a perspectiva da Semiótica e, ao examinar sua organização passional e cognitiva, valer-se de um modelo proposto por Zilberberg[31] no que diz respeito à visão tensiva dessa teoria. A conclusão a que se chega é que esse modelo é capaz de propiciar um aprofundamento da investigação do sentido para os diferentes tipos de discurso e, no nosso caso, para o discurso político.

Cabe, porém, destacar uma questão que poderia ser considerada curiosa entre os dois discursos políticos analisados com relação à questão da união civil homoafetiva. Essa questão diz respeito a um traço constitutivo desse tipo de texto, que é o conservadorismo. Por mais aparentemente progressista que o discurso político procure ser, parece sempre afirmar aquilo que é da ordem do consenso, quer seja por uma questão estratégica para obter uma amplificação do espectro de seus interlocutores, quer seja porque realmente se trate de uma postura ideológica.

O que estamos querendo destacar ainda nesta conclusão é o fato de o discurso do deputado Jean Wyllys, que se configura pela abertura e pela tolerância em defesa da união civil dos homossexuais, valer-se de argumentos religiosos, o designado "cristianismo não fundamentalista" pelo enunciador, para defender os valores humanos que estão em jogo ao se reconhecer a possibilidade de casamento entre pessoas do mesmo sexo. Esses argumentos, porém, não são utilizados por Silas Malafaia, pastor de uma igreja cristã, que, em seu discurso, centra-se no aspecto legal e no aspecto científico ao se posicionar contrariamente ao reconhecimento civil da união entre homossexuais.

Por outro lado, porém, a questão religiosa entra em jogo quando vista do ponto de vista de sua importância política, pois tanto no discurso do deputado quanto no discurso do pastor é ressaltada a força da bancada evangélica no Congresso brasileiro. No caso de Silas, inclusive, essa questão ganha a dimensão de uma ameaça ao poder constituído, no sentido de dele retirar o apoio dos políticos evangélicos, caso alie-se na defesa do reconhecimento da união civil para homossexuais.

Notas

[1] Maurice Merleau-Ponty, *A prosa do mundo*, trad. Paulo Neves, São Paulo, Cosac & Naify, 2002.

[2] Vladimir Propp, *Morfologia do conto maravilhoso*, trad. Jasna Paravich Sarhan, Rio de Janeiro, Forense-Universitária, 1984.

[3] Algirdas Julien Greimas, *Semântica estrutural*, trad. Haquira Osakabe e Izidoro Blikstein, São Paulo, Cultrix, 1976.

[4] Algirdas Julien Greimas; Joseph Courtés, *Dicionário de semiótica*, trad. Alceu Dias Lima et al., São Paulo, Contexto, 2008.

[5] Trata-se da palestra intitulada *Vingt ans après la disparition de Greimas: actualité et avenir de la sémiotique*, proferida aos membros do grupo Cadernos de Semiótica Aplicada (CASA) –, na FCL-Unesp, *campus* de Araraquara, no dia 21 de maio de 2011, às 10h, no Anfiteatro C.

[6] *Sémantique structurale. Recherche de méthode* é publicada inicialmente pela Larousse em 1966 e traduzida para o português em 1976. Neste capítulo utilizaremos a versão em português.

[7] Algirdas Julien Greimas, op. cit.

[8] Claude Zilberberg, "Síntese da gramática tensiva", trad. Luiz Tatit e Ivã Carlos Lopes, em *Significação: revista brasileira de semiótica*, São Paulo, v. 25, 2006, pp. 163-204.

[9] Denis Bertrand, *Caminhos da semiótica literária*, trad. grupo CASA, Bauru, SP, EDUSC, 2003, p. 431.

[10] Claude Zilberberg, op. cit.

[11] Idem, p. 175.

[12] Diana Luz Pessoa de Barros, "Uma reflexão semiótica sobre a 'exterioridade' discursiva", *Alfa: revista de lingüística*, v. 53(2), 2009, pp. 351-64.

[13] Algirdas Julien Greimas, "Condições para uma semiótica do mundo natural", em Algirdas Julien Greimas, *Sobre o sentido: ensaios semióticos*, trad. Ana Cristina Cruz Cezar et al., Petrópolis, Vozes, 1975, pp. 46-85.

[14] Diana Luz Pessoa de Barros, op. cit.

[15] Algirdas Julien Greimas, 1975, op. cit.

[16] Idem, pp. 48-9, grifos do autor.

[17] O texto que analisaremos corresponde à transcrição da fala de Silas Malafaia durante a audiência da CCJ. Embora não examinemos detalhadamente seus recursos de modulação da voz, que são bastante importantes para compor a argumentação de seu discurso, porque, para isso, seria necessária uma transcrição fonética de seu pronunciamento, apontaremos para algumas modulações do ritmo e do tom de sua fala durante a análise que aqui empreenderemos.

[18] Aristóteles, "Retórica", em Antônio Pedro Mesquita (coord.), *Obras completas de Aristóteles,* Lisboa, Imprensa Nacional-Casa da Moeda, 2005, t. I, v. VIII. (Biblioteca de Autores Clássicos.)

[19] Idem, pp. 95-6.

[20] Aristóteles, op. cit.

[21] Idem, pp. 96-7.

[22] Algirdas Julien Greimas, 1975, op. cit., p. 46.

[23] Algirdas Julien Greimas e Joseph Courtés, op. cit.

[24] Diana Luz Pessoa de Barros, op. cit.

[25] Os trechos analisados são retirados dos textos que seguem anexos.

[26] Claude Zilberberg, op. cit.

[27] Silas Malafaia é psicólogo formado. Em função de seu comportamento homofóbico, segundo representantes do movimento gay brasileiro, foi encaminhado ao Conselho Regional de Psicologia do Rio de Janeiro, em junho de 2011, o pedido de cassação de seu registro de psicólogo.

[28] Patrick Charaudeau, *Discurso político*, São Paulo, Contexto, 2006.

[29] Idem, p. 19.

[30] Idem, p. 82.

[31] Claude Zilberberg, op. cit.

ANEXOS

(1)

Discurso do deputado Jean Wyllys, do Partido Socialismo e Liberdade (PSOL), proferido na tribuna do plenário da Câmara dos Deputados, no dia 24 de fevereiro de 2011.

Sr. Presidente, Sras. e Srs. deputados, brasileiras e brasileiros que assistem à *TV Câmara*, em especial os generosos eleitores do Rio de Janeiro que me trouxeram a esta Casa, dando-me seu voto de confiança, inicio dizendo que, ciente de que hoje seria minha estreia neste Parlamento, ontem, enquanto eu preparava este breve discurso, rememorei minha vida até aqui como se ela fosse um filme. Muitos de vocês sabem que a injúria — os xingamentos, as piadas infames, o escárnio entre dentes, a fofoca e as violências físicas — contra os homossexuais provoca quase sempre danos irreparáveis à subjetividade ou à alma da pessoa. Agora, imaginem essa injúria combinada à pobreza extrema em que minha família e eu vivíamos na periferia de Alagoinhas, interior da Bahia, em que não havia sequer água e sanitário nas casas de aluguéis em que morávamos. Não bastasse a miséria, e talvez mesmo por conta dela, meu pai enfrentava problemas com alcoolismo e, por isso, não parava nos subempregos que, vez em quando, permitia-lhe trazer comida para casa. Minha mãe trabalhava como lavadeira, para não nos deixar morrer de fome. E, para ajudá-la nesta tarefa nobre, eu fui, aos 10 anos de idade, para o mercado de trabalho informal. Trabalhava em um turno e estudava em outro. Aos sábados e domingos, eu e meus irmãos nos dedicávamos às atividades do centro comunitário da Baixa da Candeia.

Diante das necessidades, minha mãe queria que abandonássemos a escola para nos dedicarmos mais ao trabalho. Para ela, era importante que fôssemos honestos e respeitássemos o que era dos outros, mas, para minha mãe, não era tão importante que estudássemos, pois, em sua cabeça, dedicação a estudos era coisa de gente rica. Acontece que eu sempre gostei de aprender e de ler. Sempre gostei da escola, e para a escola eu ia mesmo nos dias em que não havia absolutamente nada para comer lá em casa. Aos sábados e domingos, passava horas na biblioteca da casa paroquial lendo livros. Tais livros me deram valores humanistas e a preocupação com o outro, típicos do cristianismo — sim, porque, se por um lado o cristianismo fundamentalista que vigora no Congresso Nacional e sua ameaça ao Estado laico e democrático de direito nos apavoram, por outro é inegável que foi o cristianismo livre de fundamentalismo que nos trouxe essa ideia de que o que torna um homem virtuoso são seus atos, ou seja, para o verdadeiro cristianismo, um ser humano é virtuoso quando age em favor do bem comum. Mas, voltando aos livros, lembro que foram os livros que me levaram ao movimento pastoral da Igreja Católica — eu me engajei na Pastoral da Juventude Estudantil e na Pastoral da Juventude do Meio Popular — e ao trabalho nas Comunidades Eclesiais de Base. A família de meu pai sempre foi ligada ao candomblé, mas eu só vim me aproximar desta religião de matriz africana, e nela me aprofundar, depois dos vinte anos, já homem feito.

Leitura e livros fizeram-me ver a televisão com outros olhos, televisão que só foi chegar à minha casa quando eu tinha 11 anos. Livros fizeram-me escapar dos destinos imperfeitos aos quais ainda estão condenados as meninas e meninos dos bolsões de pobreza deste país.

Formei-me em informática no ensino médio, numa instituição de excelência voltada para alunos de escolas públicas do Nordeste que estivessem acima da média oito, a Fundação José Carvalho.

Entrei no mercado formal de trabalho bem remunerado. Nesse mesmo ano, prestei vestibular para Jornalismo na Universidade Federal da Bahia, onde me formei. Trabalhei anos como jornalista. Depois de concluído o mestrado, passei a me dedicar mais ao ensino superior. Deixei os anos de miséria para trás. Fiz a tal mobilidade social sem contar com a ajuda financeira dos meus pais – que, ao contrário, dependiam de mim – nem de apadrinhamentos de qualquer tipo. Eu, que poderia ter morrido de fome ou por falta de serviço público de saúde, que poderia ter sucumbido a uma bala de revólver da polícia ou dos bandidos, ou mesmo à homofobia que vigora nas comunidades, transformei a minha vida e a de minha família para melhor. E poderia contentar-me com isso e só olhar para frente! Mas e os que ficaram para trás? E aqueles que, abandonados pelo Estado à própria sorte, não tiveram a força de vontade de resistir e sobreviver à miséria? E aqueles que ficariam para trás, que estariam fadados a morrer vítimas das guerras entre quadrilhas de bandidos ou nas mãos da polícia corrupta, como aconteceu a muitos dos meus colegas da Baixa da Candeia? E aquelas crianças homossexuais que não sobreviveriam ao ambiente de hostilidade homofóbica? Como é possível viver contente, se seus semelhantes ainda são vítimas de injustiças?

Pode haver gente egoísta no mundo, mas eu, de verdade, não faço parte desse grupo. Ter uma vida confortável, relativamente segura, e trabalhar por meio da educação superior, do jornalismo e dos movimentos sociais pelos direitos humanos não me impediram de reconhecer que isto é pouco e que eu posso fazer muito mais para melhorar a vida dos outros — e que este muito mais passa necessariamente pela política institucional.

Por isso, depois de alguma relutância, decidi aceitar o convite da combativa Heloísa Helena, então Presidente do PSOL, a me candidatar a deputado federal pelo Rio de Janeiro, estado que me acolheu de braços e coração bem abertos há seis anos. Durante a campanha eleitoral, feita com pouquíssimo dinheiro, por meio das redes sociais e de comícios domiciliares, de modo ecologicamente correto — sem o uso de placas, cartazes nem adesivos —, durante essa campanha e nas entrevistas que se sucederam à eleição, eu disse que o norte de meu mandato seria a promoção de justiça social e a defesa dos direitos humanos. Isso inclui a defesa dos direitos das mulheres em geral, das crianças e dos adolescentes, em especial daqueles que se encontram em situação de risco social, dos idosos, dos negros e dos adeptos das religiões de matriz africana. E inclui principalmente a defesa dos direitos e liberdades civis de lésbicas, gays, bissexuais, travestis e transexuais, que veem em mim o seu primeiro representante legítimo no Congresso Nacional.

Eu sou o primeiro homossexual assumido, sem homofobia internalizada e ligado ao movimento LGBT a se eleger deputado federal. Disse que esse seria o norte de meu mandato, e vai ser!

Mas quero deixar claro que não se trata de um discurso romântico ou abstrato em relação à justiça social e aos direitos humanos, pois vou me dedicar a enfrentar o que considero as principais fontes de injustiça social e de violações dos direitos humanos no Brasil, a saber: a ausência de recursos suficientes para as áreas sociais; a elevada tributação indireta e demais distorções do modelo tributário, que retira recursos das camadas mais pobres e garante privilégios aos mais ricos; além, evidente, do crescente problema do endividamento público, cuja auditoria prevista na Constituição Federal de 1988 nunca foi realizada.

Por isso, para chegar a essas fontes de injustiças e de violações dos direitos humanos, escolhi integrar, na Câmara, a Comissão de Finanças e Tributação, além de ocupar uma vaga de suplente na Comissão de Direitos Humanos e Minorias. Estou certo de que a injustiça fiscal aprofunda a injustiça social e aniquila a garantia dos direitos humanos. Por isso, durante esta legislatura, vou cobrar da presidenta Dilma a defesa intransigente dos direitos humanos, prometida em seu discurso de posse e quando da entrega de sua mensagem ao Congresso Nacional. Como representante do Rio de Janeiro, vou defender a população do estado, que — como os outros habitantes de todo o país — tem pagado um alto preço em virtude da ausência de recursos para as áreas sociais, como o caso da recente tragédia que eliminou centenas de vidas na região serrana do estado. Absurdos como esses não vão continuar nem começar sem que eu os denuncie aqui. Porém, não pretendo me restringir à fiscalização do Governo nem às denúncias de seus erros. Também vou apresentar projetos, exercer todas as atribuições pertinentes à função legislativa para exigir implacavelmente a adoção de medidas necessárias para o cumprimento da Constituição e do respeito aos direitos humanos. Por exemplo, em parceria com outros sete parlamentares, estou reestruturando a Frente Parlamentar Mista pela Cidadania LGBT e apresentando uma proposta de emenda constitucional que assegura o direito dos homossexuais ao casamento civil. Se o Estado é laico e se os homossexuais têm todos os deveres civis, então, por uma questão de justiça, os homossexuais têm que ter todos os direitos civis garantidos aos heterossexuais, inclusive o direito ao casamento civil. Se hoje um casal pode se divorciar e, em seguida, partir, cada um, para novos casamentos, é porque o casamento civil não é da competência de igrejas nem religiões.

Para que esse objetivo tenha êxito, escolhi integrar também a Comissão de Legislação Participativa, a fim de envolver a sociedade em defesa de seus direitos, garantindo permanente atuação da cidadania e pleno acesso dos que me elegeram — e mesmo dos que não votaram em mim — ao meu mandato, pois tenho consciência de minha condição de representante do povo. Espero que minha eleição mostre a todo menino ou menina pobre deste país, a todo estudante de escola pública, a todo ser humano vítima de preconceito, discriminação e exclusão por conta de sua etnia, orientação sexual ou identidade de gênero que todo cidadão tem o direito de participar dos assuntos públicos, inclusive o direito de concorrer a cargos eletivos, participar da formulação de políticas que afetem seu bem-estar e ter acesso a todos os níveis de serviço e emprego em funções públicas, incluindo a Polícia e as Forças Armadas. Quero fazer de minha legislatura uma fonte de justiça social e de defesa das liberdades civis e dos direitos humanos. Eu devo isso ao povo brasileiro. Eu devo isso à minha mãe, mãe coragem. Obrigado! [Palmas]

Disponível em: <http://www.liderancapsol.org.br/noticias>. Acesso em: 16 abr. 2011.

(2)

Pronunciamento do pastor da Igreja Vitória em Cristo, Silas Malafaia, em audiência pública na Comissão de Constituição e Justiça da Câmara dos Deputados para discutir sobre o Estatuto das Famílias, realizada em 12 de maio de 2010.

A Constituição é clara. Aqui não tem negócio. Mudem a Constituição, porque ela é clara. Art. 226: "a família é a base da sociedade e tem especial atenção do Estado". § 3º: "Para efeito da proteção do Estado, é reconhecida a união estável entre o homem e a mulher como entidade familiar, devendo a lei facilitar sua conversão em casamento". Isso aqui é Constituição, o resto é fato falado, é conversa, é a Constituição. [aplausos]

Agora prestem atenção a minha afirmação aqui. George Gilbert, um sociólogo renomado, que pesquisou mais de duas mil sociedades na história da humanidade, chegou à seguinte conclusão: apenas 55 eram sociedades unissexuais, sem identidade de macho e fêmea. Apenas 55. Essas sociedades se extinguiram rapidamente. Agora, a afirmação que vou fazer aqui também é sociológica, antropológica, ideológica. Nenhuma sociedade é mais forte do que os laços de suas famílias e a fortaleza das suas famílias estão baseadas nas relações heterossexuais. Toda a história da humanidade está sustentada nisso. O porquê da família? Porque só a família pode perpetuar a espécie através da prole e isso só é possível através das relações heterossexuais. Não existe prole homossexual! [aplausos] Isso aqui é uma verdade científica, senhores. Isso aqui é uma verdade sociológica. Toda a história da humanidade, toda ela, é sustentada na família heterossexual, toda a história. Agora, vou dizer uma coisa para vocês, que ninguém gosta de debater. E o Conselho Federal de Psicologia, que deixou de ser Ciências Humanas para passar a ser Ciências Exatas, porque eles conseguiram botar uma mordaça para que os estudiosos do comportamento humano tenham medo de falar sobre o comportamento homossexual. Já coloca uma mordaça! Então vamos analisar a homossexualidade que é interessante, que tem a ver com isso aqui.

O que é o homossexual? Um homem e uma mulher por determinação genética e homossexual por preferência aprendida ou imposta. Ninguém nasce homossexual. Não existe genes, cromossomo, ordem homossexual. Não tem isso. Só tem que defender uma tese pra ganhar prêmio Nobel de medicina e provar o contrário. O que estou falando aqui é ciência. Isso aqui é ciência. Não estou brincando, gostem ou não. Ninguém nasce homossexual! É uma questão comportamental. O instituto Fisher dos Estados Unidos fez a seguinte pesquisa: 82% da homossexualidade feminina já se apaixonou pelo sexo contrário; 66% da homossexualidade masculina já se apaixonou pelo sexo contrário. Que estabilidade é essa? Vocês querem dar um comportamento, um nível de uma estabilidade que não é do Brasil, mas é da Civilização Humana? Ah, os senhores querem falar de adoção que está aqui no estatuto? Então vamos falar de adoção.

Eu passei cinco anos na universidade, eu sou psicólogo clínico, ouvindo dos professores: a criança faz diferenciação entre ela e a mãe a partir da figura paterna. A criança faz uma ruptura entre ela e o mundo a partir da figura paterna. A figura paterna pode ser o pai biológico, mas macho. A figura paterna pode ser um irmão, pode ser um avô, pode ser um tio, um primo que ajudou na criação daquela criança. Eu ouvi isso o tempo todo na universidade. O tempo todo que a criança precisa fazer uma ruptura dela com a mãe e o mundo a partir da figura paterna. Isso é histórico, isso é a verdade. A adoção? E outra, quem é o psicólogo e o tempo que nós temos para provar que a adoção homossexual tem o mesmo efeito que a heterossexual? Onde é que está isso? Onde é que tem o tempo? Onde é que tem o tempo? Se eles mesmos é que fazem os estudos que são convenientes a eles? De gente ligada a eles, de grupos homossexuais... Eu quero contraditar o meu amigo que veio numa fala mansa aqui dizer que não tem nada contra a gente, mas eu vou contraditá-lo aqui. Esse que está falando aqui, denunciado no Ministério Público Federal, porque preguei a *Bíblia* na televisão contraditando os homossexuais, por grupos homossexuais. Esse que está aqui foi denunciado no Ministério da Justiça pra tentar tirar meu programa do ar por grupos homossexuais. Esse que está aqui foi tentado cassado no Conselho Federal de Psicologia porque eu usei a *Bíblia*. Não estava tratando de ninguém. Eu usando a *Bíblia* pra pregar a minha fé... E eu vou dizer aqui pros senhores. Ele disse que em várias partes do mundo hoje se tem o direito do homossexual. O Brasil talvez vá ser o primeiro país a botar na cadeia heterossexual, porque a lei que eles querem aprovar, que não é essa aqui, é que vocês vão ver. Eles querem criminalizar a opinião. Isso aqui é conversa, é falácia, isso aqui é fala fácil. Eles não aceitam a discussão, a não ser aqui, porque é obrigado. Em qualquer instância é denúncia ao Ministério Público, é ameaça e eu tenho os documentos e provo a qualquer um em qualquer instância que quiser. E o Ministério e o Conselho Federal de Psicologia quando viu um argumento desse disse: pera aí, vocês estão de brincadeira, aí também não dá, porque ele é pastor e tem o direito de professar sua fé. E eu quero dizer aqui que nós não estamos aqui pra contraditar ou proibir ninguém de ter a sua prática. Isso é um problema de cada um, de querer ser o que quiser ser. Agora, se nós vamos legalizar todo comportamento social, aí nós vamos encontrar o seguinte. A sociedade que não tem limites, ela auto se destrói. Toda sociedade e todo ser humano precisa de limites. E uma sociedade sem limites auto se destrói. Essa que é a verdade. Não querem botar limites? Então, qualquer tipo de comportamento que tiver um grupo de pessoas, dos mais bizarros e loucos, vamos ter que aprovar. Essa é uma realidade. Essa aqui é uma verdade que eu estou falando.

E outra coisa que eu vou deixar bem clara aqui, discordar de comportamentos não é discriminar as pessoas. Os grupos homossexuais querem fazer com que a discordância seja discriminação e querem criminalizar a opinião. E outra. Essa conversa de que não querem casamento, meus amigos, essa é a primeira porta, ou melhor, é a grande porta para eles é essa aqui, pro casamento homossexual [aplausos]. Vossa Excelência, eu gostei quando foi citado os Estados Unidos, de quatro estados aprovarem. Esqueceram de dizer que lá tem 51 estados e que 47 são contra. É muito importante [aplausos].

Então isso tudo aqui é conversa. Ninguém tá aqui para cercear quem quer ter afetividade com ninguém. Eu não tô aqui pra isso. Eu não tô aqui pra cercear isso. Agora, colocar no Estatuto da Família, e coloca aqui no primeiro artigo, como tá aqui: "a união estável é reconhecida como entidade familiar, a união estável pública, contínua e duradoura entre duas pessoas capazes, estabelecida com o objetivo de construção familiar". Isso aqui é um chute em toda história. E vou dizer para vocês. Não sou profeta do caos. A sociedade humana vai receber as recompensas das suas atitudes. As drogas que muita gente defende... Vamos liberar! Os países que liberaram disseram: "Revoga esse troço aí. Não dá certo". Vamos liberar tudo! Agora libera tudo que tem na sociedade. Vamos colocar na lei tudo que se imaginar. Quem tem relação com cachorro, vamos botar na lei. Porque tem gente que gosta de ter relação com cachorro. Eu vou apelar aqui pra ter que dizer: é um comportamento, ué? Vamos aceitar. É um comportamento e existe esse comportamento. Quem tem relação com cadáver, é um comportamento. Vamos botar na lei. Se é um comportamento, ué? Estamos fadados. Vamos discriminar? Ué, é a favor de quê? Então vamos colocar tudo na lei. E onde é que vai parar a sociedade brasileira? Eu vou dizer uma outra coisa pros senhores aqui. Os grupos de defesa de homossexuais têm que chegar a uma conclusão. Eles dizem que são vinte milhões quando interessa. Se eles são vinte milhões e gostam de dizer que os assassinatos de homossexuais é grupo de risco. Acabou o grupo de risco, que é uma coisa tão pequena que não dá nem para entrar na escala. Se eles são vinte milhões... tem hora que serve ser vinte milhões, na hora que matam homossexuais aí não interessa mais esse número pra poder cair na sociedade. E agora, senhores, a sociedade brasileira... não adianta, gente, é a sociedade. "Big Brother": três homossexuais e um cara machão dizendo "eu não gosto, eu não aceito, eu não quero", aí a Globo ainda tentou maquiar, e foi o cara que ganhou o "Big Brother". Ali foi voto do povo, não é voto manipulado não [aplausos]. Enquanto aquilo é o povo, a sociedade brasileira rejeita isso, senhores deputados. A sociedade brasileira rejeita, a sociedade brasileira entende que o indivíduo tem o direito de ser homossexual, e ninguém está aqui impedindo isso, nem deve. Agora, dar paridade e colocar no nível da família tradicional, porque até os homossexuais são produto da família tradicional, porque eles não podem auto se gerar. Eles são produto dessa família. Não tem jeito, não tem choração, não tem conversa [aplausos]. Ou nós obedecemos à Constituição ou então, desculpa, não me interpretem mal, com muito respeito, com muita consideração... [pedido da presidência para que seja desligado um celular que começou a tocar entre os assistentes da sessão pública]

Eu quero aproveitar aqui, porque eu ouvi uma fala aqui, usando a pessoa do presidente da República. Eu gostaria de comunicar que aqui tem muito líder evangélico. Vamos aproveitar para ver em quem vamos votar para presidente [aplausos]. Porque nós não somos uma comunidade alienada e vamos deixar gente vir aqui e depois chegar lá na nossa comunidade fazer graça pra gente não. Vamos amadurecer. Quem quer apoiar o quê? Quer apoiar a legalização da prostituição? Não conta com a gente. Quer apoiar união civil e dar *status* de família a homossexuais? Não conta com a gente. Quer apoiar a legalização da droga? Não conta com a gente. Nós somos 25% do eleitorado. Nós decidimos uma eleição. Que papo é esse, senhores? E a sociedade brasileira, senhores deputados, em 90%, sejam evangélicos ou católicos, nós somos a maioria. Eu vou dizer uma coisa. Não é comigo, por favor, mandem um e-mail pro Vaticano, essa que eu vou dizer aqui. A segunda pessoa da hierarquia do Vaticano, e eles entendem disso como ninguém hoje, fez a seguinte declaração: "Eu não vejo associação entre celibato e pedofilia, mas eu vejo associação entre homossexualidade e pedofilia". Segunda autoridade na hierarquia do Vaticano. Não é se meter, tá sob proteção do Estado o padre que denunciou em Arapiraca disse: "eu fui abusado e de alguma forma na minha mente eu devolvi essa violência". Quem assistiu o repórter do SBT ouviu isso. Então eu quero dizer pros senhores: não podemos dar status de família, a não ser isso que está institucionalizado como sobrevivência da raça humana, que é o macho e a fêmea. Essa instituição de família é que faz uma nação ser forte, é que faz um povo ser forte, é que faz o Estado ser forte. O que passa disso é conversa. O que passa disso é alguém que quer e eu tenho que respeitar. Ele quer? É um direito de querer. Agora, vir dar status para amanhã o nosso país ter aprovação de casamento gay. Porque eu provei pros senhores aqui que a fala do meu antecessor, com muito respeito à sua pessoa, dizendo que eles não têm nada contra religiosos, que eles não querem nada contra religiosos, eu provei pra vocês aqui, Ministério Público, Conselho Federal, e se não fosse Sua Excelência, o Ministro Tarso Genro, eu tinha perdido o meu programa. Não aceitam, não querem ninguém que os contradiz. Eles não aceitam isso. Portanto, senhor Presidente, portanto, senhores deputados, nós não podemos aprovar, não podemos concordar com a aprovação de um estatuto desse, porque fere frontalmente a Constituição. E fere aquilo que a Sociologia, aquilo que a Antropologia, que a Teologia nos mostra. Toda a história da humanidade e a sua sobrevivência, a família nuclear, um homem, uma mulher e sua prole. Se você chegou até aqui não foi por causa de relações homossexuais. Se você chegou até aqui, porque esse é o princípio que está na sociedade. Muito obrigado. Deus abençoe a todos [aplausos].

Silas Malafaia em audiência pública na CCJ – Parte 1. Disponível em: <http://www.youtube.com/watch?v=1za3i9Yc3-M>. Acesso em: 16 abr. 2011.

Silas Malafaia em audiência pública na CCJ – Parte 2. Disponível em: <http://www.youtube.com/watch?v=Dr9MF3ru4ac>. Acesso em: 16 abr. 2011.

Política e intolerância

Diana Pessoa de Barros

Este estudo insere-se no quadro das pesquisas que venho realizando sobre a construção discursiva da intolerância. Nessas pesquisas, pode-se perceber o cruzamento entre discursos políticos e discursos intolerantes, ou melhor, o uso de discursos intolerantes como estratégias do discurso político tendo em vista a consecução de seus fins.

A perspectiva teórica escolhida é a da Semiótica discursiva de linha francesa. Retomamos, sobretudo, trabalhos de Eric Landowski[1] e de José Luiz Fiorin[2] para tratar do discurso político, e alguns de nossos estudos[3] sobre a intolerância e o preconceito, sobretudo "A construção discursiva dos discursos intolerantes", para mostrar as relações entre o discurso político e o intolerante.

Este capítulo organiza-se em três partes: a primeira trata, muito simplificadamente, do discurso político, na perspectiva da Semiótica, conforme propostas dos dois autores anteriormente mencionados; a segunda retoma alguns resultados de nossos trabalhos anteriores, sobre a construção discursiva da intolerância; a terceira é dedicada ao papel do discurso intolerante no bojo do discurso político.

Os textos analisados no estudo são, principalmente, notícias, comentários e editoriais da mídia impressa, dos últimos cinco anos.

Algumas características do discurso político

Partindo da definição bakhtiniana de gênero, tal como foi retomada no campo dos estudos semióticos,[4] pode-se dizer que um gênero discursivo é uma organização relativamente estável em três aspectos: na temática, na forma composicional e no estilo ou nos meios linguísticos utilizados. Landowski[5] e Fiorin[6] apresentam características temáticas, composicionais e estilísticas do discurso político, nos livros anteriormente mencionados, mas salientam as dificuldades dessa caracterização e enfatizam, tendo em vista os objetivos de seus estudos, a organização do plano do conteúdo desse gênero discursivo.

Landowski aponta aspectos semânticos e sintáxicos dessa organização e afirma que um discurso político acarreta algum "efeito de poder":

> [...] ora, para nos atermos ao discurso político, não é nem um pouco mais fácil definir sua "politicidade" do que, por exemplo, determinar o que faz a "literariedade" de uma obra dita literária, ou a "juridicidade" de um texto de direito. Entretanto, dois tipos de critérios podem ser cogitados. A especificidade do discurso político pode, primeiro, ser buscada em sua semântica. Será, então, considerado político o discurso que fala "de política" – a supor, evidentemente, que consigamos nos entender sobre as palavras. [...] Mas nosso objetivo principal era outro. [...] Ao dicionário, preferimos pois a gramática, a taxionomia dos discursos, a apreensão de seus princípios de funcionamento. Daí, o destaque de uma segunda ordem de critérios – *sintáxicos* e, por isso, mais independentes das determinações ligadas à relatividade das opções ideológicas ou socioculturais, ou pelo menos capazes de integrá-los, enquanto variáveis de nível subordinado, no interior de modelos formais mais abrangentes. Foi isso que nos possibilitou considerar como proporcionador de uma *dimensão política* todo "fazer" discursivo cuja efetuação vise, ou simplesmente acarrete, algum *efeito de poder*, entendendo, com isso, a transformação das competências modais das partes integrantes da comunicação e, por conseguinte, a transformação das condições de realização de seus respectivos programas de ação.[7]

Fiorin insiste, igualmente, em que a modalização fundamental do discurso político é o poder, que o discurso político é um discurso de busca de poder: "Mesmo quando o discurso político se dirige ao enunciatário para propor um dever fazer, ocorre a busca do poder, na medida em que pretende colocar o enunciatário como adjuvante do fazer do governante."[8]

Ainda no âmbito da análise do discurso, mas não exatamente no da Semiótica, Charaudeau também trata do discurso político como um discurso do poder: "A instância política encontra-se no lugar em que os atores têm um 'poder de fazer' – isto é, de decisão e de ação – e um 'poder de fazer pensar' – isto é, de manipulação. É o lugar da governança."[9]

A característica mais marcante do discurso político é, portanto, na perspectiva assumida, a de ser um discurso do poder, ou seja, o sujeito político é modalizado pelo poder, e seu discurso é aquele de busca do poder como valor ou de sua conservação, reconhecimento e reforço.

O sujeito político apresenta-se como sujeito do poder pelo papel temático que assume, de candidato, de governo, de ocupante de cargo político, de membro de partido, e pelo fazer persuasivo que exerce em relação a seu destinatário (eleitor etc.). A manipulação, nesse discurso, explicita, em geral, suas duas etapas. Em outras palavras, o sujeito político precisa mostrar-se confiável e, para tanto, apresenta-se não apenas como sujeito do poder, mas também como sujeito do saber, seja do saber sobre a sociedade, "a realidade" e os acontecimentos, seja do saber fazer. Mostra-se assim como um especialista da "coisa política", que sabe bem interpretar os demais discursos sociais e construir a "verdade", e como um sujeito competente, que sabe fazer (do ponto de vista administrativo, no atendimento das reivindicações do destinatário etc.).

O sujeito político constrói-se, portanto, também como um sujeito do saber e da verdade, e em que se pode confiar, e usa estratégias diversas, para essa elaboração. Ao fazer o destinatário acreditar em sua competência e em sua construção da verdade, o sujeito político será considerado confiável. O discurso político organiza-se, dessa forma, como o discurso de interpretação da "realidade", concebida como outros discursos, feita com conhecimento e sabedoria, e procura, com esse e outros procedimentos, levar o destinatário do discurso a acreditar nessa interpretação e a fazer o que se espera que ele faça. Fiorin aponta esse fazer interpretativo da "realidade" como um dos dois componentes do discurso político e diz:

> O discurso político é um discurso de busca de poder. No entanto, deve ele afirmar um querer-ser e um saber-fazer do enunciador, ou seja, o político que busca o poder deve afirmar seu desejo de ser investido do poder e sua capacidade (saber) de satisfazer às necessidades e reivindicações dos atores sociais. Afirmando seu querer e seu saber, solicita ao povo que lhe dê o poder. Mesmo quando o político está investido do poder, ao se dirigir ao povo pede mais poder, pelo menos sob a forma de renovação da confiança e do apoio necessário para que ele continue a realizar sua tarefa.[10]

Charaudeau,[11] na mesma direção, afirma que, para fazer crer, na política, o discurso das ideias se constrói mediante o discurso do poder, e que se estabelecem pactos de reconhecimento das "verdades" e das "mentiras" entre os sujeitos envolvidos no discurso político.

A interpretação da "realidade" construirá o discurso político como um discurso polêmico ou como um discurso contratual.[12] Elaboram-se discursos polêmicos que tratam das oposições entre capitalismo e comunismo, entre democracia e totalitarismo, entre esquerda e direita, entre burguesia e proletariado, entre identidade e alteridade, e discursos contratuais de manutenção dos pactos sociais, de cooperação, de negação da luta de classes, de conservação dos valores da sociedade, de aceitação da vontade nacional e do modo de ser da nação. É nessas "verdades" e "mentiras", polêmicas e contratuais, que o discurso político faz crer, graças à confiabilidade construída pelo sujeito político.

Sujeito da credibilidade, o sujeito político, na segunda etapa da manipulação, procura levar o destinatário a fazer o que dele espera (votar, apoiar etc.). Como sujeito do poder, manipula por tentação, oferecendo ganhos, vantagens, cargos, e/ou por intimidação, ameaçando com a perda de valores.

O discurso político é, portanto, na narrativa, um discurso de manipulação, que explicita suas duas etapas, a semântico-cognitiva de interpretação da "verdade", a semântico-pragmática de persuasão do destinatário.

Para completar esta rápida apresentação de algumas das características fundamentais do discurso político, é preciso observar a peculiaridade da organização narrativa de sua enunciação. Landowski[13] e Fiorin apontam que no discurso político,

> o enunciatário (eleitor, etc.) é também, no plano narrativo, um destinador, convidado a transmitir o poder ao candidato, fazendo-o um sujeito competente, ou a sancionar positivamente o sujeito do fazer; o enunciador é correlativamente o destinatário. Essa correlação entre posições narrativas e discursivas é constante no discurso político.[14]

Em outras palavras, o sujeito do discurso político, que mostramos ser manipulador de seu destinatário, sempre se apresenta também como um sujeito "manipulado", "mandado", pela nação, pela opinião pública, pelo povo, pelo partido, pelas leis econômicas, pela ordem social e moral, e assim por diante:

> Deve-se ressaltar que, no momento em que o enunciador é provisoriamente instaurado como sujeito competente, sua competência não apresenta uma "estrutura monolítica". Os discursos dos dirigentes, mesmo os mais autoritários, buscam sempre vincular suas decisões à *vontade* de algum mandante, em relação ao qual eles não são senão simples executantes. O dirigente, ao colocar-se como executante, procura mostrar que o Poder não age por sua própria conta, mas em conformidade com um programa imposto a ele de fora por uma instância destinadora sobre a qual ele não tem controle. Essa instância pode ser figurativizada sob a forma de um destinador social (a nação, a opinião pública, o partido, etc.), que pode prescrever uma linha de ação, ou sob a forma de uma necessidade (leis econômicas, etc.), que obriga o destinador a agir de uma certa maneira.[15]

Há um jogo interacional de posições e atribuições de poder entre enunciador e o enunciatário do discurso político, que ocupam assim os lugares narrativos tanto de destinador quanto de destinatário do poder. Esse procedimento justifica muitas das ações do sujeito político que, instalado como manipulador, se constrói também como um sujeito manipulado pela nação ou pela opinião pública, e que afirma agir conforme essa manipulação. A imprensa e os comentaristas políticos mostram, muitas vezes, esse jogo de posições no discurso político:

> Aliados europeus apoiaram ontem o plano dos EUA de acelerar a retirada de tropas do Afeganistão e anunciaram planos semelhantes.
> Por trás da decisão de Obama está o cenário de crise econômica nos EUA e a pressão dos democratas pelo fim do conflito – umas das principais plataformas da campanha que elegeu Obama em 2008.[16]

> Europa revisa tratado de livre circulação.
> O acordo de Schengen já permite hoje o fechamento das fronteiras para garantir a ordem pública.
> Mas a crise econômica e a pressão de eleitores xenófobos faz os governantes quererem mais.[17]

> Números provam que a decisão do bloco é concessão à xenofobia. Os números são suficientemente eloquentes para permitir afirmar, sem medo de errar, que a possibilidade de reintroduzir fronteiras internas entre os 25 países-membros do tratado de Schengen pode prejudicar 404 milhões de pessoas (o número de habitantes desses países) para dar uma satisfação à minoria – crescente e ruidosa, mas ainda minoria – que vota pelos partidos de extrema-direita, xenófobos e, acima de tudo, islamófobos.[18]

> Decisão de Obama atende a apelo populista por "vingança".
> O dilema das sociedades contemporâneas é equilibrar as necessidades de uma Justiça racional, calcada no utilitarismo, com o respeito à sensibilidade jurídica da população, que, como mostra a reação à morte de Bin Laden, ainda caminha perigosamente perto da vingança. Ao sancionar a decisão final em vez da captura do terrorista saudita, Barack Obama, que já foi professor de direito constitucional na Universidade de Chicago, parece não ter resistido aos apelos populistas.[19]

"Pressão dos democratas", "pressão de eleitores xenófobos", "satisfação à minoria que vota pelos partidos de extrema-direita", "apelos populistas" são considerados nos textos citados elementos da "opinião pública" que manipula o sujeito político. Mais um exemplo, desta vez de um discurso político e não de comentaristas: "Ontem, como hoje, e como sempre, minha voz há de levantar-se para traduzir o sentimento do povo brasileiro."[20]

As características do discurso político apontadas, e apenas de seu plano do conteúdo, não são, separadamente, marcas específicas desse gênero de discurso, mas em seu conjunto permitem defini-lo. Com esses elementos, podemos dar continuidade a nosso trabalho.

Algumas características do discurso preconceituoso e intolerante

Para mostrar algumas características dos discursos intolerantes, deve-se observar em primeiro lugar que esses discursos não constituem um gênero textual ou discursivo, pois para definir um gênero é necessário, como foi já apontado, que haja estabilidade de composição, de temática e de estilo, no âmbito de uma dada esfera de ação (religiosa, midiática, escolar, familiar, política etc.). Os discursos intolerantes participam de várias esferas de ação (política, religiosa, familiar) ou mesmo de todas, e têm composição e estilos também diferentes, só podendo ser classificados tematicamente, ou seja, pela organização do plano do conteúdo. Há, portanto, discursos intolerantes de gêneros diversos (notícias, sermões, bate-papo etc.) e de tipos diferentes (narrativo, descritivo etc.).

Para os fins deste estudo serão apontadas três características dos discursos intolerantes: é um discurso de sanção; é um discurso passional, em que prevalecem as paixões do ódio e do medo em relação ao diferente; desenvolve temas e figuras a partir da oposição semântica fundamental entre a igualdade ou identidade e a diferença ou alteridade.

Para maior desenvolvimento dessas características e de outras, remetemos a trabalhos nossos sobre a questão.[21] Nesses estudos mostramos que o discurso intolerante é, sobretudo, um discurso de sanção aos sujeitos considerados maus cumpridores de certos contratos sociais: de *branqueamento da sociedade*, de *pureza da língua,* de *heterossexualidade* e outros. Esses sujeitos são, portanto, no momento do julgamento, reconhecidos como maus atores sociais, maus cidadãos – *pretos ignorantes*, *maus usuários da língua, índios bárbaros, judeus perigosos, árabes fanáticos, homossexuais promíscuos* – e punidos com a perda de direitos, de emprego, ou até mesmo com a morte. O exemplo que segue trata, sobretudo, da ruptura de contrato, no caso do "pacto social" francês, o que põe em risco a "identidade nacional" e justifica as sanções que serão atribuídas aos imigrantes, com as novas leis:

> Imigração ameaça "pacto social" francês, diz Sarkozy
> No lançamento de *Ensemble* [Juntos], seu novo livro, o candidato conservador à Presidência da França, Nicolas Sarkozy, reafirmou ontem suas diretrizes de campanha e voltou a defender "a identidade nacional" e um maior controle do fluxo migratório como forma de garantir a manutenção "do pacto social" francês. "Há uma França exasperada. E por que está? Porque a identidade nacional foi posta em risco por uma imigração descontrolada, pela fraude ou pelos desperdícios de fundos." [...] "O Controle da imigração é uma obrigação para salvaguardar nosso pacto social. Do contrário, explodirá", discursou.[22]

Em relação às paixões construídas nos discursos, pode-se observar que os discursos intolerantes são fortemente passionais, que seus sujeitos são sempre apaixonados e que predominam, nesses discursos, dois tipos de paixões – as paixões ditas malevolentes (antipatia, ódio, raiva, xenofobia etc.) ou de querer fazer mal ao sujeito que não cumpriu acordos sociais (tal como mencionado anteriormente) e as paixões do medo do "diferente" e dos danos que ele pode causar.

O percurso passional da malquerença foi descrito por Greimas[23] em estudo sobre a cólera. O sujeito parte de um estado inicial de espera confiante, em que quer conseguir certos valores e acredita que outro sujeito fará com que ele os obtenha. Ao tomar conhecimento de que isso não acontecerá, ou seja, de que aquele em quem confiou nada fará para que ele consiga os valores desejados ou mesmo fará com que ele não os obtenha, o sujeito sofrerá as paixões da decepção e da frustração e, com o crescimento da tensão, as do desespero e da insegurança. Sem os valores almejados e em crise de confiança, o sujeito procurará resolver sua falta e passará a querer fazer mal a quem o colocou, segundo o simulacro construído, nessa situação.[24] A malevolência parece ser o caminho para que as coisas sejam postas em seus "devidos lugares", mesmo que a falta primeira não se resolva com isso. O sujeito do ódio em relação ao estrangeiro, ao diferente, aos "maus" usuários da língua, é também o sujeito do amor à pátria, à sua língua, ao seu grupo étnico, aos de sua cor, à sua religião, ou seja, complementam-se as paixões malevolentes do ódio em relação ao "diferente" e as paixões benevolentes do amor aos "iguais".

Distinguem-se, semioticamente, duas etapas nos percursos passionais do ódio do sujeito intolerante, que, em geral, acorrem juntas nos discursos. A primeira, descrita anteriormente, é aquela em que o sujeito se torna malevolente em relação ao outro, que, "diferente", não cumpriu o contrato de identidade, e benevolente em relação à pátria, aos iguais, aos idênticos. Essa primeira etapa, a mais passional da intolerância, é a do preconceito.[25]

A segunda fase, a da intolerância propriamente dita, é aquela em que o sujeito preconceituoso (decepcionado, frustrado, desesperado, inseguro e que tem ódio) passa à ação, ou seja, completa sua competência e age contra o outro (o causador da falta, o odiado). Greimas, no texto citado,[26] propõe, nesse caso, as ações apaixonadas de vingança ou de revolta, que se distinguem, assim, da justiça desapaixonada. Foram examinados, em estudo anterior,[27] os debates travados na imprensa entre os que consideraram a morte de Bin Laden como justiça e os que a interpretaram como vingança.

Em relação às paixões do medo, foram retomados, nos estudos mencionados, os textos de Iuri Lotman[28] e de José Luiz Fiorin[29] sobre os conceitos de vergonha e de medo. Os dois autores consideram que o medo é inerente à natureza humana e necessário à sobrevivência da espécie.

O medo é uma paixão do saber sobre o futuro,[30] enquanto o ódio é, como foi visto, uma paixão do crer, da confiança: o ódio está na esfera da certeza e da dúvida; o medo, na do conhecimento e da ignorância.

Fiorin distingue dois tipos de medo: o medo dissuasório, que leva o sujeito a agir segundo determinada norma social, ou seja, o medo da sanção pragmática negativa do destinador; e o medo do outro, do antissujeito, que ocorre, sobretudo, nas situações de desigualdade social, ou seja, o medo das ações do outro e das privações por ele ocasionadas. É esse medo do outro, do diferente, que, em geral, caracteriza o discurso intolerante. Ter medo é, muitas vezes, moralizado negativamente pela sociedade, e a coragem, fortemente valorizada. No entanto, nos discursos intolerantes, o medo do outro (de sua violência, imoralidade etc.) e das perdas que ele poderá ocasionar (falta de emprego, de moradia, de vaga na universidade, de segurança etc.), segundo os simulacros construídos, serve como justificativa para as ações intolerantes. As paixões do medo juntam-se às paixões do ódio ou provocam essas paixões malevolentes, e fazem crescer de intensidade os percursos passionais e as ações intolerantes.

Finalmente, nos discursos intolerantes, os temas e figuras estão relacionados à oposição semântica fundamental entre a igualdade ou identidade e a diferença ou alteridade e, a partir daí, esses discursos constroem alguns percursos temáticos e figurativos, de que ressaltamos quatro: a animalização do "outro", a que são atribuídos traços físicos e características comportamentais de animais, desumanizando-o; a "anormalidade" do diferente, que é e age contra a "natureza"; o caráter doentio da diferença, tanto do ponto de vista físico, quanto mental, em que o diferente é considerado doente e louco, em oposição aos sadios de corpo e mente, e, enquanto "doente", também como feio, esteticamente condenável; a imoralidade do "outro", a sua falta de ética.

Em síntese, o discurso intolerante considera o "diferente", o "outro" como aquele que rompe pactos e acordos sociais, por não ser "humano", por ser contrário à "natureza", por ser doente e sem ética ou estética, e que, por isso mesmo, é odiado, temido e punido.

Com essas rápidas observações sobre os discursos intolerantes, passamos às considerações sobre a intolerância no discurso político.

Discurso político e intolerância

À intolerância dos discursos são, em geral, atribuídos pela sociedade os sentidos negativos de intolerância definidos por Bobbio.[31] Além disso, certos tipos de intolerância, como o racismo ou a homofobia, são mesmo proibidos por lei, na esfera pública. Observe-se ainda que as paixões características dos discursos intolerantes são o ódio e o medo, paixões moralizadas negativamente em uma sociedade que prega o amor e a coragem. Pode parecer, assim, surpreendente que os discursos políticos qualifiquem positiva ou euforicamente certos discursos intolerantes e os empreguem como estratégias de persuasão de seus destinatários. A intenção aqui é mostrar de que modo isso ocorre, discursivamente.

Há dois tipos de discursos políticos que usam dessa forma os discursos intolerantes. No primeiro tipo, o sujeito político constrói um *ethos* intolerante, de acordo com seus valores, com os de seu partido, em geral de direita, e com os de seus eleitores. Nesse caso, ele elabora um discurso de "intolerância ao intolerável", segundo esse quadro ideológico, como plataforma política. No segundo caso, o sujeito político reconhece intolerâncias da sociedade ou procura justificar e construir esses discursos sociais intolerantes para explicar e tornar aceitáveis suas ações políticas. Sem dúvida, os dois tipos de procedimentos se aproximam, pois, no segundo caso, são, geralmente, os homens políticos que já construíram, em outros discursos, uma imagem mais conservadora que farão uso da estratégia.

Examinemos os dois usos da intolerância como estratégias do discurso político.

Para a construção de um *ethos* intolerante e para o uso da intolerância como plataforma política, porque de acordo com os valores do sujeito político, de seu partido e eleitores, foram selecionados alguns exemplos, divulgados na mídia impressa, de falas do deputado federal Jair Bolsonaro, que recebeu 120.646 votos na última eleição e que, segundo a imprensa, "já respondeu a mais de 20 processos por quebra de decoro parlamentar na Câmara por suas declarações polêmicas, mas nunca foi punido":[32]

Jair Bolsonaro mandou imprimir 50 mil cópias de um panfleto contra o plano nacional que defende os direitos dos gays. O deputado federal eleito pelo PP do Rio está distribuindo o material em residências e escolas do Estado. Um dos textos do impresso chega a associar o homossexualismo à pedofilia.
Bolsonaro não revelou quanto gastou, mas já disse que pretende repassar a conta para os cofres públicos: fala em incluir a despesa em sua verba de gabinete e pedir reembolso da Câmara [...].
"Apresento alguns dos 180 itens deste que chamo Plano Nacional da Vergonha, onde meninos e meninas, alunos do 1º Grau, serão emboscados por grupos de homossexuais fundamentalistas, levando aos nossos inocentes estudantes a mensagem de que ser gay ou lésbica é motivo de orgulho para a família brasileira", diz o folheto na primeira de suas quatro páginas [...]. "Querem, na escola, transformar seu filho de seis a oito anos em homossexual. Com o falso discurso de combater a homofobia, o MEC, na verdade, incentiva o homossexualismo nas escolas públicas do 1º grau e torna nossos filhos presas fáceis para pedófilos", diz o panfleto do deputado [...].
"É bom para a família e os bons costumes", diz o deputado.
Em entrevista à Folha, o deputado federal Jair Bolsonaro defende a sua iniciativa [...].
Mas o sr. vai pedir ressarcimento dos gastos ou não?
Se eu estivesse fazendo uma campanha ao contrário: eu apoio a adoção de crianças, eu apoio o casamento gay, aí eu estou divulgando a minha atividade. Quando eu sou contra não pode? Eu só posso fazer material com a palavra "sim"? É uma coisa que a gente vai questionar. Eu tenho R$ 26 mil de verba por mês. Se eu gastasse R$ 26 mil para divulgar a resistência a essa proposta, seria um tremendo de um negócio para as famílias, para os bons costumes, para a ética, para um Brasil melhor.[33]

Declarações do deputado Jair Bolsonaro (PP-RJ) num programa de TV provocaram uma avalanche de reações no Congresso e entre ativistas do movimento negro e gay.
No quadro "O Povo Quer Saber", do programa CQC, da TV Bandeirantes, a cantora Preta Gil perguntou como ele reagiria se seu filho se apaixonasse por uma negra. O parlamentar, que tem um extenso histórico de polêmicas relacionado a direitos civis e humanos, respondeu: "Preta, não vou discutir promiscuidade com quem quer que seja. Eu não corro esse risco e meus filhos foram muito bem-educados. E não viveram em ambiente como lamentavelmente é o teu."
Após o programa ir ao ar na noite de anteontem, Bolsonaro tentou se justificar. Disse que, na realidade, pensou que a pergunta se referisse a um relacionamento gay [...]. "Essa se encaixa na resposta que eu dei. Para mim, ser gay é promíscuo, sim."
Na entrevista, o deputado também disse que não iria a desfiles gays porque não promove "maus costumes", que daria "porrada" se pegasse um filho fumando maconha e que sente saudade dos generais que presidiram o país durante a ditadura militar.[34]

Exemplo de mesmo tipo, ou seja, de construção de plataforma política a partir de discurso intolerante aparece na notícia que segue, em que um candidato a prefeito nos EUA adotou plataforma anti-imigrantes:

> Brasileiros lá
> De um lado, o "Fantástico" deu a "indignação na comunidade brasileira" de Marlboro, próxima a Boston, EUA, com "um apresentador de TV que ofende os brasileiros e desrespeita nossa bandeira, urinando sobre ela". Ele já foi candidato a prefeito com uma plataforma anti-imigrantes.[35]

As informações divulgadas pela imprensa e os discursos do deputado brasileiro ou do candidato americano mostram que eles usam discursos considerados intolerantes e, em alguns casos, contrários à lei (racistas e homofóbicos) para construir uma imagem de político intolerante ao que considera, assim como seu partido e seu eleitor, intolerável. A aprovação do destinatário que lhes atribui poder e em nome de quem eles falam e agem aparece, por exemplo, na votação expressiva do deputado, embora de um grupo minoritário bem delimitado, ou em cartas de leitores encaminhadas ao jornal, como a que segue:

> Quero parabenizar o deputado Bolsonaro pela iniciativa de mostrar o lado das pessoas que prezam a família e a moral, tão esquecidas nesta sociedade que valoriza as aberrações que afrontam os que defendem a decência.[36]

É o mesmo tipo de aprovação que aparece no apoio dado pelos deputados evangélicos ao juiz Villas Boas, ou nas ameaças a políticos que são "contra a família", conforme textos a seguir:

> O juiz Jeronymo Villas Boas, de Goiás, que cancelou o registro de união estável de um casal homossexual, disse nessa quarta-feira que Deus o "impingiu" a decidir nesse sentido.
> A sentença, já derrubada pela Corregedoria do Tribunal de Justiça de Goiás, contrariou o entendimento do Supremo Tribunal Federal, que no mês passado reconheceu a união homoafetiva como entidade familiar.
> Recebido ontem por lideranças evangélicas da Câmara Federal, em ato de apoio à sua sentença, o juiz contou aos deputados que sua família está sofrendo ataques por conta da decisão. "Abdiquei da estabilidade de saber que meus filhos poderiam ir tranquilos para a escola. Mas Deus me incomodou, Deus como que me impingiu a decidir. Sei que esta nação há de compreender que não estou discriminando ninguém", disse Villas Boas.[37]

> Líderes evangélicos transformaram ontem a Marcha para Jesus, em São Paulo, em palco para críticas ao Supremo Tribunal Federal e uma exibição de força política.
> Os alvos principais foram as recentes decisões em que o STF reconheceu a união estável de casais homossexuais e liberou manifestações pela liberação da maconha.
> O pastor Silas Malafaia, da Assembleia de Deus Vitória em Cristo, chegou a recomendar aos fiéis que não votem em políticos que sejam favoráveis à união gay. "O povo evangélico não vai ser curral eleitoral", disse. "Se governador, prefeito ou presidente for contra a família, não terá nosso voto."[38]

O discurso intolerante usado nos textos apresentados mostra que negros e homossexuais não cumpriram os contratos de uma sociedade branca e heterossexual, e que, portanto, merecem o ódio que o sujeito lhes dedica. O tema principal é o da imoralidade do "diferente", de sua falta de ética e de "decência". O "diferente" é promíscuo e contrário aos "bons costumes". O discurso político constrói-se, assim, como o discurso de um sujeito que teve a coragem de manifestar sua intolerância aos que não merecem ser tolerados.

Esse tipo de discurso político cria justificativas para o ódio ao diferente e contribui para seu crescimento, da mesma forma que procura incutir o medo dos danos que esse diferente pode causar: ele vai "emboscar" os filhos da boa família brasileira na promiscuidade e torná-los "presas fáceis para pedófilos".

O discurso intolerante é, dessa forma, moralizado positivamente, o que permite seu uso (e abuso) pelo sujeito político, que, assim, constrói sua persuasão com essa estratégia.

No segundo tipo de discurso político que usa discursos intolerantes estão os casos em que o sujeito político usa a intolerância da sociedade para justificar e explicar suas ações políticas, ao mesmo tempo que contribui para o crescimento desses discursos intolerantes. São discursos intolerantes, como sempre do ódio, mas seu uso político está fundamentado sobretudo na paixão do medo, no medo do outro, do "diferente". Como já afirma Fiorin em seu estudo,[39] esse tipo de medo aumenta em momentos de crise. Notícias na mídia impressa têm mostrado que as crises atuais, econômicas e políticas, e até mesmo a "bagunça" e a falta de limpeza pública, fazem crescer os discursos intolerantes do ódio e do medo:

> Crise do euro exacerba ódio e diferenças[40]
> Bagunça provoca preconceito com minoria
> Lixo no chão pode reforçar estereótipos

Bagunça gera preconceito. Pesquisadores holandeses mostraram como um ambiente sujo e caótico promoveu estereótipos e discriminação contra minorias nas pessoas que passaram por ele.
"Estereótipos que estão por trás da discriminação se tornam ativados por, digamos, um saco de lixo, ou o próprio lixo no chão", disse Siegwart Lindenberg, da Universidade de Groningen. Em uma greve de lixeiros em uma estação de trem na Holanda, Lindenberg e um colega entrevistaram 40 passageiros, metade de cada sexo e todos brancos. Eles tinham de julgar se certas características se aplicam a três grupos: muçulmanos, homossexuais e holandeses. Havia traços positivos, como "leais" e "tolerantes", e negativos, como "agressivos".
"Quando a estação de trem não tinha sido limpa, os participantes estereotipavam significativamente mais", concluiu o trabalho, publicado na "Science".[41]

Vamos exemplificar o segundo tipo de discurso político sobretudo com os discursos sobre a imigração:

1) Parlamento italiano aprova em definitivo lei anti-imigrantes
O Senado italiano aprovou ontem em definitivo lei que endurece medidas anti-imigração no país. O texto, que havia sido aprovado na Câmara dos Deputados em maio, prevê multas e mais tempo de detenção a ilegais, prisão a quem os receber e a criação de "rondas cidadãs".
As novas medidas, aprovadas por 157 votos a 124 na Casa, são patrocinadas por partidos da base do premiê Silvio Berlusconi, sobretudo a Liga Norte, sigla de extrema-direita do ministro do Interior, Roberto Maroni, autor da proposta.
Pela nova lei, imigrantes ilegais ficam sujeitos a multa de até 10 mil e podem ficar detidos por até seis meses – antes eram dois. Pessoas que derem abrigo a ilegais podem agora ser presas por até três anos. As "rondas cidadãs" poderão fazer patrulhas para manutenção da segurança, cuja deterioração no país é atribuída pelo governo aos imigrantes. Só terá acesso a serviço público quem estiver em situação regular.
Mas a lei aprovada é mais branda que o projeto original – por ele, as rondas seriam armadas, e médicos seriam obrigados a denunciar os imigrantes ilegais que atendessem.
As novas medidas foram duramente criticadas por oposição, Igreja Católica e grupos de direitos humanos. O comissário da Justiça da Comissão Europeia – o braço executivo da União Europeia –, Jacques Barrot, disse que o bloco ainda analisará a nova lei italiana.[42]

2) A França iniciou ontem a primeira leva de repatriamento de ciganos de origem estrangeira após o endurecimento da política contra imigração ilegal anunciada pelo presidente Nicolas Sarkozy e pelo ministro do Interior, Brice Hortefeux, em julho.
A prática de repatriamento de estrangeiros em situação ilegal é comum na França. No ano passado, cerca de 10 mil ciganos deixaram o país. A novidade dessa nova onda de expulsões é o caráter político da manobra. Com baixa

popularidade – a taxa de aprovação do governo é de 34%, segundo o instituto CSA, Sarkozy faz do desmantelamento dos acampamentos ciganos irregulares uma nova vitrine de sua política de segurança [...].
"Há 20 anos existem expulsões de ciganos. Mas, agora, o governo associa a onda de violência e os ciganos", avalia Alexandre Le Clève, porta-voz da associação de assistência a estrangeiros Hors la Rue. "O governo francês achou um bode expiatório para atrair a atenção da mídia."[43]

3) O premiê Gordon Brown anunciou medidas para limitar a imigração regular para o Reino Unido e combater a irregular ante o aumento do desemprego no país. Entre os pontos citados, estão a limitação dos vistos de estudantes e a punição de empresas que contratarem imigrantes sem papéis.
A decisão vem em um momento em que a entrada de imigrantes no país encolheu 44%, segundo dados referentes a 2008 anunciados pelo premiê. As medidas, delineadas em discurso ontem sem mais detalhes, visam cidadãos de dentro e de fora da União Europeia. Ao expô-las, o premiê trabalhista entremeou a necessidade de proteger os empregos dos britânicos – sobretudo dos menos qualificados – a uma elegia à cultura e aos "valores" do país.
"As pessoas querem ter a garantia de que os recém-chegados aceitarão as responsabilidades, bem como os direitos, de viver aqui – obedecer à lei, falar inglês, contribuir. As pessoas perguntam se eu entendo. Sim, entendo", afirmou Brown.
Uma pesquisa recente feita por uma central sindical britânica e citada pelo jornal "Guardian" apontou a imigração como maior motivo de perda de votos do Partido Trabalhista nas últimas eleições. O desemprego no Reino Unido ficou em 7,8% da população economicamente ativa em setembro. As diretrizes de Brown têm dois pontos centrais para proteger o mercado de trabalho britânico: restringir o número de profissões que admitem o recrutamento de estrangeiros, privilegiando áreas de alto nível técnico ou acadêmico; e limitar os vistos de estudantes concedidos – porta comum para a imigração irregular.
"Se você trabalha em um setor que cresce, uma força de trabalho diversificada de outros lugares do mundo pode ser fonte empolgante de novas ideias. Mas se você trabalha em uma área na qual os empregos são escassos, a sensação será outra, mesmo que você ache que a imigração é em geral boa para o emprego e o crescimento."[44]

4) É preciso haver controle de fronteira, diz dinamarquês
Ministro da Integração, Soren Pind, diz que país é tolerante com imigrantes.
O Ministro da Integração, Soren Pind, diz que seu país é uma tribo que descende dos vikings, e que por isso é tão dificil absorver imigrantes, sobretudo não ocidentais.
Segundo ele, os dinamarqueses não querem "mudanças negativas", que associa a pessoas vindas de fora. Nessa semana, o país anunciou que restringirá a entrada de pessoas vindas de outras partes da Europa, violando o Tratado de Schengen, que regula esse ponto. Negou, no entanto, que isso se deva à onda de refugiados do norte da África (sobretudo Líbia e Tunísia) [...].

Qual o maior desafio para a Dinamarca na integração dos seus imigrantes?
É aceitar que nem todo mundo é igual à nossa sociedade. Somos uma tribo há mais de 2000 anos. Nós viemos dos vikings e gostamos muito do nosso jeito de viver.
E o maior desafio para os imigrantes?
É a aceitação de que o país para o qual imigraram é a Dinamarca. Os dinamarqueses não querem ver mudanças negativas, como mulheres vivendo sob pressão, casamentos forçados e violência – nas casas de apoio contra a violência doméstica, de 45% a 46% das mulheres não são de origem dinamarquesa.
A Dinamarca é um bom país para imigrantes?
Acredito que sim. A maioria dos imigrantes que eu conheço gosta. Mas é verdade que alguns grupos imigrantes estão mais representados nas estatísticas de crimes.[45]

5) Referendo na Suíça decide se imigrantes devem ser expulsos
Estrangeiros que cometam crimes, como mortes e roubos, podem ser deportados.
A Suíça realiza hoje um referendo e deve aprovar uma lei que obriga a expulsão de todos os imigrantes que cometam crimes: de assassinatos a roubos, passando por fraude para obter benefícios do governo. A medida inclui cidadãos europeus. A proposta é do SVP (Partido do Povo Suíço), de extrema-direita. Segundo pesquisas, cerca de 58% dos eleitores são a favor. [...] Pelo projeto, o expulso deixa o país assim que cumprir a pena e fica proibido de voltar à Suíça por um prazo de 5 a 20 anos.
A campanha pelo voto voltou a utilizar um cartaz que mostra uma ovelha negra sendo chutada para fora do país por ovelhas brancas. O cartaz, usado nas eleições de 2007, rendeu ao SVP acusações de racismo.
O referendo acontece um ano depois de outro também polêmico que proibiu a construção de minaretes (torres de mesquitas). Na ocasião, a Suíça foi criticada por, segundo os detratores, não respeitar a liberdade religiosa.
O SVP é hoje o maior partido político na Suíça.[46]

6) Suíços aprovam expulsão de imigrantes com condenação
Medida é estabelecida um ano após lei que proíbe minaretes
A Suíça aprovou ontem, em referendo, lei que determina a expulsão automática de imigrantes condenados por crimes no país. A medida inclui cidadãos europeus [...].
Serão deportados automaticamente imigrantes condenados por crimes como estupro, assassinato, tráfico de drogas e pessoas. A Anistia Internacional qualificou a votação de "jornada negra para os direitos humanos".
A autoria do texto é do partido de extrema-direita SVP (Partido do Povo Suíço).
É o mesmo grupo político que sugeriu a polêmica proibição de minaretes nas mesquitas do país – medida também aprovada em referendo, há cerca de um ano.
Durante a campanha do referendo atual, foram usados pôsteres que mostram um grupo de ovelhas brancas chutando outra, negra, para fora de uma bandeira suíça.
O projeto foi aprovado com quase unanimidade nas regiões de língua alemã do país e negado nas áreas em que o francês é o idioma predominante, como Genebra e Friburgo.[47]

A partir dos textos apresentados, podem ser estabelecidas as características do tipo de discurso político em exame.

Os textos mostram, claramente, o sujeito do poder que caracteriza o discurso político, e que fala dessa posição. Isso aparece tanto no discurso político propriamente dito, quanto na fala de comentaristas. São senadores, partidos políticos, candidatos, presidentes, premiês, ministros que, desses lugares de poder político, constroem seus discursos. Além disso, como foi apontado quando se descreveram as características gerais dos discursos políticos, esses sujeitos do poder constroem-se também como sujeitos do saber: que sabem, por exemplo, que a "deterioração" da segurança deve-se aos imigrantes; que os imigrantes são estupradores, assassinos ou traficantes; que a violência está associada aos ciganos; que, se os imigrantes são estupradores, não podem ser suíços; que os dinamarqueses não querem mudanças negativas e que os imigrantes estão mais representados nas estatísticas de crimes do país, e assim por diante: "As 'rondas cidadãs' [Itália] poderão fazer patrulhas para manutenção da segurança, cuja deterioração no país é atribuída pelo governo aos imigrantes" (texto 1); "Mas, agora, o governo associa a onda de violência e os ciganos" [...]. "O governo francês achou um bode expiatório para atrair a atenção da mídia" (texto 2); "Serão deportados automaticamente imigrantes condenados por crimes como estupro, assassinato, tráfico de drogas e pessoas" (texto 6); "[...] nas casas de apoio contra a violência doméstica, de 45% a 46% das mulheres não são de origem dinamarquesa" (texto 4); "Mas é verdade que alguns grupos imigrantes estão mais representados nas estatísticas de crimes" (texto 4).

Para apresentar – como saber, como verdade – um discurso preconceituoso sobre imigrantes ou ciganos, o sujeito político vale-se de sua posição de poder, que, de uma certa forma, se confunde com o lugar do saber, mas também, ou sobretudo, de algumas estratégias discursivas:

- imagens de estrangeiros (identificados pela cor e pelo tipo físico), com a tarja negra de criminoso, de estuprador, para criar efeito de realidade, e não apenas de verdade;
- uso de estatísticas[48] que comprovam a verdade dos dados apresentados;
- emprego de expressões como "é verdade que";
- uso do tempo verbal do presente, próprio para a expressão de verdades gerais ("são", "estão" etc.);
- utilização da primeira pessoa do singular para caracterizar a verdade "vivida", vista "com os próprios olhos": "a maioria dos imigrantes que eu conheço gosta [da Dinamarca]";

- emprego da primeira pessoa do plural para fazer a oposição entre "nós", os iguais, e "eles", os diferentes, e, graças à identificação decorrente do "nós", a apresentação, como verdade de todos os dinamarqueses, franceses, suíços ou italianos, daquilo que ele, sujeito político, propõe: "Os dinamarqueses não querem ver mudanças negativas", diz o ministro dinamarquês; "Há uma França exasperada. E por que está? Porque a identidade nacional foi posta em risco por uma imigração descontrolada, pela fraude ou pelos desperdícios de fundos", afirma Sarkozy.

A verdade, ou seja, o saber apresentado, é, ao mesmo tempo, um saber sobre o que querem e o de que precisam os destinatários, que fazem parte do "nós", dos iguais (eleitores, população do país) ("As pessoas querem ter a garantia de que os recém-chegados aceitarão as responsabilidades, bem como os direitos, de viver aqui – obedecer à lei, falar inglês, contribuir. As pessoas perguntam se eu entendo. Sim, entendo", afirmou Brown), e um saber sobre como são os imigrantes, os outros, os diferentes, e esse saber é negativo. Trata-se de um discurso que se apresenta, tal como no outro tipo de discurso político, como um discurso intolerante em relação ao que não pode ser tolerado. O imigrante é, assim, construído nesses discursos como aquele que causa ou pode causar danos ao país que o sujeito político "representa", por não cumprir os pactos sociais e colocar-se contra os bons costumes, e ao destinatário do sujeito político, que terá seus valores desrespeitados. Além disso, o imigrante causará perdas econômicas ao destinatário do sujeito político, pois com ele disputará empregos, escolas, serviços sociais:

> Se você trabalha em um setor que cresce, uma força de trabalho diversificada de outros lugares do mundo pode ser fonte empolgante de novas ideias. Mas se você trabalha em uma área na qual os empregos são escassos, a sensação será outra, mesmo que você ache que a imigração é em geral boa para o emprego e o crescimento.[49]

O tema econômico é pouco enfatizado nesse tipo de discurso político, mas também aparece, desde que moralizado, como justificativa do preconceito, da intolerância: como o imigrante não trabalha o suficiente, não tem responsabilidade, ele prejudica o desenvolvimento econômico.

O tema reforçado, uma vez mais, é o da ética e da moral. Para justificar as ações que o sujeito político toma contra ele, o imigrante é apresentado como "violento" ou responsável pela "deterioração" da segurança (texto 1); ou pela onda de violência no país (texto 2); ou pela falta de segurança; ou como criminoso e, sobretudo, como capaz de cometer crimes sexuais e contra a família (traficante de drogas e de pessoas, como nos textos 5 e 6); ou como promíscuo e contrário aos bons costumes (os dos *vikings*, por exemplo, no texto 4; os dos ingleses, no texto 3): maltratam mulheres, são "diferentes".

Ao apresentar como um saber, uma "verdade" sobre os "imigrantes", que eles não têm valores éticos ou morais, o discurso político, além de justificar as ações do sujeito político contra os imigrantes, contribui para o crescimento ou mesmo para o aparecimento do preconceito, e sobretudo das ações intolerantes de vingança contra o antissujeito que o privou de valores morais e de emprego.

O sujeito político reforça o ódio e o medo dos destinatários, que levam às ações de vingança, conforme apontam comentaristas diversos:

> Bergamo "censura" rua de imigrantes
> A Prefeitura de Bergamo, no norte da Itália, decretou uma espécie de toque de recolher numa das principais ruas da cidade, um gueto de latino-americanos, orientais e africanos. [...] A prefeitura diz que à medida que proíbe a reunião e o consumo de bebidas à noite somente nessa rua, além de obrigar o comércio a fechar mais cedo, pretende combater o tráfico de drogas. A iniciativa é inédita na cidade. [...] A oposição diz que a decisão é uma estratégia para associar a ocupação legal da rua por comerciantes e moradores estrangeiros ao tráfico de drogas e assim disseminar o "medo".[50]

> Anti-imigrantes matam 12 na África do Sul
> Desemprego alimenta ódio aos estrangeiros nos bairros pobres de Johannesburgo; polícia é incapaz de conter ataques
> Zimbabuanos são principais alvos da violência; saques, linchamentos e estupros aterrorizaram estrangeiros durante o final de semana.
> Ataques xenófobos em Johannesburgo, principal cidade sul-africana, mataram pelo menos 12 pessoas no final de semana. Dezenas de imigrantes foram feridos e centenas se refugiaram em igrejas e delegacias para escapar da violência. Multidões furiosas culpam os estrangeiros – muitos deles zimbabuanos que deixaram um país em colapso econômico e crise política – pelo desemprego e pela crise habitacional na África do Sul.[51]

Com essa estratégia de manipulação, o sujeito político procura conseguir a aprovação dos destinatários e a manutenção ou a renovação de sua posição de poder. Fecha-se o círculo: "Com baixa popularidade – a taxa de aprovação do governo é de 34%, segundo o instituto CSA, Sarkozy faz do desmantelamento dos acampamentos ciganos irregulares uma nova vitrine de sua política de segurança" (texto 2); "Uma pesquisa recente feita por uma central sindical britânica e citada pelo jornal *Guardian* apontou a imigração como maior motivo de perda de votos do Partido Trabalhista nas últimas eleições" (texto 3); "O SVP é hoje o maior partido político na Suíça" (texto 5); "A medida extrema [proibição de uso de véus] só encontra explicação no sentido xenófobo que se dissemina pela França. Vem a calhar para o presidente Nicolas Sarkozy, que parece disposto a tudo para melhorar seus índices de popularidade."[52]

Os "afagos" de Obama ao eleitorado de origem hispânica parecem tomar a direção contrária, de valorizar o imigrante para obter seus votos, mas aparecem no mesmo quadro de valores e com o mesmo percurso temático dos discursos anteriores, ao distinguir o imigrante "família" do imigrante "sem ética" e "criminoso":

> Em campanha, Obama afaga hispânicos
> De olho em um eleitorado estratégico para sua reeleição no ano que vem, o presidente Barack Obama deixou claro ontem que afrouxou o cerco a imigrantes latinos ilegais, desde que nunca tenham sido condenados por outros crimes nos EUA [...].
> "Eu sei que aumentar as deportações é uma fonte de controvérsia", disse ele em discurso em El Paso (Texas), próximo à fronteira com o México. "Mas quero enfatizar que não estamos fazendo isso aleatoriamente: estamos focando nossos recursos limitados em criminosos violentos, não em famílias, não em pessoas que só estão tentando arranjar uma renda."[53]

Considerações finais

Os dois tipos de discurso político que usam discursos intolerantes como estratétiga de persuasão – o que constrói sua plataforma política a partir da intolerância ao que, segundo os preconceitos de seus grupos de apoio, de seus partidos, de seus eleitores, não pode ser tolerado; o que se serve do discurso intolerante, "justificado" por um saber negativo sobre o intolerado, para explicar suas ações e para manter ou renovar seu poder – não podem, como já apontamos, ser separados completamente, pois ambos buscam, como é próprio do discurso político, o poder, e servem-se, de preferência, do tema da ética e da moral.

Dessa forma, o discurso político, que, em princípio, se organiza como um discurso do exercício,[54] mais racional e inteligível e segundo as relações implicativas de causa e efeito, assume uma faceta fortemente passional, característica dos discursos intolerantes usados como estratégia, e torna-se, com isso, também um discurso do acontecimento. Os discursos do acontecimento são discursos de fatos extraordinários, mais sensíveis e passionais, e organizados por uma lógica concessiva: apesar de A, B.

Os tipos de discurso político examinados são, portanto, mais passionais, mas se esforçam por rever os discursos intolerantes a partir de uma lógica implicativa que os torne não só justificáveis mas necessários: os maus hábitos dos "intolerados" e as perdas que eles acarretam são as causas que explicam e justificam o preconceito e a intolerância, e que permitem valorizá-los positivamente no discurso político.

Se essas estratégias são usadas para que o sujeito político obtenha ou mantenha poder, e, por muitos, são consideradas inócuas ou mesmo necessárias, é importante mostrar que são duplamente perigosas: o discurso político que incorpora como uma de suas estratégias o preconceito e a intolerância torna-se também ele um discurso preconceituoso e intolerante, e, mais grave ainda, esse discurso político incita e justifica, com seu "saber", as ações intolerantes de vingança contra o "diferente".

Como disse Jânio de Freitas: "O terrorismo deu a reeleição a Bush e é arma de Obama para a reeleição. Que interessantes são as eleições chamadas democráticas."[55]

Notas

1 Eric Landowski, "Du politique au politologique", em Algirdas Julien Greimas; Eric Landowski, *Introduction à l'analyse du discours en sciences sociales*, Paris, Hachette, 1979, pp. 103-27; Eric Landowski, "Les discours du pouvoir", em J.-C. Coquet, *Sémiotique. L'école de Paris,* Paris, Hachette, 1982, pp. 151-72; Eric Landowski, *A sociedade refletida: ensaios de sociossemiótica,* São Paulo, EDUC/Pontes, 1992; Eric Landowski, *Présences de l'autre,* Paris, PUF, 1997.

2 José Luiz Fiorin, *O regime de 1964. Discurso e ideologia,* São Paulo, Atual, 1988a; José Luiz Fiorin, *Linguagem e ideologia,* São Paulo, Ática, 1988b.

3 Diana Luz Pessoa de Barros, "A construção discursiva dos discursos intolerantes", em Diana Luz Pessoa de Barros, *Preconceito e intolerância: reflexões linguístico-discursivas,* São Paulo, Editora Mackenzie, 2011, pp. 255-70;

4 José Luiz Fiorin, "Gêneros e tipos textuais", em Hugo Mari; Ivete Walty; Zélia Versiani (orgs.), *Ensaios sobre leitura,* Belo Horizonte, Editora PUC-Minas, 2005, pp. 101-7; José Luiz Fiorin, *Introdução ao pensamento de Bakhtin,* São Paulo, Ática, 2006; Norma Discini, *O estilo nos textos: história em quadrinhos, mídia, literatura,* São Paulo, Contexto, 2003; Diana Luz Pessoa de Barros, "Gêneros do discurso e ensino", em Aracy Emst; Susana Boméo; Vilson Leffa (orgs.), *Teorias linguísticas e ensino: possibilidades e limites,* Anais do V SENALE (2007), Pelotas, EDUCAT, CD-ROM; Diana Luz Pessoa de Barros, "Variedades do discurso", em Neusa Barbosa Bastos, *Língua portuguesa, cultura e identidade nacional,* São Paulo, EDUC, 2010.

5 Eric Landowski, 1992, op. cit.

6 José Luiz Fiorin, 1988a, op. cit.

7 Eric Landowski, 1992, op. cit., pp. 205-6, grifos nossos.

8 José Luiz Fiorin, 1988a, op. cit., pp. 143-4.

9 Patrick Charaudeau, *Discurso político*, São Paulo, Contexto, 2006, p. 56.

10 José Luiz Fiorin, 1988a, op. cit., p. 143.

[11] Patrick Charaudeau, op. cit., p. 46.

[12] José Luiz Fiorin, "Algumas considerações sobre o medo e a vergonha", *Cruzeiro Semiótico*, n. 16, p. 56, 1992.

[13] Eric Landowski, 1982, op. cit., pp. 163-5.

[14] José Luiz Fiorin, 1988, op. cit., pp. 143-4.

[15] Idem, p. 144.

[16] *Folha de S. Paulo*, 24/06/2011, p. A8.

[17] *Folha de S. Paulo,* 25/06/2011, p. A10.

[18] Clóvis Rossi, em *Folha de S. Paulo*, 25/06/2011, p. A10.

[19] Hélio Schwartsman, em *Folha de S. Paulo,* 05/05/2011, p. A14.

[20] Francisco José Antonio dos Santos, "A posse do General Figueiredo não é honrada pela unção popular", em Suani de Almeida Vasconcelos, *Caminhando com o povo: discurso político e ideologia nas malhas da semiótica greimasiana*, Salvador, 2011, Tese (Doutorado em Letras e Linguística) – Faculdade de Filosofia e Ciências Humanas, Universidade Federal da Bahia, pp. 241-3.

[21] Diana Luz Pessoa de Barros, "O discurso intolerante: primeiras reflexões", São Paulo, 2005 (inédito); Diana Luz Pessoa de Barros, "Preconceito e intolerância em gramática do português", em Diana Luz Pessoa de Barros; José Luiz Fiorin (orgs.), *A fabricação dos sentidos: estudos em homenagem a Izidoro Blikstein,* São Paulo, Humanitas, 2008a, v. 1, pp. 339-63; Diana Luz Pessoa de Barros, "A identidade intolerante no discurso separatista", *Revista Filologia e linguística portuguesa*, São Paulo, 2007, v. 9, pp. 147-67; Diana Luz Pessoa de Barros, "Discurso, indivíduo e sociedade: preconceito e intolerância em relação à linguagem", em Pedro Navarro (org.), *O discurso nos domínios da linguagem e da história,* São Carlos, Claraluz, 2008b, v. 1.

[22] *Folha de S. Paulo*, 03/04/2007, p. A11.

[23] Algirdas Julien Greimas, *Du sens II*, Paris, Éditions du Seuil, 1983.

[24] Diana Luz Pessoa de Barros, "Paixões e apaixonados: exame semiótico de alguns percursos", *Cruzeiro Semiótico*, n. 11-12, pp. 60-3, 1990.

[25] Diana Luz Pessoa de Barros, 2005, op. cit.; Marli Quadros Leite, *Preconceito e intolerância na linguagem,* São Paulo, Contexto, 2008; Alexandre Marcelo Bueno, *Intolerância linguística e imigração*, São Paulo, 2006, Dissertação (Mestrado em Linguística) – Faculdade de Filosofia, Letras e Ciências Humanas, Universidade de São Paulo.

[26] Algirdas Julien Greimas, op. cit.

[27] Diana Luz Pessoa de Barros, 2011, op. cit.

[28] Iuri M. Lotman, "Semiótica dos conceitos de 'vergonha' e 'medo'", em Iuri M. Lotman et al., *Ensaios de semiótica soviética*, Lisboa, Horizonte, 1981, pp. 237-40.

[29] José Luiz Fiorin, "Algumas considerações sobre o medo e a vergonha", *Cruzeiro Semiótico*, n. 16, pp. 55-63, 1992.

[30] Idem, p. 57.

[31] Norberto Bobbio, "As razões da tolerância", em Norberto Bobbio, *A era dos direitos*, São Paulo, Campus, 1992.

[32] *Folha de S. Paulo*, 10/05/2011.

[33] *Folha de S. Paulo*, 11/05/2011, p. C5.

[34] *Folha de S. Paulo*, 30/03/2011, p. C1.

[35] *Folha de S. Paulo*, 30/01/2007, p. A8.

[36] *Folha de S. Paulo*, 12/05/2011, p. A3.

[37] *Folha de S. Paulo*, 23/06/2011, p. C5.

[38] *Folha de S. Paulo*, 24/06/2011, p. A7.

[39] José Luiz Fiorin, 1992, op. cit., pp. 55-63.

[40] Manchete da *Folha de S. Paulo*, de 28/06/2011, p. A12.

[41] *Folha de S. Paulo*, 19/05/2011, p. C11.

[42] *Folha de S. Paulo*, 03/07/2009, p. A3.

[43] *Folha de S. Paulo*, 20/08/2010, p. A16.

[44] *Folha de S. Paulo*, 13/04/2011, p. A2.

[45] *Folha de S. Paulo*, 14/05/2011, Caderno Mundo 2, p. 1.

[46] *Folha de S. Paulo*, 28/11/2010, Caderno Mundo 2, p. 7.

[47] *Folha de S. Paulo*, 29/11/2010, p. A18.

[48] Uma pergunta que merece ser feita: quando o ministro dinamarquês afirma que 45% a 46% das mulheres vítimas de violência doméstica não são de origem dinamarquesa, ou seja, são imigrantes, isso significa que 54% a 55% dessas mulheres são dinamarquesas?

[49] *Folha de S. Paulo*, 14/05/2011, Caderno Mundo 2, p. 1.

[50] *Folha de S. Paulo*, 28/11/2010, Caderno Mundo 2, p. 7.

[51] *Folha de S. Paulo*, 13/05/2088.

[52] *Folha de S. Paulo*, 13/04/2011, p. A 2.

[53] *Folha de S. Paulo*, 11/05/2011, p. A14.

[54] Claude Zilberberg, "Louvando o acontecimento", *Galáxia*, n. 13, pp. 13-28, 2007.

[55] *Folha de S. Paulo*, 10/05/208, p. A8.

Abordagem sociossemiótica de conflito e guerra

Federico Montanari
Trad. Carolina Tomasi

O conflito como fundamento dos fenômenos socioculturais? A resposta semiótica

O conflito foi concebido geralmente como fundamento dos fenômenos culturais, por parte de uma longa tradição do pensamento, tanto na Filosofia como nas Ciências Humanas. A intenção deste capítulo é procurar confrontar algumas definições de conflito para depois tentar delinear os traços que parecem ser relevantes para um estudo sociossemiótico, em especial das atuais formas de guerra e de conflito. Propomos então primeiramente, mesmo que ainda de forma provisória, a definição que nos parece ser mais compartilhada no âmbito das Ciências Sociais.[1] O conflito é reconhecido por parte dessa tradição filosófica e sociológica – de Marx a Durkheim, Simmele Weber até Dahrendorf, embora com todas as diferenças –, em primeiro lugar, como *forma de relação* e de *interação entre sujeitos* (de atores individuais, ou coletivos), caracterizada pela *percepção,* por parte dos atores em jogo, de uma *divergência* ou *incompatibilidade* de objetivos: "*as a situation in which actors use conflict behavior against each other to attain incompatible goals and/or to Express their hostility*".[2] De modo mais específico, pode-se falar do realizar-se de uma "interferência" entre os programas de ação dos diversos sujeitos em campo; e é essa a definição que propõem as Ciências Sociais e também mais especificamente uma disciplina como a Semiótica[3] em seu ocupar-se com os modos de construção dos processos culturais de significado.

Queremos aqui lembrar – embora essa questão seja conhecida – que para a análise semiótico-narrativa (a partir dos trabalhos de Greimas e sua escola),[4] a estrutura fundamental dos sistemas e processos de significação consistiria em uma configuração do tipo polêmico-conflitual que estaria na base da própria ação, assim como, exatamente, do sentido e da comunicação. Mais especificamente na base das ações, a Semiótica concebe estruturas de tipo narrativo: os programas de ação para a Semiótica estrutural correspondem a programas narrativos, estruturas na forma de enunciados, compostos de "actantes" – entidades ainda abstratas e vazias: funções então como um sujeito (S) – que são depois investidos, ou seja, entram em conjunção com objetos de valor (O), fazendo parte de determinados sistemas axiológicos. Os sujeitos encontram-se assim em luta para entrar em conjunção com tais valores, chocando-se e encontrando-se com outros sujeitos que lutam pelo objeto, ou contrapondo-se a outros sistemas de valores. É de notar que, para Greimas, no centro dessas configurações do tipo polêmico-conflitual, encontramos figuras como o "desafio": estrutura de interação em que o bom funcionamento "implica uma cumplicidade objetal entre manipulador e manipulado".[5] A análise de tais tipos de relação e de "figuras de interação" – como aquela do "duelo" – encontra na Semiótica muitos pontos em comum com a análise estratégica das guerras,[6] dos conflitos e das relações internacionais. Nessa direção, segundo Thomas Schelling:

> [...] admitindo-se o conflito, e trabalhando com uma imagem de participantes que tentam "ganhar", uma teoria de estratégia não nega que há tanto acordos quanto conflitos de interesses entre os participantes. Na verdade, a riqueza do tema decorre do fato de que, em assuntos internacionais, há dependência mútua assim como oposição [...]. Por essa razão, "ganhar" em um conflito não tem um significado estritamente de competição; não é exatamente ganhar de um adversário. Significa ganhar dentro de seu próprio sistema de valores. (tradução nossa)[7]

Eis que agora, nessa primeira definição de conflito, prevalece a seguinte ideia: que o "outro" faça alguma coisa que me impeça de realizar o meu projeto, ou que interfira no meu plano ou programa de ação ou vice-versa. Não só isso, pois nesse contraste cria-se uma ligação; e os participantes constroem imagens uns dos outros. Seguindo esse primeiro conceito, o conflito nasce e se inicia no momento em que há a *percepção* de um *impedimento* no fazer, ou de uma *vontade* de fazer. "Eu" (ou "nós") – em geral ator em uma cena social – faço, procuro, ou quero fazer alguma coisa, e penso que o outro sujeito esteja me impedindo ou obstaculando. Naturalmente, devemos sublinhar o fato de que se trata, na verdade, de uma *percepção*, ou de uma *convicção*: estou convicto, ou tenho a sensação de que aquele outro sujeito me impede de atingir meu objetivo ou tarefa: poder-se-á tratar de um dos sujeitos envolvidos ou, ao contrário, de um "terceiro" sujeito que observa e não participa diretamente da ação. É importante, nesse sentido, lembrar que, para a Semiótica e a Sociossemiótica, entram em jogo aqui dois elementos fundamentais, de posterior aprofundamento, relativamente à análise sociológica: a dimensão *modal*; e aquela relativa ao "ponto de vista", ao *observador*.

Os componentes modais e passíveis de observação nos conflitos

A Semiótica narrativa nos ensinou a ter muita atenção com a dimensão modal. Trata-se de avaliar como os atores de uma ação são "carregados" ou compostos de diversos planos: eles não são entidades "compactas", antes são estratificados em vários níveis, que compõem seus "papéis". Eles são preenchidos, são enriquecidos, pouco a pouco, dessas funções, de instâncias que a teoria define, como é sabido, derivando-as da Linguística, como "instâncias modais" – como o querer, o dever, o poder, o saber, o crer, enfim, o ser e o fazer, suscetíveis, naturalmente, de se constituírem de diversas combinações. Trata-se, então, de participantes "carregados" de uma competência modal; e é essa competência que define o papel dos diversos actantes, ou seja, das instâncias que desempenham os diversos programas de ação. Por isso, segundo a análise semiótica, o confronto, a troca polêmica, não se dá mais entre atores compactos e monolíticos, mas entre diversos níveis, ou "estratos" dessas subjetividades compostas.

No que se refere ao observador, muitos textos de Semiótica, a partir sobretudo de Fontanille,[8] têm insistido nessa função que trabalha particularmente com o plano da enunciação e da discursivização. Pode-se tratar, concretamente, de um ator, como a "opinião pública" ou a "mídia"; ou de outros participantes do conflito. Todavia, além dos casos específicos (notas jornalísticas, mídia, mas também testemunhas etc.), aquilo que em geral parece mostrar estreita ligação dos estudos semióticos com os trabalhos clássicos da Sociologia e das interações conflituais, de Simmel a Goffman, trata-se de avaliar as funções de "terceiros" (destinatário, direto ou indireto, da comunicação e interação conflitual, ou simples observador "mais externo" ou intruso). Em todo caso, temos que construir gramáticas apropriadas a um "observador" que, em suas formas mais ou menos mascaradas, ou duplicadas, poderá participar ou não, tomar distância, às vezes beneficiar-se do conflito. O que mais conta, porém, é a capacidade de esse observador modificar a "percepção" sobre o próprio conflito: fazer com que, por exemplo, seja percebido como em fase de "aceleração" gradual, ou de "desaceleração", ou ainda de espera, ou de reposicionamento dos participantes. Nesse sentido, os estudos semióticos nos indicam que essa função de observação pode encarnar-se em um terceiro sujeito ou ser assumida, paralelamente ou ao mesmo tempo, por um dos dois antagonistas.[9] Graças à função "observador", passamos das organizações do tipo narrativo aos modos de perceber os processos, em sua dimensão "aspectual", relativa ao ponto de vista. Em todo caso, esse "jogo" de triangulação é muitas vezes fundamental nas situações de interação conflitual.

Um sujeito qualquer – seja no nível "micro", como um sujeito singular, seja no nível "macro", como no caso de um sujeito coletivo, por exemplo, um Estado, ou ainda de uma personagem pública ou política – pode exprimir, no curso de uma negociação ou em um conflito, um "querer" alguma coisa, mas ao mesmo tempo, "crer" que o "outro" (inimigo, adversário, aliado) "quer" outra coisa; ou ainda, que "saiba", "creia" ou não em alguma coisa. Todavia, essa dimensão modal, interligada com aquela passível de observação, representa naturalmente um componente muito importante nos conflitos, ao mesmo tempo que concatena o plano de ações com o plano das motivações, das crenças, mas também das esperanças e expectativas.

Geralmente, é importante imaginar sempre esse tipo de relações conflituais como colocadas e, ao mesmo tempo, capazes de determinar uma "situação": um "clima" que influi na própria ação conflitual. Por exemplo, quando se acentua a tensão, a descrença; devemos, além disso, imaginar que os sujeitos ou atores envolvidos influenciem o próprio comportamento com base no comportamento do outro, uma forma de relação recíproca. Todavia, a eclosão de um conflito está sempre ligada a um impedimento, ou a um embate de "vontades", pelo fato de que a qualquer um é impedido atingir um objetivo ou um objeto de valor (seja ele material, seja imaterial): "eu *quero* fazer alguma coisa e o outro *quer* me impedir de fazê-lo".

Conflito como construção de identidade

A essa concepção de conflito seria acrescentada outra. Frequentemente, por haver conflito, não basta apenas uma incompatibilidade de objetivos. O conflito desencadeia-se motivado por frustração "por reconhecimento", ligada a um papel e *identidade*. Os sujeitos, individuais ou coletivos, lutam também por um reconhecimento recíproco; às vezes também relativamente a um espaço (físico, geográfico, social e territorial, como o mesmo Goffman nos lembra, ou urbano, mas também de tipo mais abstrato).

Todavia, de qual reconhecimento se está falando? No mínimo, de uma identidade. Uma identidade, porém, não é nunca um elemento isolado: está sempre relacionada à constituição de relações de poder. O nascimento da Filosofia e da *teoria política moderna* é também assinalado por essa ideia e por esse cruzamento:[10] de Maquiavel a Hobbes, até Kant e Hegel, depois em direção a Foucault, e enfim, ainda, com as Ciências Sociais, o caminho é marcado por essa concepção da luta como construção – e, certamente, gestão – das relações de poder: na cidade, no estado, entre as nações. Poder *como relação*, mas, sobretudo, como *percepção* do outro (adversário, inimigo, a outra parte ou antagonista).

Muitas vezes, os conflitos têm como ponto e tema central exatamente um "contraste de fundo" entre os sistemas de valores, ou de uma luta para fazer prevalecer uma identidade – por exemplo, entre os grupos ou, mais tradicionalmente, entre estratos ou classes sociais, ou entre culturas diversas ou, ainda, no interior de uma mesma cultura. Tal definição parece mais sublinhar a ideia de conflito coletivo do que individual: entre grupos ou complexos sociais (pensamos também em entidade ampla como países, ou Estados, como no caso de conflitos internacionais). Contudo, sublinhamos que as estruturas e as dinâmicas de conflitos em escala, obviamente, diversa (por exemplo, os conflitos interpessoais em relação aos coletivos), frequentemente terminam por assemelhar-se (tensões, *escalation*, na verdade, lutas para "estabelecer jogo", e disputa sobre valores, medo de "perder a face" ou de ver desvalorizada a própria identidade etc.).

Se, a bem da verdade, também o conflito de identidade pode ligar-se novamente ao modelo mais geral de "interferência" em programas de ação (pensamos em "programas" não somente como ideia de atingimento de um objetivo declarado ou bem delineado, mas também, na verdade, como ideia de entrar em contraste com outros), em todo caso *reciprocidade, interferência* negativa, *identidade* e *situacionalidade* parecem então ser as palavras-chave das relações conflituais.

Há uma tendência que prevaleceu entre os estudiosos, a partir da segunda metade dos anos 1900 (em tais condições, dos anos 1950-1960, do advento e da intensificação da Guerra Fria: com todas as consequências que isso trouxe, também em termos de elaboração do pensamento, em particular com a generalização do conceito de estratégia[11]). Daí, então, ganha terreno a ideia segundo a qual os conflitos (especialmente os internacionais ou sociais) poderiam ser reconduzidos a lutas entre atores dotados de querer e de sistemas de crenças. Levados adiante também com armas propriamente "semióticas" e "virtuais" de ameaça, de dissuasão, de destruição e de *compellence*: em suma, todo um conjunto de "práticas" e de programas de ação que os próprios estudiosos de estratégia militar bem definiram como "armas semióticas" ou de "gesticulação estratégica".[12] A guerra e, por consequência, a estratégia alargaram, assim, suas características de virtualidade e "enfrentamento": de *preparação* à ação, antes ainda que de ação verdadeira e propriamente; lá onde se tornava essencial pensar nas formas de conflito que poderiam ser traduzidas em uma verdadeira e propriamente *escalation*, que teriam podido conduzir a um provável choque nuclear fatal.

Os estudos antropológico-culturais: disputas nas culturas e entre elas

Até os estudos culturais de orientação antropológica parecem estar próximos dessa ideia de interferência. Tanto os de Antropologia das culturas ditas não ocidentais, quanto os que se fixam, há tempos, como um "retorno" da Antropologia ao estudo das sociedades ocidentais[13] – enquanto em um mundo globalizado a distinção aparece sempre mais árdua, pensamos assim em toda a reflexão do pensamento do pós-colonialismo – insistem neste ponto: cada cultura ou âmbito cultural é atravessado por contínuas *disputas* e discussões, especialmente nos momentos de nascimento ou de forte crise ou de redefinição dos limiares ou das estruturas hierárquicas de uma dada cultura e sociedade.

Essas lutas ocorrem, ainda, não só "entre" culturas ou âmbitos culturais diversos, mas, ainda mais uma vez – especialmente nos momentos de crise e de transformação –, se dão também no interior de específicos subsistemas culturais dentro de uma mesma cultura. É o caso, certamente, não só das lutas políticas ou dos conflitos de tipo econômico[14] e social, mas também das "guerras científicas" e das disputas ou controvérsias científicas, avaliadas por estudiosos de Sociologia da Ciência como verdadeiros e próprios campos de luta e antagonismo, ou, como afirmava Thomas Kuhn, de revolução científica e crises de paradigma.[15]

Essas disputas e discussões são principalmente fundamentadas na definição de legitimidade, de controle e circulação dos significados e das informações que fluem no interior de determinada cultura ou contexto social. E, então, pode-se dizer que as culturas e sociedades não são outra coisa que os lugares dessas incessantes discussões, embora variáveis em intensidade.

Nesse sentido, também no interior de diversas culturas, as formações denominadas subculturais – em sua manifestação como contraculturas juvenis que apareceram nos países anglo-saxônicos, com todos os seus desenvolvimentos e transformações, nos anos 1950-1960 – apresentam-se como conflituais se comparadas com a cultura majoritária; ou às vezes também entre si, caracterizadas como são pela ostentação de certo tipo de estilo de comportamento, vestimentas, de gosto e de produções estéticas e artísticas. Trata-se frequentemente de formações culturais que, também em sua diversidade, e muitas vezes colocando-se no interior do mais vasto universo das culturas populares, acentuam os traços de uma *diáspora* ou de formas de enclaves ou de separação, parcial ou total, relativamente à cultura majoritária. Nesse sentido, em um texto que se tornou clássico, Hebdige[16] enfatizava a ideia de "quebra de códigos": portanto, conflitos operados por algumas contraculturas (como a *hippie* ou a *punk*) por meio do revolvimento ou de nova mistura – às vezes expressos de modo espetacular e rebatidos pela mídia, outras vezes de forma alternativa ou *underground* – dos códigos e das regras estéticas *mainstream*; por esse motivo, fala-se também de "revolta" ou conflito, ou "guerra dos estilos", os quais produzem também efeitos identitários no interior das mesmas formações culturais.[17]

As culturas entre risco e conflito

A estudiosa da teoria da cultura Mary Douglas sublinha como as culturas e as sociedades trabalham sobretudo abrindo discussões sobre definição do que é "risco" ou "culpa" ou "perigo" para os membros dessa mesma sociedade: particularmente, no que se refere às atribuições recíprocas de *"blaming"* (de culpa) e sobretudo em relação à percepção dos riscos que podem envolver determinada comunidade. Pensemos nos casos mais dramáticos e notáveis como os de contestação e renúncia à energia nuclear; o da aids; ou, ainda, nas novas ondas de difusão dos comitês de protesto ou em defesa dos diversos territórios contra a instalação de lixões, a construção de obras, civis ou militares, consideradas devastadoras ou perigosas para determinados territórios. Nesses casos, as disputas, as discussões, inflamam-se com as definições do que é "oportuno", "justo", ou "nocivo" *vs.* "prioritário" para aquela comunidade, em relação a um campo mais vasto (social, nacional ou internacional, como no caso da realização de uma base militar com presumidos objetivos de defesa ou relativos a acordos internacionais). Além disso, essa avaliação pode servir também para explicar a relação entre os indivíduos que vivem em diversas culturas, seus comportamentos e sistemas de valores que estão em sua base.

A esse propósito, escreve Mary Douglas:

> Algumas culturas exigem dos indivíduos um envolvimento público, enquanto outras pressupõem que o interesse pessoal do indivíduo seja a motivação que prevalece; algumas julgam os membros dessa cultura com base na pureza dessa motivação, outras não esperam nada do gênero; algumas respeitam o acordo que possibilita a todas as partes a impressão de terem vencido, outras rejeitam, com veemência, ambas as soluções ambíguas. A dúvida sobre o risco deve ser: quão seguro é aquilo que é bastante seguro nesta cultura em particular?[18]

Essa passagem do texto de Douglas nos parece ilustrar bem uma ideia mais recente, e mais ampla, de conflito. A discussão acontece não apenas com base em comportamentos relativos a *valores*; esses valores não são apenas dados em geral, mas correspondem a *modos* de percebê-los e vivê-los (como medos e riscos para cada indivíduo). Não só: não se trata de pensar em sistemas de valores, de visões de mundo e de ideologias "gerais" que organizariam determinada cultura ou sociedade de forma estática ou abstrata; ao contrário, os valores tomam forma nas motivações e nas percepções concretas e então em ações e concatenações discursivas efetivas. Eis que então, nesses casos, a disputa acontece entre grupos e atores culturais que se atribuem e se creditam reciprocamente aqueles sistemas de valores. O que é melhor? E para quem? Por quais razões iniciar um litígio, uma discussão, um conflito? Como sair disso tudo obtendo alguns resultados que possam ser satisfatórios para aquele determinado grupo ou comunidade? Ou para ambos? Ou talvez o conflito tem início justamente porque se considera que "o outro" (seja ele indivíduo ou coletivo) já obteve "muitas" vantagens? Pensemos nesse sentido também em outros tipos de conflito: as guerras civis denominadas "étnico-nacionalistas", que ensanguentaram sobretudo o início dos anos 90 do século XX – na ex-Iugoslávia ou na África Central, como a guerra civil-étnica culminada no genocídio de Ruanda.[19]

E é aqui que podemos notar um elemento novo de análise, paralelo à transformação das formas de conflito: passamos da tentativa de definir o conflito, com seus componentes internos (motivações, causas e razões), à avaliação das *condições de estopim*;* ou melhor, a escala dessa sua possível "combustão": em suma, as relações e as concatenações entre os diversos processos que ativam o conflito. Nesses casos, alguém toma uma decisão (autoridade ou atores culturais ou políticos) ou acontece alguma coisa (evento, imprevisto, calamidade etc.), ou, ainda, alguém começa a acusar outra pessoa de alguma coisa. Esses acontecimentos

* N.T.: Mecanismo utilizado para explodir uma bomba ou uma carga explosiva; detonador; molotov.

fazem vir à tona de modo mais ou menos dramático uma discussão, em seguida uma disputa, até o conflito, propriamente dito, aberto. Essa visão culturalista das disputas e dos conflitos insiste ainda mais uma vez na relação entre *percepções* dos eventos (perigosos, arriscados) por parte dos cidadãos, a sua dimensão corpórea, físico-psicológica (frequentemente, não cuidada por outros estudos) e a imersão do seu ser na comunidade e sociedade por meio das verdadeiras e próprias interfaces que são as instituições.

As ações coletivas

De todo modo, pode-se afirmar, de forma geral, que o conflito é o ponto culminante de um processo ou de uma série de processos que se desencadeiam uns a partir dos outros, com base nas discussões e disputas sobre o que é ou não justo ou o que é ou não bom, ou mais ou menos oportuno, e também, repitamos, sobre organizações de valores e suas divisões de tipo modal e também sobre quais sujeitos devam incorporar e atribuir-se (defender, sustentar) esses valores. Enfim, esses sistemas de valores, de tempo em tempo, defendidos e propostos nos conflitos, podem em seguida consolidar-se, ou sobrepor-se; e alguns deles podem enfim ser considerados objetivos indiretos, ou latentes, de um determinado conflito.

Importante estudioso de lógicas sociais de interação, da racionalidade de ação e dos movimentos coletivos, Jon Elster[20] – retomando, entre outros, os estudos de Marcur Olson sobre lógicas de ação coletiva – destaca a importância, para a lógica da ação coletiva, não só de incentivos e possíveis vantagens, mas sobretudo da *criação* de ligações recíprocas (por exemplo, em relação ao conhecido problema do *free raider*[21]): na economia, assim como na política, nas relações internacionais, assim como nas vertentes sindicais.

Frequentemente, essas ligações são de natureza temporal e, ao mesmo tempo, cognitiva e comunicativa, e o estudioso acentua a importância disso; por exemplo, a importância do que é definido como "indução retroativa" (*backward induction*) das ações recíprocas: aquilo que sempre funciona, relacionando a capacidade da participação nas ações, e então nos grupos – particularmente visando aos conflitos ou às situações arriscadas –, é a capacidade de coordenar não tanto as ações, mas também as *esperas*. Vale dizer, há também a capacidade dos diversos sujeitos envolvidos em um conflito de avaliação de sequências de ações já ocorridas, em vista do que presumivelmente poderá ou não acontecer.

Deve-se ressaltar que um determinado sujeito, em situação de risco, é levado a esperar, temer, ou desejar [acreditando]* alguma coisa; todavia, está aqui o ponto fundamental: trata-se de avaliar não apenas o que desencadeia um conflito, e de que modo isso se dá, mas também: como se decide participar de um conflito? E como e por que empenhar-se em uma ação? Eis que retorna a importância da coordenação coletiva, no interior dos conflitos. Nesse sentido, uma teoria da ação coletiva está próxima seja das análises sociossemióticas (Greimas, Landowski), seja de uma sociologia cultural: ambas se ocupam, com instrumentos diversos, das formas de construção dramatúrgica e narrativa dos conflitos; e, no interior delas, da representação do que são as distribuições dos sistemas de valores: "mal", ou "trauma coletivo" ou "risco" para a nossa sociedade.

Uma breve arqueologia do conflito

Vamos dar um passo para trás. Sem condições aqui de aprofundar os conceitos provenientes da história da Filosofia e, particularmente, da Filosofia Antiga – pensamos, por exemplo, na autenticidade da bem conhecida ideia heraclitiana, segundo a qual a guerra seria a "mãe de todas as coisas" –, é importante, porém, ver, ainda que muito rapidamente, como esses conceitos chegam até nós. E, para isso, é preciso procurar delinear os componentes que terão importantes consequências no modo de definir o problema concreto dos conflitos.

Em particular, encontramo-nos diante de duas ideias. Uma dupla ideia de conflito, e sobretudo a passagem de uma para a outra: uma primeira ideia que poderíamos definir como "fundadora" do conflito; e uma segunda do tipo "observativo". Simplificando, a primeira considera que o conflito está na base do mundo; a segunda, que o conflito serve para observar, estudar, interpretar os fenômenos. Naturalmente, essas acepções se cruzam e se misturam, passando uma pela outra; e é isso que parece caracterizar a concepção atual de conflito, que coincide também com a análise e avaliação do tipo sociocultural, que está no centro de nossa atenção.

De um lado, então, reencontramos o conceito segundo o qual a realidade – podemos dizer, também a realidade social e cultural – seria, de forma constitutiva e intrínseca, fundamentada no antagonismo conflitual. Para Heráclito, a lei do mundo, mas também do próprio pensamento – "a belíssima harmonia das discor-

* N.T.: Desejar que aconteça alguma coisa e acreditar que seja possível tal acontecimento.

dâncias" –, afirma que dois conceitos, ou duas entidades, não podem existir senão uma em virtude da outra, ou melhor, uma em virtude da luta contra a outra. Mas, então, é o próprio pensamento investido da *polémos*: o pensamento, o conhecimento não pode existir sem luta e sem conflito.

Será Nietzsche a afirmar, partindo de Heráclito:

> O povo crê, em vez de conhecer alguma coisa de modo sólido, completo e permanente, mas em verdade a cada momento luz e sombra, amargo e doce se agarram fortemente como dois lutadores, cada um dos quais consegue alternativamente obter vantagem [...] segundo Heráclito [...] o próprio mundo é uma mistura que deve ser continuamente agitada.[22]

E, além disso, nessa linha tornarão a afirmar Deleuze e Guattari: "O fazer-se *polémos* de Heráclito retorna como fogo."[23] Essa linha de pensamento (tomará tantas vias e conduzirá a muitos desenvolvimentos) não produzirá apenas um idealismo ou um historicismo – não apenas uma pesquisa de leis gerais e universais do pensamento, como no pensamento hegeliano, ou da história, no marxismo –, mas também um conceito que poderíamos definir como construtivo-dinâmico do saber.

Insistem nesse ponto os dois filósofos, considerando como a filosofia moderna transformou a própria imagem do pensamento, que se torna em primeiro lugar modo de observar e estudar os componentes desse próprio pensamento, em modos de sua própria criação. Nesse sentido, a propósito desse modo de construção do pensamento, afirmam: "Um traço não é isolável. Com efeito, o movimento que recebe uma marca negativa se encontra ele mesmo em outro movimento, de marca positiva e ambígua."[24]

No que diz respeito especificamente à concepção epistemológica relativa aos atuais estudos sociais e culturais sobre conflito, parece então prevalecer um conceito que podemos definir não mais tanto como do tipo ontológico-fundacional, mas, poderíamos dizer, "construtivista" e "observativo". Com base na ideia segundo a qual o social e as culturas *constituem-se* a partir dos diversos conflitos, propriamente por esse motivo, elas podem ser *observadas*, estudadas e avaliadas do ponto de vista das formas conflituais. Insistamos nesse ponto muito importante: hoje o conflito não é pensado tanto como o "fundamento" dos fenômenos sociais, mas sobretudo como meio, uma espécie de "papel de tornassol", por meio do qual se podem estudar os processos de *construção* dos fenômenos socioculturais. E justamente por meio dessa via se podem derivar os componentes constitutivos dos fenômenos conflituais.

As diversas visões culturais dos conflitos: uma abordagem comparativa

Certamente, ainda com todas as devidas diferenças e nuanças, a ideia de oposição, e ao mesmo tempo de coexistência de elementos contrários, é muito importante nas tradições de pensamento, diferindo das tradições ocidentais. Pensa-se, particularmente, nas tradições culturais e religiosas orientais; em primeiro lugar, no taoismo e nas suas ramificações, e também nas formas das disciplinas práticas, como a Medicina, ou no pensamento da guerra e das artes marciais: *Yin* e *Yang*. Nesse sentido, o estudioso de filosofia chinesa F. Jullien[25] destaca o fato de que o pensamento da guerra e do conflito na China Antiga parece colocar o problema de um modo diverso e insiste neste ponto: no pensamento chinês, a realidade parece ser produzida por um "processo, regulado e contínuo". E, na verdade, os componentes desse processo, ainda que partes da luta, em campo, ou em jogo (como dois adversários, dois antagonistas), estão, ao mesmo tempo, em contínua transformação, uns nos outros.

Afirma Jullien que isso comporta notáveis consequências e diferenças, não só em relação à tradição do pensamento ocidental – por exemplo, o fato de que a tradição ocidental insiste na oposição entre teoria e prática –, mas também, especificamente, em relação ao estudo dos conflitos "concretos". No que se refere à relação com o pensamento ocidental, parece que a antiga tradição das disciplinas práticas esteve "regulada" pela instauração do pensamento abstrato e racional.

A antiga *mètis* – a característica de astúcia do soldado, da deusa, do caçador, do navegador, da tecelã, típica da cultura da Grécia arcaica –, estudada por Detienne e Vernant, foi, segundo Jullien, ressistematizada, normalizada e retraduzida pela construção de formas ideais e pelas categorias que serão, em um segundo momento, características do pensamento racionalista ocidental (que é objetivo, que age; ou ainda possui características, como a prudência, enquanto capacidade de deliberar, ou seja, de escolher, em uma situação casual, de modo correto e vantajoso, ou ainda, como ressalta Jullien, comentando Aristóteles, ou a bondade da mediania, do bom como escolha média). Essa hipótese sobre constituição e transformação do pensamento ocidental – que aqui apresentamos necessariamente de modo resumido – não é importante apenas para a história das ideias: são ainda, uma vez retomadas, extremamente importantes para o estudo e a definição específica e concreta dos conflitos.

Jullien insiste precisamente nesse ponto: o grande pensador moderno da guerra, o general-filósofo Carl von Clausewitz, na época napoleônica, pensa a guerra fundamentalmente sobre o sulco dessa tradição. Há uma guerra, um conflito abstrato, com as suas formas ideais, que deve ser confrontado e relacionado com os conflitos concretos, no campo. Trata-se sempre de integrar a separação entre teoria e prática. No paradigma clausewitziano, essa separação corresponde aos dois fatores de incerteza definidos como "névoa" e "fricção" ou atrito, subentendidos respectivamente como formas de indeterminação informativo-cognitiva e de resistência das situações concretas aos modelos e planificações abstratas; tal separação estará sempre presente no estudo dos conflitos. Embora o pensamento de Clausewitz seja muito mais refinado do que muitos de seus superficiais leitores quiseram nos fazer acreditar que o fossem, é verdade que entre o modelo abstrato e a luta em campo cria-se um atrito, uma fricção. Jullien ressalta justamente tal questão: a essência da guerra em Clausewitz consiste justamente no fato de que a sua prática concreta vai além e trai continuamente o próprio modelo abstrato; o que acontece na guerra é o contínuo produzir-se dessa "distância inevitável", enquanto, contrariamente, o pensamento chinês seria mais orientado para uma lógica do "concreto": e é nesse sentido que se tornam interessantes o confronto e a avaliação das diferenças entre os dois conceitos, para iluminar essas diversas características.

Em segundo lugar, já com Clausewitz, o embate parece constituir então a "célula" de base dos fenômenos estratégico-polêmicos.[26] O sentido da guerra é dado – ainda que na sua camaleônica mutação – por um ato *decisivo* de força que consiste em obrigar determinado adversário a obedecer à nossa vontade; o general-filósofo prussiano insistia no fato de que a guerra fosse um modo de duelo generalizado.

De qualquer modo, se *polémos* é o pai de todas as coisas, o conflito é, ao mesmo tempo, o que torna comum essas coisas e o produto desse elo. Se tudo acontece segundo essa luta, tudo se iguala por essa possível luta. Todavia, esse conflito toma as características (o "perfume", diz Heráclito) dos elementos e do momento que lhe dão forma.* Eis por que nesse sentido é interessante o estudo da Filosofia e das tradições orientais do conflito – da China ou também da Índia.

Naturalmente, nesse caso, torna-se então importante avaliar a natureza do elo entre as partes que compõem a ligação conflitual: de que tipos de relações se trata? De que tipos de relações entre opostos, de oposições, como nos recorda a Semiótica, entre os termos contrários ou contraditórios? Ou mais ainda, de um tipo tensivo e gradual? Além disso, a Filosofia antiga propõe outra questão de

* N.T.: Assumem um caráter humano.

grande atualidade para nós: se, para Heráclito, nos mesmos rios "descemos e não descemos, somos e não somos", qual será a impetuosidade e a velocidade dessa mutação? De seu espalhar-se (distensão) ou recolher-se (retenção), de seu chegar, ir e vir? Além disso, em que nível se situa esse mecanismo ou, se quisermos, essa "química" da oposição e do conflito?

Dos conflitos às guerras

Podemos afirmar, então, que, se a uma mais tradicional concepção dialética, de tipo hegel-marxiano (que pensa o conflito como um fundamento da realidade), atrela-se ainda uma definição de conflito como objeto de análise (o estudo dos conflitos e das práticas estratégicas dos participantes, como estudo de ações sociais), junta-se então a isso a ideia de que as práticas sociais, também cotidianas, que constituem a mesma trama da ordem ou das formas, não obstante instáveis, de organização social, são tão passíveis de estudo e de observação quanto constituídas por sequências de microconflitos.

Nessa linha, alguns estudiosos,[27] retomando o pensamento de Simmel, insistem especificamente na importância da "não resolução" dos conflitos e das intrínsecas contradições do social e das suas instituições como possibilidade de produção de transformações. E é ainda Simmel a ressaltar, no início do século passado, a importância do conflito como forma de reconhecimento recíproco: da recíproca inserção – tão certa quão frequentemente paradoxal – no mundo das relações e das trocas sociais.

Um sujeito, ou um grupo, um ator coletivo, põe-se em contraste conflitual com um outro, quando, de certo modo, reconhecendo a alteridade, a diferença, reconhece também a própria existência. O problema que se coloca de modo imediato é exatamente aquele que se quer dizer, na verdade, com "reconhecimento do outro" e com grau de eliminação do conflito, do qual esse reconhecimento pode derivar. Quando se usa o conceito de "reconhecimento", fica claro que com isso é possível entender duas coisas: ou "admitir a existência de um outro enquanto tal, pelas suas características", respeitando nele, de qualquer modo, esses traços; ou "de fato, aquele outro é assim e assim", portanto, é o inimigo, o adversário.

Retomemos ainda o exemplo dramático: o caso das guerras que ensanguentaram a ex-Iugoslávia na última década do século passado. Nesse caso, certamente, podemos falar em relação que "identifica" um outro: reconhece-o, por certos traços, e há a identificação, assim, de um possível inimigo; e isso frequentemente acontece de modo recíproco. A constituição de identidade recíproca parece ser um dos elementos pressupostos do conflito. Com frequência, porém, as Ciências Sociais esquecem que tal "reconhecimento" constitutivo, tal construção identitária, advém, em um tempo e em um espaço, segundo certo "ritmo", por assim dizer; e, então, sobretudo, segundo a concatenação de certos elementos no interior de organizações discursivas (a frustração, o começar a definir-se como parte de um grupo, ou de um povo, que recebeu "uma injustiça", e então necessita de uma vingança ou de uma reparação, o atribuir ao outro o papel de responsável pela situação negativa atual; a ativação de sistemas semióticos e de símbolos como a religião, a tradição, a língua, o território, em favor da definição do próprio grupo e contra os outros). Se esses mecanismos valem para os conflitos infra ou interestaduais, eles, para as ciências sociais e antropológicas, parecem reproduzir-se também em escala menor. Segundo essa perspectiva, o conflito é considerado uma forma generalizada, sem resolução, e que absorve todos os conflitos particulares. Tratar-se-ia quase de considerá-lo "como pano de fundo", diz Simmel, das formas da sociabilidade moderna.[28]

Outro sociólogo contemporâneo, como Luhmann, ressalta – desta vez do ponto de vista de uma teoria geral dos sistemas sociais – uma questão tão importante quanto: evitar "o erro difuso de considerar a desestabilização" (e então o conflito) "como disfunção enquanto tal. Os sistemas complexos têm, ao contrário, necessidade de um grau relativamente alto de instabilidade para conseguir reagir continuamente ao ambiente, bem como a si mesmo; esses sistemas devem continuamente reproduzir tal instabilidade".[29] Ainda segundo Luhmann,[30] nas Ciências Sociais, desde a primeira década de 1900 (ele sustenta ainda a causa das então difusas concepções de darwinismo social), ganhou largo campo a ideia de uma generalização do modelo conflitual, do *universality of conflict*.

Hoje se trata de rever essa concepção em bases mais amplas: de análise dos sistemas de conflito, em que, em outras palavras, há aquele contínuo tornar-se fato de disputas, de transformações e de interação, sem dar ao conflito um valor de fundamento *a priori*, mas, na verdade, enquanto modo concreto de produção da realidade social e cultural compartilhada.

A expressão do "outro"

Como se pode notar, cada um desses pontos relativos à definição de conflito é suscetível de posteriores especificações e refere-se a um campo ainda mais amplo. Trata-se de componentes, dos quais proporemos uma lista ainda que provisória.

Antes de mais nada, explicitaremos: os modos de ver e conceber o "outro" (a definição de adversário ou de antagonista); os modos de agir sobre os sentimentos do outro (pensemos, por exemplo, em ações como a provocação, a ameaça etc.); os causadores ou o "princípio de iniciativa" do agir, a preparação dessa ação (o modo de conceber e de dispor as forças); os modos de "calcular", ou melhor, de prever as ações do outro; e, enfim, os modos de reagir a uma ação. Nesse sentido, como já foi ressaltado, o importante sociólogo Goffman[31] é fonte de exemplos e considerações pertinentes.

Goffman, recordamo-lo aqui, orienta o seu interesse pelas definições, como "jogos de expressão" no interior das formas de interação na vida cotidiana. Todavia, utiliza também para o estudo dessas formas de interação social modelos significativamente provenientes de uma atividade conflitual por excelência, a guerra, como, por exemplo: traços dos comportamentos de espiões, agentes de polícia e agentes secretos.[32] Ele ressalta, em particular, a importância, além dos "jogos de face" (noutras palavras, os movimentos e os comportamentos que cada um de nós adota para manter-se em ligação com os outros), mais especificamente dos gestos nos "jogos de expressão".

Trata-se de gestos não intencionais, em geral gestos ingênuos, ou gestos de controle, de mascaramento, como o "fingir" e, ainda, de "contramascaramento". A esse propósito, o mesmo Goffman afirma: "se, de um lado, há uma sucessão, uma íntima coordenação do agir",[33] de outro, como já mencionado anteriormente, é a presença "do fenômeno da territorialidade" que é a causa do conflito. Eis então que parece suceder, para a sociologia das interações sociais, um outro elemento constitutivo de mesma ordem e da vida social diante do conflito: o espaço, o território que pode ser violado, e é por isso que deve ser protegido.

Para Goffman, essa dimensão se apresenta de modo duplo, assimétrico e reversível; e nisso está a diferença com a etologia animal; e com uma visão estreitamente funcionalista. Os territórios não são fixados de uma vez por todas, mas são, poderíamos dizer, "funções" territoriais: são variáveis, negociáveis. Nesse sentido, é importante lembrar que os conflitos são frequentemente ligados também aos sinais, traços e marcações territoriais para serem interpretados. Goffman escreve claramente:

> [...] enquanto pode ser arrogante pretendermos algo para nós mesmos, isso se torna uma cortesia ou um sinal de afeto ou de estima se somos nós a oferecer tal coisa: as nossas vulnerabilidades rituais são também os nossos recursos. Assim, violar o território do *self* significa também corromper a linguagem da cortesia.[34]

O conflito nasce e morre nos lugares a primeira vista mais distantes dele: o "tudo é guerra" parece reaparecer nas aparentemente inócuas situações em que se negocia com base nas regras da aparência e da cortesia. Eis então que, se nos deslocamos do âmbito dos grandes sistemas para os atalhos cruzados e labirínticos da vida cotidiana, encontramos formas de conflito extremamente variadas e complexas, e não apenas relacionadas às questões da boa educação e da cortesia. Quando, com Goffman, se fala de funções territoriais, pode-se também fazer referência à luta para o controle do território da parte dos bandos, ou zonas de espaço de droga etc.

Disputas e formas de mobilizações sociais

De todo modo, são numerosos os estudos que, de diversas maneiras, seguiram as linhas das pesquisas goffmanianas; tais estudos se interessam pelo aprofundamento de práticas conflituais no interior das interações da vida cotidiana. Uma tendência – interessante em particular para o estudo geral dos conflitos – é aquela que começou a trabalhar, tendo como base os microconflitos e microinterações, com quadros mais amplos das formas "cívicas" da "contestação social", colocando então uma relação fundamental com o outro grande campo de estudos, aquele já citado das ações e dos movimentos coletivos.[35] E isso parece importante no interior de uma mais ampla avaliação das diversas formas de construção da expressão social do desacordo, da disputa: para se entender, por exemplo, como formas de protesto civil (envio de cartas aos jornais, além de manifestação de desacordo no interior das interações, ou na construção de práticas "defensivas"; pensamos, por exemplo, nas audiências em tribunais). Alguns desses estudos – que se colocam na linha goffmaniana, mas que utilizam às vezes instrumentos de análise narrativa do tipo semiótico ou conceitos provenientes da pragmática – ressaltam justamente esse ponto.[36] Mac Evoy, por exemplo, ocupa-se de estudar como o interior das práticas e das interações sociais encontra lugar nos processos de "invenção defensiva", que estaria na base daquilo que, relativamente às trocas internacionais e comunicativas, é definido como "imperativo de justificação": produção de estratégias e de argumentos utilizados pelas pessoas nessas práticas de invenção defensiva (mais ou menos estereotipada), enfrentando os riscos, as desilusões, as incertezas etc., sempre à espreita na vida cotidiana.

Tratar-se-ia, então, da produção de "tópicos" bastante apropriados, que serviriam justamente como "etiqueta social", particularmente importante no que se refere à gestão daquela incerteza (da interpretação de contextos, do comportamento dos "outros" e da comunicação) que constitui uma constante pragmática dessa mesma interação.

Mas, o que tem a ver isso tudo com a ideia de conflito? Não pareceria mais uma concepção orientada à pacificação, à redução dos conflitos, à negociação? Antes de tudo, porque em cada conflito existe negociação e acordo, mas sobretudo porque as práticas sociais seriam constituídas – segundo essa tendência de uma renovada sociologia da ação – principalmente por uma espécie de "manutenção da tensão conflitual": o que nem sempre é feito necessariamente por meio de uma gestão das relações de força.

E é essa a novidade de tal abordagem, com relação à teoria do conflito tradicional: essas formas de negociação "conflitual" – propriamente mediante formas de contestação, denúncias, modos de requerer e obter reparação, modos de constituir práticas defensivas e justificações, até as figuras da desobediência civil, da participação e mobilização cívica – ressaltam que abaixo das interações conflituais estão as práticas de construção sistêmica de "sujeitos coletivos", de "redes sociais": apresenta-se então toda uma atividade de produção de estruturas, relações e dependências.

Todavia, isso não quer dizer que se está pensando a sociedade (e nós somos membros dela) como estado de "pacificação forçada", nem, ao contrário, empenhada em uma frenética e constante "mobilização". Mais ainda, segundo tal concepção, significa pensar o social como conjunto de redes em contínua construção e potencialmente prontas a se moverem, a funcionarem, disponíveis a se colocarem em movimento. Em suma, aquela que parecia prevalecer em tal concepção nos parece mais uma ideia não de ordem, mas de "tensão potencial", de manutenção das possibilidades de ação; naturalmente, também do ponto de vista dos sujeitos individuais. Então, é também a ideia de indivíduo e de sujeito individual que se transforma nessa direção: como conteúdo de instâncias múltiplas, prontas pouco a pouco a se ativarem* em diversas situações.

Como ressalta Boltanski,[37] "aquilo de que as pessoas são capazes" – por exemplo, na constituição, manutenção e mobilização dos grupos sociais – diz respeito à construção de "competências compartilhadas". Competências que não dizem respeito apenas a um saber ou a uma só crença, enquanto ato, mas são compartilhadas naquele momento e para aquela determinada ação.

---

* N.T.: Porque são potenciais.

Às vezes, como nos lembra a Sociossemiótica,[38] o compartilhamento se completa também por meio da capacidade de coordenar a dimensão temporal, a capacidade de "sincronizar-se" e de relacionarem-se temporalidades diversas. Da mesma forma, frequentemente tal compartilhamento atua por meio de uma "intersomaticidade": o ajustamento recíproco dos corpos e de suas presenças "expressivas".[39]

Em geral, acrescenta Boltanski,[40] essa atividade de mobilização e de ação coletiva diz respeito a um incessante trabalho da parte de indivíduos e grupos; trabalho que consistiria na "construção de causas": em encontrar "boas causas" para justificar a ação. Naturalmente, não temos aqui apenas "efervescência" social: essa atividade se estabilizaria em seguida também na criação de "*habitus*" – como afirma tanto a Semiótica, também de orientação interpretativa, quanto os estudos sociológicos, com base em Bourdieu –, prontos a serem reativados e reutilizados, no interior de uma comunidade, na interpretação das diversas situações sociais.

Vejamos, então, como esse modo de observar os conflitos nos permite utilizar os mesmos modelos para passar das micro às macrossituações: dos protestos dos comitês de cidadãos às grandes mobilizações sociais, como as greves ou os protestos, às revoltas das periferias urbanas. Até chegar, nos casos mais dramáticos, à tentativa de encontrar um modo de saída e de interrupção dos conflitos armados e violentos. Nesse sentido, pensemos na novidade representada pelas tentativas de construir formas novas de tipo social e jurídico de "reconciliação", no que se refere às saídas* das terríveis situações de conflito ou de regimes opressivos.[41]

A propósito, em vez da ideia de efervescência social, que parece derivar de tais linhas de pesquisa sobre interações sociais, ela parece relacionar-se ao trabalho de âmbito mais filosófico no interior do filão do denominado pós-estruturalismo e do pensamento crítico que dele é derivado. Em síntese, com um filósofo, como Foucault,[42] e com um antropólogo e semiólogo, como De Certeau,[43] emerge, de modo renovado em relação às definições tradicionais, um conceito fundamental: o de "resistência". Os atores, os cidadãos, o próprio social, segundo esse filão de pensamento, produzem práticas (ações, contatos, redes informais por meio das quais se difundem estilos de comportamento) na maioria das vezes silenciosas, não planificadas ou projetadas; daí a criação de formas de reação e resistência aos grandes sistemas de comunicação e distribuição dos significados e dos valores dominantes (mídia, publicidade, distribuição comercial, mas também mercado de entretenimento). São táticas e estratégias que reorganizam e atravessam esses

---

* N.T.: No sentido de debandada.

sistemas. Contrariamente, às vezes, elas obrigam tais sistemas de produção de significado (como a moda ou a publicidade) a "perseguirem" modos de fazer e de vida das pessoas e dos atores sociais no cotidiano.

O conflito, nesse caso, é mais de tipo indireto ou de defesa e, na verdade, de resistência (para dizer como o estrategista Clausewitz): quando deveria eclodir, essa é uma questão que se resolve talvez em comitês – como tem acontecido recentemente – ou em movimentos (pensamos naqueles recentes comitês que realizaram reflexão crítica sobre o consumo ou aquisições etc.). Todavia, trata-se, como vimos, de conflitos particulares, embora às vezes assumam a forma de protesto mais ampla. Outros filósofos e estudiosos, como Deleuze e Guattari[44] ou Baudrillard,[45] talvez, em certos casos, mais que como formas de resistência, teriam falado de produção de "linhas de fuga" (em certos casos, totalmente aleatórias e talvez até privadas de sentido, aparentemente).

As novas formas da violência e da força

Enfim, para concluir, ficou fora da discussão uma última temática, relacionada mais ao tema da guerra, em sentido próprio, embora seja importante para a questão dos conflitos em geral. Deveríamos nos perguntar o que entendemos por "força" (e com "disposição" e uso da força). Força militar? Força física? Força "moral"? Como vimos, a metáfora bélica pode ser muito bem aplicada às interações verbais e sociais na vida cotidiana: eis que então a ideia de força se torna importante. Mesmo que um ponto seja esclarecido, além dos lugares-comuns, em geral, distingue-se a guerra dos conflitos em sentido amplo, precisamente com o uso da força, que se exprime por meio de uma violência armada, embora não sem vínculos; ao contrário, sabe-se que aquilo que caracteriza a guerra e o Estado moderno é justamente, em sentido weberiano, o uso e o monopólio legítimo da força.

Não queremos, por certo, reduzir a dramaticidade dos devastadores efeitos produzidos pelas armas nos corpos e nos territórios (trata-se de armas de destruição em massa ou das atuais armas sofisticadas de alta tecnologia, capazes de fazer um corpo em pedaços e são objetos de precisão milimétrica a grandes distâncias). O problema é outro: uma das definições tradicionais de guerra é aquela de "conflito armado", e ela, em especial hoje, parece, ao menos em parte, enganosa, não porque a guerra não seja geralmente um conflito desse tipo – é certo que o é –, mas porque as armas, enquanto instrumentos, são consideradas, de um ponto de vista semioantropológico, como verdadeiros e propriamente "agentes nomeados" para desenvolver e para dar potência a determinadas ações. Então, pensando justamente no progressivo dilatar-se do conceito de guerra e no diferenciar-se de suas formas, torna-se difícil atribuir-lhes de modo exclusivo essa ideia genérica de "armado".[46]

Certamente, a guerra, em sentido restrito, é produtora, ou melhor, capaz de "formatar" a violência (Joxe), mas talvez seja necessária primeiramente uma definição de arma, para entendê-la também como expressão de um conflito: exatamente, como forma de expressão, em sentido semiótico, de conteúdos sempre mutáveis e variáveis. A estratégia produzida pela violência ou pelas armas que devastam e mutilam os corpos continua ainda inteira; no entanto, sobretudo para a sociedade contemporânea e para os conflitos típicos dessa sociedade, a mesma forma da arma e da guerra mudou coerentemente com as transformações desses mesmos modelos de conflito.

O uso de tipos híbridos e heterogêneos de arma, em especial nas formas da guerra contemporânea, como já se dizia, torna-se o ponto essencial: da comunicação à "gestão" das mídias, por meio de agências de relações públicas e de campanhas de informação (ou de manipulação), às planificações das relações denominadas *briefing* e entrevista coletiva e, ao mesmo tempo, o uso de verdadeiras expedições militares punitivas, acompanhadas de tecnologias eletrônicas ou de seu emprego também para atingir a distância os objetivos com precisão milimétrica.[47]

Antevendo isso, Baudrillard,[48] já nos anos 1970 (em plena Guerra Fria), hipotetizava que a infinita sofisticação das armas, então no interior do complexo sistema da dissuasão nuclear, teria reconduzido a guerra, da forma de violência arcaica, em que sempre esteve, a uma espécie de paralisia, a uma espécie de paradoxo da simulação.

Compreendamos, insistia Baudrillard, não que a guerra não possa mais acontecer, mas cada gesto seu – vimos isso justamente nos últimos anos – é uma ostentação de potência; um modo sobretudo para "mostrar" e "gesticular": ostentar uma potência mais do que realizá-la e finalizá-la. As descrições das terríveis campanhas no Iraque ou no Afeganistão, na Chechênia, ou dos combates no Líbano, ou dos bombardeios na Sérvia e Kosovo, com todos os envolvimentos de civis sem armas, são exemplos dessa ostentação, certamente dolorosa, mas não por acaso com vítimas sempre mais subcontabilizadas,* na verdade, com "danos colaterais".

Para concluir: de um lado, nesse entendimento da guerra como instrumento, nota-se a impotência em atingir os objetivos que nos eram aparentemente

* N.T.: Em um evento, *derubricare* é avaliar o acontecimento de modo menos grave de como ele foi previsto inicialmente.

preestabelecidos (pensamos no caso do Iraque e Afeganistão e, talvez um pouco antes, no Vietnã): quanto mais é empregada a potência tecnológica e logística na guerra, mais tal objetivo parece distanciar-se. Em certos casos parece que estamos diante da guerra sem objetivos, ou nos casos em que pouco a pouco se propõe a casualidade. E a guerra, paulatinamente, é desmistificada, "banalizada", até fazer disso um meio comum de emprego, como se diz então: para intervenção da polícia internacional e, ao mesmo tempo, enfim, uma "prática cotidiana banal".

Todavia, reflexivamente, o que acontece no complexo das relações conflituais da vida social e cultural? Também nesse caso, quanto maior se faz a pressão dos sistemas comunicativos (publicidade, mídia, TV), mais os conflitos de âmbito social parecem espalhar-se, disseminar-se e localizar-se em mil riachos. Talvez – em tempo de guerras que começam como grandiosas e midiatizadas, elas se enlameiam, como as velhas guerras de trincheira, nas suas repetições, de tempos em tempos, contadas durante os telejornais noturnos; mas também nos tempos dos conflitos políticos contados em forma de rixa televisiva – os conflitos sociais não produzam mais grandes explosões, mas continuem passando despercebidos por todas as partes, em pequenos lençóis de água subterrâneos, que de tempos em tempos vêm à tona, explodem novamente, talvez apenas por um minuto, mas com grande barulho.

Notas

[1] Cf., por exemplo, Otomar Bartos; Paul Wehr, *Using conflict theory*, Cambridge, Cambridge University Press, 2002.

[2] "Como uma situação em que cada ator entra em conflito com os outros para atingir objetivos incompatíveis e/ou expressar sua hostilidade" (tradução nossa). Idem, p. 11.

[3] Cf., por exemplo, Paolo Fabbri, *La svolta semiotica*, Roma, Laterza, 1998.

[4] Recomendamos: Algirdas Julien Greimas; Joseph Courtés, *Sémiotique: dictionnaire raisonné de la théorie du langage*, Paris, Hachette, 1979; Algirdas Julien Greimas, *Du sens II*, Paris, Seuil, 1983, sobre essa questão das definições de ação e narratividade. Relativamente à utilização dos instrumentos de análise semiótica para o estudo da guerra e dos conflitos, endereçamos o leitor a: Paulo Fabbri e Federico Montanari, "Per una Semiotica della comunicazione strategica", em *E/C*, revista online dell'Associazione Italiana Studi Semiotici, disponível em: <www. associazionesemiotica.it>, Palermo, 2004, e Federico Montanari, *Linguaggi della guerra*, Roma, Meltemi, 2004.

[5] Algirdas Julien Greimas, op. cit., pp. 205-15.

[6] Cf.: Paolo Fabbri; Eric Landowski (eds.), "Explorations stratégiques", em *Actes Sémiotiques, Bulletin*, Paris, Institut National de la Langue Française, n. 25, 1983; Alain Joxe; Paolo Fabbri; Michel Dobry, "Dissuasion infra-nucleare: principes de dissuasion civique", em *Cahiers d'études stratégiques*, Paris, 6, 1985.

[7] "[...] in taking conflict for granted, and working with an image of participants who try to 'win', a theory of strategy does not deny that there are common as well as conflicting interests among the participants. In fact, the richness of the subjects arises from the fact that, in international affairs, there is mutual dependence as well as opposition [...]. For this reason, 'winning' in a conflict does not have a strictly competitive meaning; it is not winning relative to one's adversary. It means gaining relative to one's own value system." Thomas Schelling, *The Strategy of Conflict*, Cambridge (Mass.), Harvard University Press, 1963, p. 5.

8 Jacques Fontanille, *Les espaces subjectifs: introduction à la sémiotique de l'observateur*, Paris, Hachette, 1989; Jacques Fontanille, *Sémiotique du discours*, Limoges, Pulim, 1999.

9 Para útil aprofundamento de tal questão, cf. Juan Alonso Aldama, *Il discorso del terrorismo*, Roma, Meltemi, 2006, pp. 158-64. Nesse trabalho sobre o problema do "discurso terrorista" e, em particular, sobre acordos, em seguida frustrados, entre ETA e o governo espanhol, Alonso sublinha a importância das diversas funções do "terceiro", a partir dos estudos, entre os outros, de Freund (desenvolvidos também por uma leitura de Schmitt) a Simmel, a Goffman (Erving Goffman, *Frame Analysis: an Essay on the Organization of Experience*, Boston, Northeastern University, 1986) com o seu modelo de "molduras de participação" das interações conflituais, através dos quais, em geral, articulam-se os diversos tipos de destinatário-terceiro. Em uma situação de conflito, um sujeito pode dirigir-se ao próprio adversário, mas também para fazer-se "entender" aos outros, que observam um certo tipo de intenções ou de mensagem; ou, outros destinatários podem participar (por exemplo, como "intrusos" ou espiões ou que vêm de fora, os "agentes duplos") a essa dada atividade de conflito (sobre esse ponto, cf. além de Goffman, op. cit., também Fabbri, op. cit.; Eric Landowski, "Introduction", em Eric Bertin (ed.), "Penser la stratégie dans le champ de la communication. Une approche sémiotique", *Nouveaux Actes Sémiotiques*, Limoges, 2007, em que se encontra também uma discussão atual da definição de estratégia em Semiótica). Sobre o papel do observador na Semiótica, cf. Jacques Fontanille, 1989, op. cit.

10 Axel Honneth, *The Struggle for Recognition: the Moral Grammar of Social Conflicts*, Cambridge, Polity Press, 1995.

11 Partindo do âmbito específico dos estudos concernentes à guerra, o conceito de estratégia foi pouco a pouco ampliado, assumindo a característica de modelo teórico geral. A dimensão estratégica saiu efetivamente da esfera da guerra e alcançou todos os domínios (pensamos nos usos atuais do conceito como estratégias de marketing ou empresarial etc.; cf. sobre isso, por exemplo, Hervé Coutau-Bégarie, *Traité de stratégie*, Paris, Economica, 1999. Cf. também afirmações dos teóricos e dos estudiosos que elaboraram as doutrinas da Guerra Fria (ver, por exemplo, na França, Lucien Poirier, *Le chantier stratégique*, Paris, Hachette, 1997, ou, nos Estados Unidos, o já citado Thomas Schelling).

12 Naturalmente, para a Semiótica todas as armas (também aquelas "materiais") são "semióticas", quer dizer, dotadas de sentido e de programas de ação (cf. Bruno Latour; P. Lemonnier (eds.), *De la préhistoire aux missiles balistiques*, Paris, La Découverte, 1994). Aqui, queremos sublinhar o fato de que tal transformação estratégica e de pensamento exaltou o uso da dimensão *virtual* e *potencial* dos conflitos. A propósito disso, queremos lembrar a afirmação de Hannah Arendt, retomando Aron: "The [...] fact seems to indicate a radical change in the very nature of war through the introduction of the deterrent as the guiding principle in the armament race" ("O fato parece indicar uma mudança radical na natureza da guerra através da introdução da dissuasão como princípio orientador da disputa armamentista"; tradução nossa. Hannah Arendt, *On Revolution*, New York, Penguin, 1965, p. 6). Além do já citado Schelling, cf., para tais definições, Poirier, op. cit.; Alain Joxe, "Stratégie de la dissuasion nucléaire", em Paolo Fabbri; Eric Landowski, op. cit.

13 Por exemplo, George Marcus; Michael Fischer, *Anthropology as Cultural Critique*, Chicago, The University of Chicago Press, 1986.

14 Pensamos no caso atual da crise econômica financeira global, vista também como conflito entre modos de pensar no capital e a riqueza: sobre esse assunto, para um olhar crítico e para uma ampla avaliação do problema e das disputas a propósito do "capitalismo financeiro", cf. Luciano Gallino, *Finanzcapitalismo*, Torino, Einaudi, 2011.

15 Ver, por exemplo, Bruno Latour; P. Lemonnier, op. cit.

16 Dick Hebdige, *Subculture*, London, Routledge, 1979 (trad. it., *Sottocultura*, Genova, Costa & Nolan, 1991).

17 Raiford Guins; Omayra Cruz (eds.), *Popular Culture. A reader*, London, Sage, 2005.

18 Mary Douglas, *Rischio e colpa*, Bologna, Il Mulino, 1996, p. 45.

19 No que diz respeito à formação dos estereótipos, das mitologias e das formas identitárias no interior dos conflitos étnico-nacionalistas, com bases no exemplo da ex-Iugoslávia, ver Antonio Marzo Magno, *La guerra dei dieci anni. Jugoslavia 1991-2001*, Milano, Il Saggiatore, 2001; para uma ampla e aprofundada análise do tipo sociossemiótico: Matteo Albertini, *Fratellanza e unità. Politica, nazionalismo e guerra in Jugoslavia: uno sguardo semiotico*, tesi di laurea specialistica, corso di Discipline Semiotiche, Facoltà di Lettere e Filosofia, Università di Bologna, 2007. De caráter mais geral, no que diz respeito às denominadas novas guerras, cf. Mary Kaldor, *New and Old Wars. Organised Violence in a Global Era*, New York, Polity Press, 1999 (2007).

20 Jon Elster, *The Cement of Society. A Study of Social Order*, Cambridge, Cambridge University Press, 1989.

21 O *free raider*, na literatura do estudo das ações coletivas, é o "batedor livre", aquele que corre sozinho, procurando obter o máximo de vantagem pessoal, sem avaliar as consequências da própria ação sobre o grupo.

[22] Friedrich Nietzsche, *La filosofia nell'epoca tragica dei Greci*, Milano, Adelphi, 1972-7, p. 61.

[23] Gilles Deleuze; Felix Guattari, *Che cos'è la filosofia?*, Einaudi, Torino, 1996, p. 28.

[24] Idem, p. 43. Certamente, esses movimentos, acrescentam Deleuze e Guattari, esse duplicar-se dos traços, dos componentes do pensamento, uns sobre os outros, assumirão características e andamentos diversos em diferentes momentos históricos, do pensamento clássico até o Século das Luzes, determinando o nascimento de novos conceitos, por exemplo, de uma ideia de verdade, de "busca da verdade"; até o seu reduplicar-se na direção de "seguir os traços" do crer (então, do estudo, dos hábitos, dos "costumes", das probabilidades e crenças).

[25] François Jullien, *Eloge de la fadeur*, Paris, Picquier, 1991.

[26] Ver também Hervé Coutau-Bégarie, op. cit., pp. 98-9.

[27] Cf., por exemplo, Alessandro Dal Lago, *Il conflitto della modernità. Il pensiero di Georg Simmel*, Bologna, Il Mulino, 1994.

[28] Idem, p. 261.

[29] Niklas Luhmann, *Sistemi sociali*, Bologna, Il Mulino, 1990, p. 571.

[30] Idem, p. 595.

[31] Erving Goffman, *Strategic Interaction*, Philadelphia, University of Pennsylvania Press, 1969; Erving Goffman, *L'ordine dell'interazione*, Roma, Armando, 1988.

[32] Erving Goffman, 1969, op. cit., primeiro capítulo.

[33] Erving Goffman, 1998, op. cit., p. 47.

[34] Idem, p. 49.

[35] Cf, por exemplo, Michel Dobry, *Sociologie des crises politiques*, Paris, Presses de la Fondation Nationale des Sciences Politiques, 1986; Raymond Boudon et al., *Cognition et sciences sociales. La dimension cognitive dans l'analyse sociologique*, Paris, PUF, 1999; Jon Elster, op. cit.

[36] Cf, por exemplo, Luc Boltanski, *L'amour et la justice comme compétences*, Paris, Métailié, 1990; Sébastien Mac Evoy, *L'invention défensive*, Paris, Métailié, 1995,

[37] Luc Boltanski, op. cit., pp. 64-5.

[38] Eric Landowski, *La società riflessa*, Roma, Meltemi, 1999, pp. 291-2.

[39] Idem, p. 282. A esse propósito, Landowski refere-se a situações geralmente não conflituais (pelo menos, fundamentalmente!), como a situação de encontro entre amigos. Todavia, Landowski, geralmente, fala de dois regimes de sentido (Eric Landowski, "De la stratégie entre programmation et ajustement", avant-propos a Eric Bertin, "Penser la stratégie dans le champ de la communication", em *Nouveaux Actes Semiotiques*, XV, 89, 2007), potencialmente vigentes no interior das interações sociais: aquele de irrupção da "presença de sentido" – enquanto enunciação instantânea que apontaria apenas certos momentos da interação –, e um regime ordinário – de sentido comum, compartilhado – de característica durativa. De todo modo, seria interessante avaliar as dinâmicas que conduzem em um encontro – entre amigos, amantes ou noivos – acordos e entendimentos ao estágio de litígio: os mal-entendidos, os desentendimentos e os "você não entendeu o que eu queria dizer".

[40] Luc Boltanski, op. cit., p. 53.

[41] É o caso das formas de justiça restauradoras concebidas pelos tribunais para a reconciliação no sul da África ou no pós-guerra em Ruanda; essas formas nascidas com a intenção de dividir propriamente os circuitos ou as espirais do ódio e da vingança, como uma forma de justiça e ao mesmo tempo de memória, não de esquecimento e suspensão desse propósito. Ver, por exemplo, Carlo Martini e Giorgio Zagrebelsky, *La domanda di giustizia*, Torino, Einaudi, 2003; para uma avaliação semiótica desse mesmo tema, cf. Cristina Demaria, *Semiotica e memoria*, Roma, Carocci, 2006.

[42] Michel Foucault, *Difendere la società*, Firenze, Ponte alle Grazie, 1990.

[43] Michel de Certeau, *L'invention du quotidien*, Paris, Gallimard, 1980.

[44] Gilles Deleuze; Felix Guattari, *Mille plateaux: capitalisme et schizophrénie*, Paris, Minuit, 1980.

[45] Jean Baudrillard, *Simulacri e impostura*, Bologna, Cappelli, 1980.

[46] Para uma importante análise e discussão da relação entre evolução cultural e social dos sistemas tecnológicos das armas, gestão do "circuito da violência", estratégia de guerra, cf. Alain Joxe, op. cit.

[47] Para uma análise dessas formas mais recentes de guerra, cf. Alain Joxe, *L'empire du chaos*, Paris, La Découverte, 2002; Mary Kaldor, op. cit.; Fabio Mini, *La guerra dopo la guerra*, Torino, Einaudi, 2003.

[48] Jean Baudrillard, op. cit.

A rendição ou da difícil arte de encerrar um conflito

Juan Alonso Aldama
Trad. Oriana N. Fulaneti

Por uma retórica da estratégia

Este capítulo[1] retoma um estudo sobre as figuras da estratégia que começou há muito tempo com uma análise da questão do ultimato e se delineava como um projeto de pesquisa a ser desenvolvido.[2] A ideia era constituir um *corpus* formado por uma descrição e uma tipologia do que poderíamos chamar de "motivos estratégicos", isto é, figuras estratégicas localizadas entre as práticas e os modelos estratégicos. Diferentemente dos motivos em etnoliteratura, essas figuras estratégicas (manobras, agitação, ultimato, barreiras, fintas...) não seriam exclusivamente figurativas, mas poderiam se manifestar na forma de configurações modais e aspectuais, como no caso do ultimato, ou de figuras como "se meter até o pescoço" ou "bater em retirada". A descrição desse tipo de figuras permite compreender melhor a relação entre o "improviso" estratégico e os modelos teóricos e encontrar a transição de uma *práxis* discursiva para sua estabilização e padronização. Tais figuras seriam sintagmas abstratos (um pouco como o esquema narrativo) e virtuais, atualizando-se de forma diferente de acordo com a *práxis*.

Por outro lado, mesmo que a estratégia seja atualmente um campo de reflexão cada vez mais voltado para os estudos de mercado e de comunicação, eu gostaria de centrar o estudo em seu campo original, a guerra e o conflito – campo "de guerra", social ou político. Ao colocar a questão da estratégia no centro do conflito, a ideia é delimitar, a partir deste inventário de figuras, um campo de estudos, ou seja, uma retórica da estratégia, o que envolve também o problema da identificação dessas figuras, de sua classificação no interior do sistema e da arquitetura geral da teoria sobre ações e práticas polêmicas. Tal estudo deveria nos possibilitar decidir se essas figuras representam um nível intermediário entre tática e estratégia, isto é, entre a programação puramente operacional e pragmática das ações que não levam em conta os acasos da ação e da interação e a estratégia no sentido estrito, em que a programação das operações não é totalmente predefinida, devendo ser abstrata o suficiente para poder integrar uma dimensão cognitiva que deixa espaço para a incerteza e o imprevisível próprios da interação. Poderíamos nos perguntar se essas figuras ou configurações – pois muitas vezes trata-se de "aglomerados" de ações, de interpretações e de paixões – não constituiriam uma espécie de "jurisprudência" da estratégia, a meio caminho entre o caso concreto e a teoria – a lei estratégica. Elas seriam uma espécie de "norma" que estariam entre a "língua" e a "fala" estratégicas, sem ter um caráter necessariamente prescritivo como é o caso da norma linguística.

Render-se

Um dos problemas clássicos da estratégia é decidir o fim de uma guerra e suas modalidades.[3] Pensemos no caso dos japoneses perdidos na selva que continuaram a Segunda Guerra muito tempo depois da assinatura da capitulação do Japão. Pensemos também nos atentados ditos de "baixa gravidade" – de ações de "guerrilha urbana" – que ocorreram no País Basco espanhol após o ETA* ter proclamado uma trégua, há alguns anos. Como deveríamos interpretar esses atos de violência? Tratava-se de atos que rompiam a trégua ou não? As últimas ações do Exército israelense contra o Hezbolah em 2006, após a resolução da ONU que exigia a suspensão dos combates no Líbano, consistiam numa violação desses acordos, ou, como argumentou o governo de Israel, tratava-se de ações que nada tinham a ver com a guerra concreta? Convenhamos, portanto, que encerrar uma guerra, decretar o fim de um conflito, não consiste apenas em um ato pragmático, mas também e sobretudo em um ato interpretativo e performativo. Assim como para que uma guerra seja considerada como tal ela precisa de um "reconhecimento" cultural, de um ato semiótico que defina seu estatuto – (trata-se de um ato terrorista, de uma guerrilha, de uma simples escaramuça ou de confrontos pontuais), pois além de um confronto armado é necessário uma "declaração de guerra" –, para que se possa dizer que se está em guerra, o fim de um conflito ou de uma guerra é também a convergência de um componente pragmático (as ações armadas) com um outro componente semiótico e "interpretativo" (os armistícios, as rendições, as assinaturas de acordos de paz...).

* N.T.: Sigla para Euskadi Ta Askatasuna (País Basco e Liberdade), grupo terrorista separatista basco.

A guerra não termina quando conseguimos derrotar o adversário, pois não basta apenas vencer um inimigo, é preciso também convencê-lo de que ele perdeu e fazê-lo admitir e aceitar sua derrota. O fim de um conflito é, antes de mais nada, um ato semiótico no qual entram em jogo todas as dimensões do discurso: a dimensão pragmática das ações (avanços, ataques, recuos, fintas, manobras...), a dimensão cognitiva das interpretações que os combatentes fazem do significado das ações do outro (mentiras, armadilhas, cálculos...), e, por fim, a dimensão passional, cujos percursos e figuras (coragem, traição, medo, humilhação, orgulho...) são, como procurarei mostrar neste capítulo, uma parte essencial, às vezes decisiva, dos conflitos.

Entre as figuras que desempenham um papel fundamental nesta fase final do esquema narrativo geral do conflito, escolhi a da rendição porque ela representa um momento decisivo no conflito e um pivô crucial da narrativa polêmica. A figura da rendição é sem dúvida uma das principais saídas para se encerrar um conflito, seja ele político ou armado, como mostra, por exemplo, o caso da retirada pelo governo francês do artigo de lei sobre o Contrato de Primeiro Emprego (CPE), em consequência da pressão e oposição de movimentos estudantis, em 2006. Obviamente esse recuo do governo diante da ferrenha oposição que o referido artigo suscitou não foi apresentado como rendição, mas tinha todos os traços semióticos, particularmente passionais, de uma autêntica rendição.

Na disputa política, quando o enfrentamento atinge um alto nível de rivalidade e coloca os adversários em uma situação "irreversível" do ponto de vista modal e marcada pela descontinuidade do ponto de vista aspectual, a rendição de um dos oponentes parece ser um dos resultados mais prováveis do conflito. Outro exemplo da atualidade é o do fim do grupo terrorista separatista basco ETA, que tem toda a aparência de uma rendição. Saber se esta rendição será com ou sem condições (o que contribui de maneira essencial para definir o perfil patêmico que o encerramento do conflito terá) é a verdadeira questão da atual situação e não tanto a natureza da rendição do fim do ETA. A renúncia do ETA "à luta armada" supõe sem dúvida uma forma de derrota e a resolução definitiva do conflito com o governo espanhol também tem, sem dúvida, o ar de uma rendição, embora desde o anúncio... Esse fim que se estendia – há vários anos ele se anunciava por diferentes signos – mostra claramente que é na interação discursiva que o fim de um conflito se realiza e que são as estratégias semiótico-políticas que darão o verdadeiro significado ao fim de um conflito. Assim, essas estratégias semióticas podem mudar completamente o sentido do resultado material e pragmático de um conflito, fazendo, por exemplo, de uma derrota uma vitória ou, ao contrário, tornando desastrosa uma vitória, como no caso das vitórias em Pyrrhus, cujos custos passionais, pragmáticos ou cognitivos chegam às vezes a modificar sua natureza, transformando-as em autênticas derrotas.[4]

Esses dois casos evidenciam que para que um conflito acabe e para que possamos atribuir-lhe um sentido preciso não basta haver um perdedor e um vencedor, mas é necessário um contrato intersubjetivo, uma interação semiodiscursiva das modalidades epistêmicas, pragmáticas e patêmicas do fim do conflito. Desse modo, o conflito revela não ser um ato único e definitivo, mas um processo contínuo que envolve todos os níveis do discurso, podendo sofrer transformações e mudanças em sua significação. O fim, então, longe de ser apenas um momento, uma passagem descontínua e aspectualmente pontual, de se manifestar como um limite, estende-se sempre em uma estrutura semiótica narrativa e discursiva que desconstrói a ideia de um encerramento abrupto que envolveria apenas a dimensão pragmática, ou seja, a ação.

Observa-se claramente que o fim do conflito mobiliza uma dimensão patêmica e estética – uma grande parte das ações tem sempre um aspecto meramente gestual e expressivo (belos gestos) que às vezes depende mais de uma "forma de vida" do que da arte da guerra. Assim, estamos diante de um problema de natureza semiótica particular: o momento do conflito em que a estratégia se torna uma forma de vida. Há um ponto no decorrer do conflito em que a atitude tática e estratégica – o *fazer* – afeta a forma de vida do sujeito – o *ser* – ultrapassando, transbordando o quadro exclusivamente pragmático ou cognitivo do confronto. É claro que a estetização do agir nas últimas fases de um conflito não significa necessariamente o completo abandono de todas as perspectivas pragmáticas, pois às vezes o "belo gesto" pode desempenhar um papel eficaz na construção de uma estratégia de finalização do conflito. Minha hipótese, que procurarei demonstrar neste capítulo, é que esta mutação ocorre por uma inversão de valores em jogo, uma mudança nas "prioridades" narrativas do sujeito – com a substituição de um programa narrativo por outro...

Como disse anteriormente, além dos diferentes eventos da atualidade política aos quais me referi, duas imagens associadas a duas guerras diferentes no tempo e no espaço estão na origem desta reflexão sobre o estatuto da figura estratégica da rendição. A primeira é um gráfico que mostra a progressão do Grande Exército de Napoleão na campanha da Rússia e a perda de homens sofrida pelo Exército francês durante essa guerra; a segunda imagem é um quadro de Velázquez, *A rendição de Breda*, que representa o desfecho da batalha ocorrida na cidade de Breda durante a guerra entre Espanha e Holanda no final do século XVI. Mas antes de entrar nas questões específicas que essas imagens levantam, seria necessário avançar o quadro de explicação narrativa e discursiva no qual a rendição se inscreve. A rendição em sentido estrito surge como a fase central de um sintagma mais amplo que recebe seu nome e que podemos reconstruir a montante e a jusante. Na verdade, a rendição – longo percurso narrativo – seria constituída por três fases que, em grande medida, perpassam as três dimensões do discurso: a retirada – pertencente principalmente à dimensão pragmática –, a rendição *stricto sensu* – que é uma interação mais de ordem cognitiva, pois se trata principalmente de um conjunto de operações enunciativas e cognitivo-interpretativas –, e, finalmente, o consolo – cujo teor é nitidamente estético-passional. Claro que cada uma das fases não é apenas cognitiva, passional ou pragmática, mas ocorre o predomínio de uma ou outra dimensão. É evidente que na fase da retirada, por exemplo, há um componente patêmico determinante para o rumo que a ação tomará e, aliás, vamos explorar esta dimensão passional que muitas vezes determina a decisão de continuar num conflito ou abandoná-lo.

Os paradoxos "lacíneos" da lealdade

O paradoxo da campanha de Napoleão na Rússia é que, em princípio e de acordo com as normas de guerra da época, a tomada de Moscou teria sido suficiente para que o Exército francês fosse considerado vencedor da guerra. Mas, ao contrário do que Napoleão esperava, ele entrou em uma cidade deserta, esvaziada por seu governante, Rostopchine. Baseado nas regras tradicionais da guerra, quando se toma uma capital (mesmo que a capital naquela época fosse São Petersburgo), ele acreditava que o czar Alexandre I se entregaria, mas longe disso, o comandante russo não se rendeu.[5]

Sabemos que Napoleão insiste em ficar em Moscou e tentar selar a paz com o czar, o que o fará perder semanas preciosas que lhe custarão muito caro após a retirada. É interessante constatar que o enviado de Napoleão para negociar com os russos, Lauriston, perdendo a paciência durante as negociações com Koutousov, vai direto ao propósito essencial de sua missão. "O Marechal, diz ele, não acha que já está na hora tanto para os Russos quanto para os Franceses que, ambos, desde o começo da batalha, mostraram coragem exemplar e sofreram pesadas perdas, de encerrar a guerra?" "Encerrar a guerra? Espanta-se Koutousov. Mas a guerra ainda nem começou."[6]

É aqui que toda a questão estratégica e semiótica abrangendo a primeira fase do sintagma da rendição que formulei anteriormente entra em jogo. Essa fase que é pragmática – retirar-se – depende muito frequentemente de um cálculo estratégico-"passional": até onde podemos manter e continuar a persistir em uma empreitada que corre o risco de fracassar, e a partir de quando não abandonar torna-se crítico, ou seja, contraprodutivo? O que faz a gente às vezes insistir em uma ação além do que a prudência e a lógica aconselhariam e acabarmos encontrando outras razões para perseverar diferentes daquelas que haviam motivado o desencadeamento da ação? Em outras palavras, quando um programa de base (alcançar um determinado objetivo inicialmente previsto) torna-se um programa de uso de outra coisa, de outro programa, às vezes de natureza completamente diferente, que nos faz esquecer por completo o objeto de valor em jogo no início? Como essa transformação se realiza e quais são as consequências dela para o sujeito?

A decisão do momento oportuno para se render ou para começar uma retirada representa, então, um dos atos essenciais em um conflito.[7] Além disso, a adequação do tempo da ação ao tempo do processo é um dos pontos fundamentais de toda estratégia intersubjetiva, como no caso das corridas de bicicleta em que um adversário deve alcançar o outro, em que todo o segredo consiste em vigiar o adversário e não partir nem muito cedo, correndo o risco de cansar muito rápido no final e perder de vista o comportamento tático alheio, nem muito tarde, sob o risco de não poder mais alcançá-lo. Mas a diferença entre esse momento de suspensão em equilíbrio precário na corrida, em que o tempo parece magicamente congelado e a estagnação na guerra deve-se justamente ao fator temporal, pois o tempo não para o seu persistente trabalho de desgaste na guerra como descobrirá às suas custas, de forma trágica, o Exército francês. É uma imagem, mais precisamente um gráfico representando as perdas do Grande Exército de Napoleão na campanha da Rússia tanto em seu avanço em direção a Moscou quanto em sua retirada, que levanta de modo dramático o problema geral da natureza semiótica do conflito e a problemática mais concreta do fim do mesmo e do andamento estratégica e passionalmente justo – no sentido de "ajustado" – da ação. Não se trata de uma imagem que deve ser analisada profundamente, mas de um "motivo" de partida que nos coloca de modo pungente diante da questão do *Kairos* estratégico e, além disso, diante de uma questão decorrente da desistência e do abandono do programa narrativo inicial: em que momento a desistência não representa mais uma traição, mas uma sabedoria, ou, o que daria no mesmo, até onde podemos seguir uma empreitada e seu chefe por lealdade? Porque, como ressalta Alberto Hirschman,[8] a lealdade necessária para a sobrevivência de qualquer negócio pode paradoxalmente ser também responsável por seu fracasso, já que não há mais critério de avaliação e de

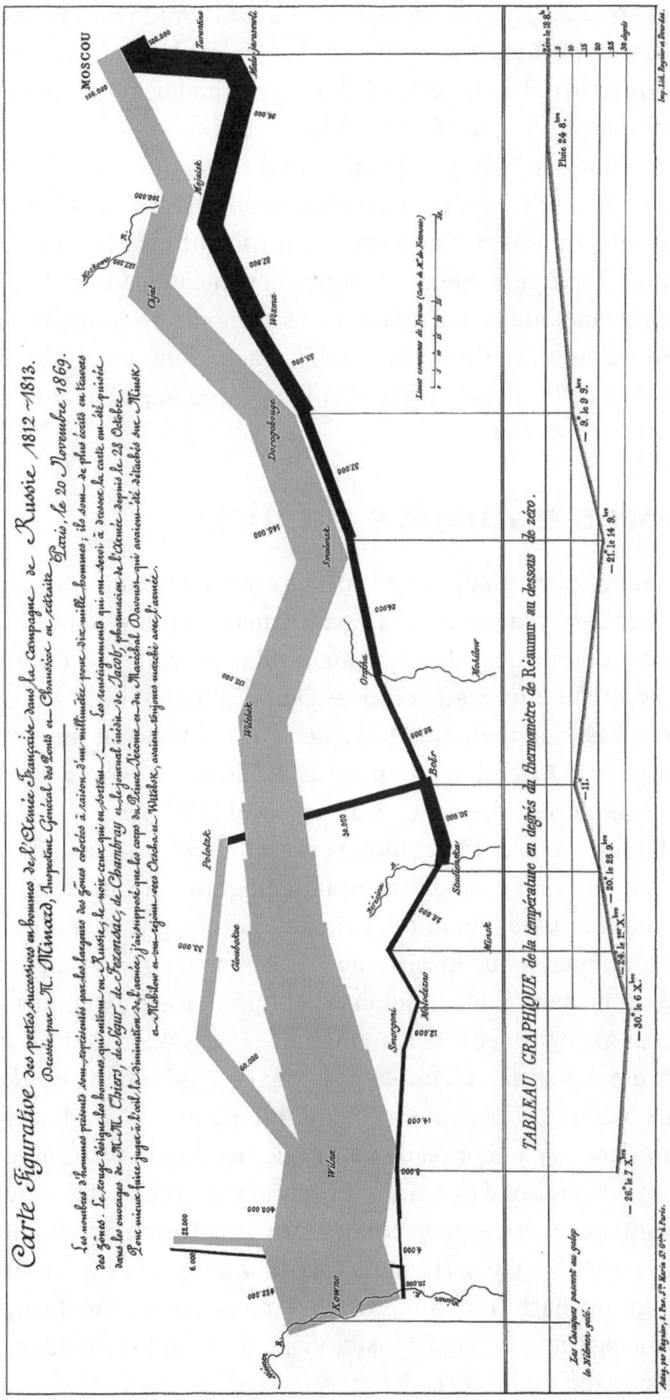

Perdas do Grande Exército de Napoleão na campanha da Rússia. (Litografia de Charles Minard, 1869.)

crítica – o que permitiria mudar o que está errado no processo – na fidelidade cega. Esse conflito, que surge como um verdadeiro "tumulto modal",[9] como uma verdadeira batalha entre inclinações modais – um *dever fazer* contrariado por um *não poder não fazer*, ao qual se soma um querer fazer etc., acaba se tornando um combate passional, moral e estético no sujeito envolvido que se encontra, assim, face a uma escolha impossível, a uma "alternativa infernal"[10] entre duas formas de vida opostas, conflito que ele certamente não poderá resolver e que consequentemente ficará sem solução, causando um estado passional em grande medida sem saída: entre a lealdade ao homem ou a uma causa que leva ao fracasso, por um lado; entre o abandono e a deserção, que significam uma forma de "traição", a escolha lhe parece impossível de ser feita.

Valores e formas de vida

Assim, para o sujeito envolvido neste momento crucial do processo, o ponto central do abandono de uma causa que corre o risco de naufragar é a queda do objeto de valor e, mais ainda, da valência do objeto.[11] O conflito entre deserção e lealdade coloca o sujeito diante do sério problema de metapreferências e de metamodalização. Para ele não se trata mais simplesmente de um *querer fazer* qualquer coisa ou de um *querer ter* um certo objeto de valor, mas de escolher entre diversos objetos de valor e diferentes valores modais que lhe são oferecidos nesse momento de instabilidade e indecisão. Pois o sujeito não é modalizado unicamente por um simples querer ou dever fazer, mas por uma metamodalização, ou seja, por um *querer querer* ou querer dever continuar, o que implica necessariamente uma comparação de valores de objetos e, portanto, de valência do valor em jogo. Além disso, ele se encontra em um ponto de transformação modal – a passagem, por exemplo, de um *dever fazer* a um dever não fazer – e passional – a fidelidade e a decisão podendo se tornar obstinação e cegueira. Nesse momento, então, haverá uma inversão e uma mudança dos objetos de valor que resultarão na transformação passional e modal do sujeito, e que transformarão a escolha estratégica entre um objeto de valor e outro em uma escolha entre uma forma de vida e a renúncia a uma outra. O desafio não seria mais escolher entre um objeto ou outro (um fazer, um programa narrativo, um projeto, uma causa, a tomada de uma cidade), mas definir a essência do sujeito, sua visão de mundo (fundada, por exemplo, em sua fidelidade ou honra).

Da reversão dos objetos de valor decorre logicamente a inversão entre meios e fins: o programa de base torna-se um programa de uso de um programa de base diferente do primeiro – resistir não tem mais o objetivo de garantir ou conquistar um objeto qualquer, mas o de preservar outra coisa: a autoestima, a face, a honra. O sujeito do fazer passa a um segundo plano cedendo seu lugar central no programa a um sujeito de estado: o agir, grandioso e preponderante até então, abandona um pouco o espírito do sujeito tomado a partir deste momento por vicissitudes de seus estados de alma, o que fará dele um sujeito passional. A sequência e o encadeamento dos programas no processo narrativo com variações nos objetos de valor serão, em grande medida, a origem das transformações e dos processos passionais. Além disso, o enfraquecimento, para o sujeito, do valor do objeto do programa de base original (por exemplo, a conquista de certo objetivo estratégico), ainda que o objeto de valor não seja substituído por outro, provoca um questionamento desse valor: "valia a pena?"[12]. Essa crise fiduciária cria uma zona de sombra e de dúvida (uma incerteza) em torno do valor que acaba impregnando o sujeito e produz uma instabilidade actancial que estará na origem de um novo processo passional, podendo ser o da desilusão ou do ressentimento. Esse estado passional atingirá a dimensão estética do sujeito, sua forma de vida. Nesse momento não se trata mais somente do *fazer*, mas sobretudo do *ser do fazer*, da *forma de fazer*, da figura, atitude, coragem, comportamento do sujeito.

A questão que se coloca para o sujeito é: podemos perder tudo para atingir um objetivo em uma ação cujo desfecho é duvidoso e conservar nossa "face" ou é melhor abandonar um objetivo para conservar uma parte de nossa competência, mesmo arriscando sair um pouco menos orgulhoso do que se esperava? Por uma questão de honra, pode-se arriscar a perda de um exército inteiro, por exemplo? Isso quer dizer que no cálculo estratégico é preciso levar em consideração também a variável passional (reputação, amor próprio...) que, por sua vez, torna-se um dado estratégico maior para o resultado e para o pós-conflito, como vemos na figura da "rendição sem condições". Durante a Guerra Fria, uma pergunta assombrou os historiadores da Segunda Guerra Mundial: a exigência das potências aliadas de uma rendição sem condições – portanto, sem saída honrável – prolongou a guerra contra a Alemanha nazista? Essa negligência, deliberada ou não, da dimensão estratégica das paixões, teria favorecido o acesso do Exército soviético ao coração da Europa.[13]

Conclusão consoladora

A rendição de Breda, Diego Velázquez, óleo sobre tela, 1635.

Além da necessidade de uma estrutura intersubjetiva – portanto, negociada – na rendição (com a figura do terceiro sujeito, a testemunha, que faz com que a rendição saia do quadro biactorial para se constituir como uma forma social, assegurando-lhe uma permanência no tempo), esse quadro de Velázquez – *A rendição de Breda* – destaca, pela própria disposição espacial no interior da tela, a última fase da rendição, o consolo, que também seria a última fase do esquema passional canônico da rendição. O centro da cena do quadro é ocupado pela figura do general holandês entregando as chaves da cidade de Breda a Ambrosio de Spinola, o comandante das tropas espanholas que, por sua vez, faz um "belo gesto" colocando sua mão no ombro do chefe do Exército de Flandres. Esse gesto de deferência e magnanimidade visa justamente não humilhar demais o inimigo, não apenas por razões éticas ou estéticas, como um comportamento entre "*gentlemans*",[14] mas também por razões puramente práticas, na medida em que é preciso certificar-se de que a perda da guerra não se acompanha de um lote suplementar de assédios que acrescentariam à derrota a vergonha, com as trágicas consequências que isso pode acarretar.[15]

Ao contrário, a conduta "inteligente" nessas circunstâncias seria, como diz Goffman, "acalmar o trouxa".[16] O que acontece assim que aquele que sofre uma perda deve se adaptar a essa nova situação que não estava prevista de modo algum em seu programa inicial? O "trouxa", diz Goffman, é na linguagem do mundo do crime a vítima de uma exploração criminosa, quer dizer, o "otário", aquele que, se achando mais esperto do que os outros, acaba sendo enganado. Para evitar que o "trouxa" fique tentado a reagir ao que lhe acontece – que ele vá dar queixa à polícia ou decida perseguir os trapaceiros – coloca-se muitas vezes em prática um programa, que chamamos de "acalmar o trouxa", quer dizer consolar o trouxa a fim de ensiná-lo a endossar sua derrota filosoficamente. A grande dificuldade deve-se ao fato de a pacificação, como diz Goffman, ser um processo de ajuste a uma situação impossível – uma situação associada a uma definição que o sujeito derrotado construiu de si (como alguém capaz de realizar uma ação) e que se vê desmentida pelos fatos. O problema é claro: não se trata apenas de assegurar que o sujeito aceite a perda de certo objeto de valor em jogo em suas ações (o dinheiro apostado no exemplo proposto por Goffman ou um objetivo militar ou político), mas que ele aceite que não é aquele que pensava que pudesse ser, isto é, um vencedor. Sabemos que do confronto e do conflito entre um simulacro e um estado de coisas pode surgir um estado passional (neste caso a frustração ou a cólera, por exemplo, que poderão levar a um programa de ação – a vingança[17] – o que o consolo deve absolutamente evitar). As estratégias de adaptação são múltiplas. Talvez uma das mais extraordinárias seja a de Napoleão para explicar, para se explicar, a perda de Waterloo: simplesmente a negação. É assim que Napoleão exclama: "só quando tudo deu certo que faltou tudo", porque para ele estava claro que "os fatos contradisseram todos os cálculos, mas o plano escolhido estava tão condizente com as regras militares que, apesar de seu insucesso, qualquer homem de bom senso concordará que, numa situação parecida, é isso o que deve ser feito".[18] Como afirma Goffman, o fracasso nos surpreende às vezes no momento em que agimos convencidos de que estamos perfeitamente à altura de nossa função.[19]

O que fica evidente depois da análise desta última fase do percurso – sobretudo passional – da figura estratégica da rendição é que, longe de ser um simples ato, ritualizado, normalizado, cujo significado é previsto, a rendição é uma prática que faz totalmente parte da estratégia da guerra, o que lhe concede um grau de instabilidade, de incerteza e de precariedade, em que os atores envolvidos devem mostrar o tempo todo uma grande "sensibilidade" ao outro e saber ler cada um de seus gestos para evitar qualquer derrapagem. A interação também é, portanto, estésica, sensível e passional e os interactantes não apenas "inter-agem" mas devem *se sentir*, sendo a relação entre eles também "intersomática"[20] e interpatêmica, com as paixões sentidas pelos sujeitos se determinando reciprocamente (o medo de um aumenta a desconfiança ou a agressividade do outro, por exemplo). É o caso desses momentos delicados de negociações em que cada campo envia uma delegação ao *no man's land* com uma bandeira branca, quando um gesto malfeito ou mal interpretado pode colocar tudo a perder e fazer recomeçar o confronto.[21]

A figura estratégica analisada, que se apresenta como uma "cena" (retirada, rendição, consolo), articula e integra níveis diferentes de pertinência semiótica. Assim, uma série de figuras-signo e objetos (gestos convencionais, através dos quais se significa e se reconhece a derrota, mesas onde as rendições são assinadas, gestos estereotipados – cf., por exemplo, os museus consagrados a esse tipo de eventos), extremamente ritualizados e codificados, integra-se em práticas e cenas particulares (ver o quadro de Velázquez) e em estratégias (já que o sentido do ato não se reduz a esse ato codificado na medida em que há confrontação de práticas interpretativas que tornam a situação contingente e indeterminada). A questão que essa conclusão deveria responder é saber qual é o eixo, o elo que articula todos os níveis para formar uma "figura" que tem sentido como um todo e não apenas elemento por elemento ou fase por fase. A integração de todas as fases e de todos os componentes – signos, ações, rituais e estratégias – realiza-se através de um eixo estético-passional e finalmente pela mediação de uma forma de vida, de certa visão de mundo. As estratégias e figuras estratégicas fazem parte, finalmente, das formas de vida porque elas afetam os sujeitos interactantes além de suas ações, pois modificam e configuram o seu ser no mundo. A rendição – e a maioria das outras figuras estratégicas, como por exemplo, a ameaça, o desafio etc. – como um todo significante não é apenas determinada ação, mas uma prática complexa que afeta o sujeito em sua maneira de ser e no seu todo. Consequentemente, a semiótica da estratégia – no campo do conflito *stricto sensu* ou no campo político ou simplesmente comunicacional – deveria se colocar como parte do estudo das formas de vida que dão um sentido totalizante ao ser e ao agir do sujeito.

Notas

[1] Agradeço a Bernard McGuirk, da Universidade de Nottingham, que me apresentou em sua casa (um gim tônica na mão, *of course!*) o gráfico de Minard sobre a campanha de Napoleão na Rússia.

[2] Cf. Juan Alonso Aldama e Federico Montanari, "L'attente et l'événement. A propos du concept d'ultimatum", em J. Fontanille (éd.), *Le devenir*, Limoges, 1995; cf. também Juan Alonso Aldama, "Modèles stratégiques et rationalité sémiotique", em *Modèles linguistiques*, t. XXIV-1, v. 47, 2003.

[3] "[...] a sociologia do combate requer, ao menos como um apêndice, uma análise das formas como um combate se encerra, e que apresentam algumas ações recíprocas particulares, que nenhuma outra situação permite observar". George Simmel, *Sociologie. Etudes sur les formes de la socialisation*, Paris, PUF, 1999, p. 337.

[4] "Se precisarmos vencer os romanos de novo, estamos perdidos" – é a frase de Plutarque a Pyrrhus. Plutarque, *Apophtegmes de róis et de géneraux*, "Pyrrhus", 2. Excerto da tradução de F. Fuhrmann pela Coleção das Universidades da França, 1998. Consideremos também as estratégias do tipo "perder para ganhar" típicas, por exemplo, de nacionalismos que fundam seu discurso e seu futuro sucesso na batalha perdida (cf. a batalha dita do "Campo de Merles" de 15 de junho de 1389 em Kosovo que representa para os servos o berço da sua nação ou, ainda, o fracasso da insurreição de Páscoa de 1916 dos irlandeses contra a dominação britânica, que supõe o apogeu da vitória final do nacionalismo irlandês).

[5] Isso reforça o fato de que uma vitória ou derrota devem ser negociadas, que não se trata de um simples ato pragmático porque elas exigem, além de uma dimensão pragmática, uma série de operações semióticas complexas que conferem ou não a uma ação e a um estado de coisas um estatuto de vitória ou de derrota. Exemplos da natureza semiótica e cultural do conflito não faltam. O caso da última guerra no Iraque é representativo desse tipo de problema (para o Exército americano não restaria nenhuma dúvida da vitória no Iraque, que já tinha sido celebrada e ritualizada amplamente em uma cerimônia, com a presença do presidente George W. Bush, a respeito do porta-aviões nuclear USS *Abraham Lincoln*, cerimônia que não ocorreria sem a lembrança do ato de rendição do Japão em 1945). Porém, como sabemos, a guerra continuou muito tempo depois deste ato "simbólico" que queria fazer crer em um fim de guerra fundado exclusivamente na tomada da capital iraquiana. Outro exemplo excepcional do ponto de vista estratégico, mas também semiótico do fim de uma guerra – com seu fim em forma de triunfo ou capitulação – é o gesto do general De Gaulle em seu discurso em 18 de junho de 1940, que se recusa justamente a aceitar o "fato" da derrota francesa diante da Alemanha. Esse ato, que é, semioticamente dizendo, de ordem essencialmente "estético-passional", vai determinar a sequência da guerra e sobretudo a interpretação que será feita de seu fim, porque esse "gesto" permitirá à França ser considerada uma das potências aliadas vitoriosas.

[6] Paul Ganière, "La retraite de Russie", disponível em: <www.napoleon.org>, acesso em: 15 jan. 2011.

[7] "A noção de homem racional deveria ser ampliada... e incluir as considerações do tipo temporal." Jon Elster, *Ulysses and the Sirens*, Paris, Maison des Sciences de l'Homme, 1979, p. 127.

[8] Albert O. Hirschman, *Exit, Voice and Loyality*, Harvard, 1970 (Trad. francesa *Défection et prise de parole*, Paris, Fayard, 1995).

[9] Jacques Fontanille, "Le tumulte modal", em *A.S.*, Bulletin, Paris, CNRS, XI, 39, 1986.

[10] Empresto esta expressão do livro de Philippe Pgnarre e Isabelle Stengers, *La sorcellerie capitaliste: pratiques de désenvoûtement,* Paris, Éditions La Découverte, 2004.

[11] Cf. a esse respeito, Paolo Fabbri, "La passione dei valori", em *Carte Semiotiche*, rivista dell'Associazione Italiana di Studi Semiotici, 8, 1991.

[12] Um exemplo tirado de outro registro de discurso nos oferece um caso da mesma reviravolta na ordem de valores. No final de "Um amor de Swan" e depois de sua longa e difícil história de amor com Odette, Swan acaba escrevendo: "E pensar que eu perdi anos de minha vida, que eu quis morrer, que tive meu maior amor, por uma mulher que não me agradava, que não fazia meu tipo!". Marcel Proust, "Un amour de Swan", em *Du coté de chez Swan*, Paris, Folio, 1987, p. 375.

[13] "A rendição sem condições não era [...] um convite estéril a se fechar na rigidez? Seria necessário esquecer a sentença tão frequentemente expressa de acordo com a qual é preciso sempre oferecer ao adversário abatido uma porta de saída permitindo-lhe salvar sua face, 'uma retirada honrável'? [...] Mas a máxima dos aliados era 'renda-se primeiro, e discutiremos depois'". Maxime Mourin, *Reddition sans conditions*, Paris, Albin Michel, 1973, p. 323.

[14] Sobre usos e costumes de guerra na Idade Média e no Antigo Regime, ver o notável livro do historiador Franco Cardini, *Quella antica festa crudele*, Milano, Mondadori, 1995.

[15] Basta pensar no desastre e nas consequências dramáticas causadas em grande parte pelas condições impostas à Alemanha no Tratado de Versalhes.

[16] Erving Goffman, "On Cooling the Mark Out. Some Aspects of Adaptation to Failure", em *Psychiatry*, v. 15, 1952. (Trad. francesa, "Calmer le jobard: quelques aspects de l'adaptation à l'échec", *Le parler frais d'Erving Goffman*, Paris, Les Editions de Minuit, 1969).

[17] Sobre o "milagre" do surgimento do sujeito vingativo a partir de um estado passional, ver Algirdas J. Greimas, "De la colère", em *Du Sens II*, Paris, Seuil, 1983.

[18] Emmanuel de las Cases, *Le Mémorial de sainte Hélène*, Paris, Seuil-Points, 2008, v. 2.

[19] Erving Goffman, op. cit., p. 283.

[20] O conceito de "intersomaticidade" foi introduzido por Eric Landowski em "Viagem as nascentes do sentido", em Assis Silva (ed.), *Corpo e sentido*, São Paulo, Edunesp, 1996.

[21] Essa ideia deve certamente muito à noção de *ajustamento* de Eric Landowski porque ela destaca o "risco" que caracteriza essas interações e consequentemente a necessidade de "sentir" o ser e o fazer do outro para captar bem o sentido da interação em curso: "É [...] na interação mesmo, em função do que cada participante encontra, e mais precisamente [...] *sente* na maneira de agir de seu parceiro, ou de seu adversário, que os princípios da interação emergem pouco a pouco". Eric Landowski, "Les interactions risquées", em *Nouveaux Actes Sémiotiques,* 101-103, p. 40, 2005.

Por que os políticos continuam a fazer promessas?

Kati Caetano

Partindo do princípio de que a promessa se estabelece sobre a dupla regência modal – de um *querer* e de um *poder* (ser/fazer) –, concebe-se a promessa política como uma ação, fora de qualquer pressuposto epistemológico específico, que visa a instaurar um vínculo intersubjetivo baseado na credibilidade. Essa credibilidade (ou fiabilidade) não se restringe, porém, aos limites do espaço da confiança e da crença, mas, por seu intermédio, é alçada ao estatuto de um fazer persuasivo em segundo grau destinado a obter formas de adesão prática aos valores e programas públicos de um sujeito. A promessa política em especial, nesse sentido, envolve a legitimação de propostas que, em se realizando, outorgam ao "promitente" uma condição vicária para certo tipo de governabilidade orientada ao pressuposto do bem comum.

De acordo com tal perspectiva, ressalvam-se do conjunto de enunciados possíveis da promessa política aqueles que a engendram nas falácias das múltiplas aparências da ameaça (como prometer vingar-se, fazer justiça ou "pôr alguém na linha"[1]). O interesse mais geral está centrado no efeito de sentido do ato, sendo que a abordagem da promessa política permite apenas circunscrever com maior clareza o campo de ação em que pretendo me movimentar teoricamente, buscando evitar mais riscos, aos que já existem, de contraexemplos ao meu raciocínio.

Com a reflexão sobre esse tema, pretendo, em âmbito particular, retomar conceitos do plano das estruturas narrativas, da Semiótica discursiva, e dos atos performativos, da Filosofia da Linguagem anglo-saxônica, para reinseri-los em domínios complementares de abordagem, em que noções como "potência", "presença", "experiência sensível" e "estética da comunicação" têm tido frequência constante nos debates sobre o campo da comunicação. Esses novos domínios situam-se no território do próprio desenvolvimento atual da Semiótica, e nos entrecruzamentos que permite com outros pensamentos, como o da Filosofia (incluída a fenomenologia) e o da Pragmática. Convém ressaltar que a riqueza de um estudo se afigura tanto mais motivadora quanto maior a abertura (que não deve ser confundida com o mero ecletismo) proporcionada para zonas desconhecidas de pensamentos comuns. É o que procuro também demonstrar neste capítulo.

Feito esse preâmbulo, desenvolvo minha proposta estruturando-a em três partes: 1) a retomada do conceito de promessa a partir de dois autores – John Austin,[2] da Filosofia da Linguagem, e Eric Landowski,[3] da Semiótica de linha francesa; 2) com base no valor pragmático do ato da promessa, ou da promessa em ato, busco aprofundar o sentido do "eu posso", implícito na fala do promitente, aprofundando sua discussão por meio do conceito de "potência" em Aristóteles, graças à leitura crítica que dele faz o filósofo italiano Giorgio Agamben;[4] 3) por último, associando "potência" ao enunciado modal do poder (especificamente à "possibilidade" e à "contingência"), proponho a existência de uma estética do possível, em que o afeto e o autoafeto se instituem como *conditio sine qua non* para a plausabilidade do ato de prometer e das circunstâncias impessoais[5] de sua homologação. Nesse contexto, a presença da potência e a presença do ato, ou do "em ato", confluem para a emergência do que Parret[6] designa pelo "coro comunitário", apoiando-se na noção de *sensus communis* kantiana.

A promessa como ato performativo e como desejo do enunciatário

A grande novidade dos atos performativos postulados por John Austin, originados de vocábulos ou expressões linguísticas proferidas pelo locutor em situações específicas e legitimadoras, é que, para além das encenações performáticas (frequentemente ritualizadas) em que se concretizam, o complexo discursivo institui uma ação pragmática de fazer, e não só de dizer. Não se restringindo, por conseguinte, ao movimento de relatar um conteúdo, a fala efetiva algo pelo simples motivo de sua ocorrência. De acordo com essa perspectiva, a promessa pode ser examinada como um ato performativo, pela razão de que, independentemente de seu conteúdo ou de sua exequibilidade futura, concretiza-se na *práxis* mesma da realização de um programa. Ao ser proferida, oficializa-se enquanto compromisso e desejo, do que decorre o estabelecimento de um contrato tácito entre os falantes. Obviamente, esse acordo, agindo como um simulacro, desencadeia vínculos interacionais importantes: o ressaibo de seu efeito contamina a atmosfera de circulação dos discursos, para o bem ou para o mal; colabora para a construção de um locutor positivo e confiante na emergência de um ouvinte "crédulo", de quem busca adesão, seja a si mesmo, seja a seu dizer.

No entanto, crer na fala do outro não significa necessariamente crer em outrem, como bem relativiza Landowski.[7] Em outros termos, a crença, derivada do compartilhamento das razões semânticas, é distinta da confiança, que pode se instituir como uma inclinação para o outro, a despeito dos valores e conteúdos apregoados. Tendo como assentado esse tipo de distinção, que costuma amparar a matização da crença e da confiança, Landowski utiliza dois exemplos do domínio político para expor as configurações diferentes em que a questão da confiança se coloca: a promessa e a aposta. Interessa-me o detalhamento da primeira.

Normalmente atribuída ao fazer do enunciador, de quem com frequência se denuncia, no território político, o não cumprimento do "contrato comunicativo", a promessa envolve, no entanto, um esquema mais complexo, para cuja feição contribui tanto o problema da verossimilhança do objeto prometido quanto a credibilidade do enunciatário. Como explica Landowski,

> Por definição, a promessa põe em relação dois parceiros e visa, entre eles, a conclusão de uma espécie de contrato pelo qual aquele que promete (S1, o enunciador) se compromete a "fazer alguma coisa" e, mais precisamente, alguma coisa conforme a "expectativa" de seu parceiro (S2, o enunciatário). Sintagmaticamente, pode-se imaginar que o comprometimento de S1 corresponde a um pedido prévio de S2 [...], ou que, ao contrário, o "promitente" antecipa todo pedido explícito e se empenha num programa conforme o único suposto programa de seu parceiro. É o que constatamos tipicamente no caso das "promessas eleitorais": diante de um corpo político que, na medida em que pede "tudo" [...], não pede nada articulado, cabe ao "homem político" (S1) explicitar uma ordem dos valores em que o enunciatário (S2, o eleitor, tomado individual ou coletivamente) possa "se reconhecer".[8]

Nessa linha de ocorrência, ao apresentar um projeto que é do interesse do seu eleitor, o promitente operacionaliza um duplo fazer persuasivo. Primeiramente, instaura o eleitor como o destinador de suas ações, na medida em que é levado a criar uma imagem de si calcada em certa ordem de valores proposta (é o que o autor designa por "destinador construído"). Em segundo lugar, impõe-se como o sujeito competente para articular, de uma série caótica de desejos dos eleitores, o conjunto das prioridades que melhor atendam às necessidades coletivas. Delineia, em suma, um eixo vertical entre os participantes do ato comunicativo, que se manifesta no modo do parecer pelo assujeitamento do enunciador aos interesses públicos, e, no modo do ser, pela primazia de um *status* dentro do quadro de um fenômeno escalar.

O deslocamento argumentativo originado a partir dessa análise evidencia-se no foco sobre o enunciatário, a quem se convoca um papel mais ativo na elaboração de uma promessa: sincretiza dois papéis de instâncias semióticas distintas, o de enunciatário do ato comunicativo e o de destinador do programa narrativo.

> O que importa, antes de mais nada, não é que a coisa prometida se realize ou não, mas sim o próprio ato de adesão pelo qual os sujeitos, identificando-se com os simulacros que lhe são propostos, passam a confiar nos mesmos que, sob a roupagem de "promessas", na realidade moldam o "desejo" deles. Aí reside a verdadeira ilusão enunciativa, o resto não sendo mais que efeito secundário, referencial.[9]

A base para as condições de existência da confiança, alvo e condição da promessa, instala-se, então, conforme tal ponto de vista, na sintaxe actancial da enunciação.[10] Ela não se edifica, entretanto, sobre o alicerce de um necessário consenso: a promessa tem seu vigor gerado no quadro de um dissenso, na medida em que se configura como uma proposta tentadora em oposição a outra possível. É sobre o pressuposto de um desentendimento originário que se busca o respaldo para o entendimento dos "iguais". Ou seja, é sobre a base da desconfiança entre sujeitos[11] que o fazer destinado à busca de confiança se estabelece.[12]

Homologadas, portanto, ao fazer persuasivo do enunciador, as prováveis atitudes epistêmicas do sujeito que interpreta as promessas ("crédulo" ou não) se manifestam sob a forma de um termo complexo – o da "certeza" – pelo fato de comportar tanto a "certeza positiva" (confiança) quanto a "certeza negativa" (desconfiança). Ao circunscrever o circuito de configurações do fazer persuasivo e do fazer interpretativo, Landowski entende desenhar o estatuto sociossemiótico da "verdade", assentado sobre um código de dizeres e atitudes culturais padronizadas, transcendente a variações ético-culturais, e que é identificável à "doxa" do grupo social.[13] Tal código é o responsável por uma espécie de estereotipias da sinceridade em que se engajam, com frequência performaticamente, os envolvidos nos laços interativos movidos pelo poder e pelo crer.

Descrito esse cenário de reflexões em torno do ato da promessa, deixo-o provisoriamente para alinhar novo conjunto de ideias ao debate, com base na recuperação do valor ambivalente da modalidade de "poder" que o acompanha como condição originária. Para tanto, reporto-me às considerações sobre o funcionamento da categoria da possibilidade, já suficientemente descrita por Greimas e Courtés, entre outros, acrescidas de estudos de G. Agamben.

A potência da promessa: *eu posso (sim e não)*

Sem nenhuma conotação empírica de "poder político", na função de operador modal, o "poder" tem inflexão direta sobre uma ação ou estado (fazer/ser), determinando relações sintático-semânticas de possibilidade, impossibilidade, contingência ou necessidade.[14] Expressos em termos lógicos, o conceito de possibilidade consiste na afirmação de "poder fazer"; o da impossibilidade na sua negação, ou "não poder fazer"; o da contingência no "poder não fazer"; e o da necessidade na sua negação, "não poder não fazer".[15]

Tendo em vista que o asseveramento da promessa supõe a sobredeterminação de um "querer", detenho-me apenas em duas dessas quatro articulações: aquelas que afirmam o poder fazer, quais sejam, o "poder" (como possibilidade) e o poder não (como contingência). Devo lembrar que ambas não são contraditórias, mas sim cooriginárias da potência, uma vez que a negação em "poder não" incide sobre o *dictum*, como esclarece Agamben, e não sobre a modalidade que o sobredetermina. Antes que referir-se à ausência (próprio da impossibilidade), o "poder não" manifesta, por conseguinte, disponibilidade para a privação.

É nesse detalhamento da essência da potência, subjacente às afirmações da modalidade do "eu posso", que se revela a fecundidade do pensamento de Agamben para esta exposição e a pertinência à abordagem do cotidiano atual. Retomando de Aristóteles a análise das aporias presentes no conceito de potência, o estudioso italiano chama a atenção para um fator importante ao nosso tema: esclarece que o vocábulo *dynamis* usado na Grécia antiga tem dois significados indissociados – possibilidade e potência – que nunca deveriam ter sido desvinculados como ocorreu nas tradições modernas.[16]

Quais as implicações desse peso do enunciado "eu posso" definido inclusive pela possibilidade de seu não exercício? Aristóteles distingue dois tipos de potência: aquela que uma criança tem, por exemplo, de se tornar um arquiteto no futuro, para o que necessitará de um aprendizado específico, e a potência de quem, já sendo arquiteto, possuindo portanto todas as habilidades necessárias para passar ao ato, não se encontra em atitude de realização dessa capacidade. Esse segundo significado, mais importante para o tema em exame, é revelador de que ao emitir o enunciado de um poder o sujeito garante, como condição impessoal e não subjetiva,[17] a possibilidade da própria privação do que assevera. Fica evidente aqui o elo passível de ser estabelecido com o sentido do "eu posso" inerente à promessa. Um poder que, diga-se claramente, não está condicionado a uma habilidade interna ou capacidade de dotação externa a ser adquirida, mas ao simples fato de que a possibilidade inclui em sua essência o poder de sim e o de não. A questão não consiste em saber, então, como também preconizam os autores mencionados na primeira parte deste capítulo, se o promitente adquirirá condições de cumprir sua promessa, mas como a manifestará, no exercício de sua potência, para implicar a passagem ao ato. E, mesmo tendo como certo que essa transição se efetiva, outro aspecto importante deve ser levado em conta. Diz Agamben, pelo viés do pensamento aristotélico: "A passagem ao ato não anula nem exaure a potência, mas esta se conserva no ato como tal e marcadamente na forma eminente da potência de não (ser ou fazer)."[18]

A extensividade da potência de não, no ato, tem como corolário o pressuposto de que toda empiria não esgota a sua ambivalência. Assim, a promessa comporta, com frequência, do lado do promitente, a sensação da possibilidade de sua privação, o que lhe confere certo sabor de agir por escolha, ou seja, de um espaço de liberdade; por outro lado, o do crédulo, a promessa instaura um estado de satisfação não completamente realizada – um "já" e "ainda não", que o coloca em estado de espera tensiva.[19] É nesse intervalo que se abre, justamente, a brecha para a inserção da experiência sensível, tese deste capítulo, ou o domínio de manifestação dos possíveis. Deleuze e Guattari falam em seu estudo dos perceptos, afetos e conceitos,[20] de uma estética do possível, mas não a desenvolve enquanto programa. Retomamos aqui a expressão para utilizá-la em proveito desse conjunto de ideias amalgamadas. A estética do possível envolve os sujeitos em uma espécie de comunidade afetiva, entendendo-se o afeto, como nos esclarece Parret a respeito do *sensus communis* de Kant (de quem retira o conceito), nem na acepção antropológica, nem no sentido psicológico. Aliás, não ser concebido do ponto de vista psicológico é uma *conditio sine qua non* para que o afeto tenha seu lugar aqui: como algo que é imposto ao sujeito, que o "toca", que o afeta. Desse ponto de vista, o problema do afeto converte-se também em uma questão de autoafeição, como Landowski já lembrava a propósito da promessa que constrói um destinador suscetível de autoprojetar os valores apresentados como sendo inerentes ao seu próprio mundo. Para Parret, o fenômeno da autoafeição relaciona-se a um movimento que transcende o acordo cognitivo e se instaura no ajustamento rítmico. Recorrendo a uma isotopia musical, chega então a invocar o papel da estesia e do intercorpos nas relações sociais, de que deriva a perspectiva de uma estética da comunicação para o autor, centrada na possibilidade de socialização do sensível e/ou de sensibilização do social.

> Os sujeitos dessubjetivados – os sujeitos de "ocasião" (*Kairos*), poderíamos dizer – são afetados (Kant usa o termo *ansinnen*, impor) ou "tocados", no sentido estético, e é no afeto e por meio dele que estão em acordo [...]. Se não há mais qualquer conteúdo psicológico, o *sensus* sentimental puro "se sente" a si próprio. O *sensus* sentimental, ou *sensus communis*, é a autoafeição por meio do tempo puro, que precede qualquer heteroafeição.[21]

O coro do comum: entre a esperança e o humor

A enunciação da promessa, independentemente da crença nos seus propósitos (ressalte-se que a frase de Lula: "Se for eleito, prometo resolver o problema da reforma agrária numa canetada", não seria plausível em nenhuma circunstância se dependesse apenas de seu valor semântico), engaja, pois, no mesmo coro comunitário, pela dimensão sensível, enunciador e enunciatários. Com essa orientação é que me referi antes a um ressaibo do ato da promessa, que se estende tanto no tempo projetado para o futuro, quanto no espaço de realização da condição humana, de espera dos possíveis da vida ou de outros possíveis. Daí também a fusão de sensações que podem ser ativadas por essa estética do possível, ao se materializar sob a forma do comum do homem: o promitente e o crédulo (ou não) reciprocamente articulados e cooriginários da *eufonia de vozes e de sentimentos* (Parret), mais do que de consensos (e a despeito dos dissensos).

Essa visão do comum parece mais distante do autor de *A sociedade refletida*, e sim mais próxima daquela que o próprio Landowski desenvolve anos mais tarde quando trata dos regimes de interação fundados no corpo a corpo da união,[22] pois não se trata tão somente, ou não mais em certos casos, de procedimentos discursivos, mas para aquém ou além das estratégias, da instauração de uma relação contagiante, que permite a uma sociedade fazer circular a ideia (aceitando-a ou não) de que "a reforma agrária se resolve com uma canetada" como um possível.

Dessa perspectiva, a promessa não se estabelece, a rigor, apenas pela confiança em face da execução de um contrato, nem por meio da consonância argumentativa ou consensual, mas na medida de sua possibilidade de autoafetação que leva a fazer coro com o comum. No quadro da estética do possível – como uma experiência sensível e cognitiva de poder sim e de poder não –, antes da liberdade humana, inscreve-se a paixão da esperança, ou daquilo que resta ainda a esperar do homem a despeito de todos os possíveis de sua fala e de suas ações.

Voltando agora ao fenômeno mencionado anteriormente, de que a manifestação de "poder não" cresce na própria passagem ao ato,[23] deve-se considerar o contraponto dessa espera na certeza de sua não realização, com base não mais na potência, mas na experiência vivida de promessas empíricas não cumpridas. Nessa instância de análise, surgem pródigos exemplos, que encontram, principalmente na ciberesfera, um ponto de convergência cultural rico para exame: blogs, sites de discussão, debates específicos sobre o tema da promessa política no Youtube, poesias, charges e um extenso anedotário que consegue, em tom menos acadêmico, expor as tensões enunciativas desenvolvidas neste trabalho. É ilustrativo a esse respeito o discurso do personagem Arc, o Marciano, que emite relatórios ao seu planeta sobre o modo como a política funciona no planeta Terra:

> – O novo presidente do Brasil foi eleito por grande maioria de votos. No primeiro discurso, ele disse que foi eleito pelo partido, mas que governará para todos os brasileiros. Acho que isso quer dizer que ele terá de fazer coisas pensando no conjunto dos brasileiros, e não só nos que o elegeram. Ou seja, o presidente é ele, não o partido. Portanto, pode acontecer que ele tenha de fazer coisas que os que votaram nele não vão gostar. Ele foi eleito porque fez uma porção de promessas na campanha, mas parece que os políticos sempre fazem muitas promessas, e nem sempre as cumprem ou conseguem cumpri-las. Aí eu perguntei como é que fica se eles não cumprem as promessas, e aí me disseram que, se o presidente não trabalhar direito, o povo não votará mais nele, mas não acontece nada quando ele não faz as coisas que disse que ia fazer. Entenderam? O povo vota no candidato porque gostou das promessas, mas o candidato já sabe que não vai conseguir cumprir todas, e não conta para o povo. Pode?[24]

O coro comum agora adquire outra tonalidade, a do humor, expressa sob a forma da ironia aos políticos e da autoironia em relação aos eleitores. Se a ironia implica o regime de duas vozes de fontes distintas que se opõem, a autoironia tem a peculiaridade de contrapor duas vozes divergentes sincretizadas no discurso de um mesmo falante. O efeito gerado a partir daí é o de uma certa impotência, que, ao ser enunciada pelo próprio sujeito que a sofre, pretende converter-se em um lance de perspicácia e inteligência.[25] Para tanto, encontra uma dupla saída persuasiva: a de desvincular-se do conjunto pelo procedimento do uso da 3ª pessoa, na forma do impessoal – "povo" ou "povo brasileiro" – e a de distinguir, no seio das propositivas políticas, a adesão ao que se designa por "programa/projeto" e por "promessa".

Dois exemplos evidenciam esse fenômeno: um *post* a respeito de poema divulgado na rede de "Josué, o Poeta", publicado no *Recanto das Letras*, em que o autor arrola uma série extensa de promessas "miraculosas" e, ao final, explica:

Se vocês não acreditam
Isso é normal
Se ligue na TV
leia o jornal: ISSO É UMA CAMPANHA ELEITORAL.[26]

Um dos comentários ao *post*, expondo a recorrência da evocação ao povo foi: "E o povo acredita ... POOOOOOOOOVO BRASILLLLLLLLLLLLLLEEEIRO – acorda – Beleza poeta!"[27]

O segundo exemplo, retirado de um site português, o *Blog do Manel*, denuncia:

> Já ninguém acredita em promessas. Num país com tão elevado défice público e com a economia a regredir, como se podem fazer tantas promessas? Ou são feitas com a intenção de não serem cumpridas ou alguém vai ter que as pagar. [...] Pela parte que me cabe, posso garantir que já não me deixo iludir por promessas vãs e que, em futuras eleições, só votarei em projetos políticos virados para o futuro, que dignifiquem o país e que falem verdade. Não deixarei de exercer o meu direito e o meu dever de ir às urnas, no entanto, o meu voto vai para o projeto político que mais se aproximar da realidade e se não houver nenhum projeto que se enquadre dentro deste espírito, então, votarei em branco. Ao contrário do que hoje me acontece, não me quero sentir responsável por projetos falhados.[28]

A respeito do vocábulo programa, no presente recorte, diz-nos o *Dicionário Aurélio*: "exposição sumária das intenções ou projetos dum indivíduo, dum partido político, duma organização, etc.".[29] Com relação à promessa, tem-se: "coisa prometida"; "oferta, dádiva"; "compromisso"; "voto, juramento".[30]

Ambos os termos têm em comum o sentido de intenção de alguém (indivíduo ou grupo) a propósito de um fazer que se apresenta no formato de uma sequência de procedimentos sistematizados a serem concretizados num tempo posterior, e sob certas condições presentes, ou seja, a de outorga de legitimidade, por meio de uma adesão contratual qualquer ao proponente. As diferenças residem no maior ou menor engajamento do sujeito em relação ao interlocutor e no modo como a transitividade dos efeitos da ação, em produtos ou serviços, deverá se processar. A promessa equivale ao juramento e materializa um dom, ou uma doação. Como bem analisa L. Lucas e Tania Hoff,[31] a doação implica uma relação de desigualdade entre os implicados no ato comunicacional. Aquele que se coloca em atitude de doação, oferta, supostamente, algo de si ou para o que é capaz (dotado de potência) a quem é dele despojado.

O programa pressupõe o cálculo de um projeto, fundado em dados que permitam aferir a exequibilidade da intenção. Além disso, tem um componente enunciativo importante: antes de se expor como o projeto de alguém, ele se afigura como a própria evidência da possibilidade das ações (de sua potência), sendo passível, em princípio, de ser executado por qualquer pessoa que dele se aproprie. Nessa acepção, é a proposta em si mesma que se reifica aos olhos do enunciatário.

Sem dúvida, constituído igualmente como dispositivo de busca de fiabilidade, a proposição de um programa impregna o discurso de uma paradoxal atmosfera de sinceridade, ou, como dizia Landowski a respeito das relações intersubjetivas de busca de confiança e baseadas na crença, de "estereotipias da sinceridade". Com isso, recria-se, sob nova roupagem, o circuito do possível, o aparecer da sensibilidade e a presença de uma potência (além do efeito de presença de que se embebe o "em ato"). Essa manifestação de certos códigos de condutas, e da estética da comunicação, tomada em seu caráter vinculante e afetivo, expõe aqui os vários filões possíveis de estudo dos vínculos comunicacionais de busca de reconhecimento do outro, em contextos socioculturais.

Notas

1 Como procedeu o líder da torcida do Atlético Paranaense, que fez à equipe de jogadores a "promessa" de chamá-los à responsabilidade, por meio de medidas que implicariam o uso da violência, e, ao ser entrevistado por rádio local, alegou não se tratar de uma ameaça (Curitiba/PR, dia 22/06/2011).

2 John Austin, *Quand dire c'est faire*, Paris, Seuil, 1970.

3 Eric Landowski, "Sinceridade, confiança e intersubjetividade", em *A sociedade refletida: ensaios de sociossemiótica*, São Paulo, EDUC/Pontes, 1992, pp. 153-63.

4 Giorgio Agamben, "A potência do pensamento", em *Revista do Departamento de Psicologia,* Rio de Janeiro, UFF, v. 18, n. 1, pp. 11-28, jan./jun. 2006; Giorgio Agamben, *Bartleby: escrita da potência (Bartleby ou da contingência)*, Lisboa, Assírio e Alvim, 2007.

5 Impessoais no sentido de que não sujeitas à ação de sujeitos empíricos.

6 Herman Parret, *A estética da comunicação: além da pragmática,* Campinas, Ed. da Unicamp, 1997.

7 Eric Landowski, op. cit., pp. 153-4.

8 Idem, p. 157.

9 Idem.

10 Idem, p. 155.

11 Idem, p. 159.

12 Ver a excelente obra de Jacques Rancière a respeito do movimento dissensual no seio do entendimento, em Jacques Rancière, *O desentendimento: política e filosofia,* São Paulo, Editora 34, 1996.

13 Eric Landowski, op. cit., p. 162.

14 Algirdas Julien Greimas; Joseph Courtés, *Dicionário de semiótica*, São Paulo, Cultrix, 1979, pp. 337-9 (verbete poder).

15 Giorgio Agamben, 2007, op. cit., p. 35. Agamben retoma de Leibniz, dos *Elementos de direito natural*, o esquema das figuras da modalidade do poder: "possible est quicquid potest", "impossible est quicquid non potest", "necessarium est quicquid non potest non", "contingens est quicquid potest non". É com base nesse valor ambivalente da contingência, que elabora a análise da personagem Bartleby, o escrivão, de Herman Melville.

[16] Giorgio Agamben, 2006, op. cit., p. 14.

[17] "Há falta de coincidência entre a comunidade afetiva e qualquer sociedade dada [...]. A comunidade afetiva é, de fato, um estar-em-comunidade de não sujeitos" (Herman Parret, op. cit., p. 196).

[18] Giorgio Agamben, 2006, op. cit., p. 26.

[19] Jacques Fontanille; Claude Zilberberg, *Tensão e significação*, São Paulo, Discurso Editorial/Humanitas/FFLCH/USP, 2001; Claude Zilberberg, *Razão e poética do sentido,* São Paulo, Edusp, 2006.

[20] Gilles Deleuze; Felix Guattari, *Qué es la filosofia?,* Barcelona, Anagrama, 2009.

[21] Herman Parret, op. cit., pp. 196-7.

[22] Eric Landowski, *Passions sans nom. Essais de socio-sémiotique III,* Paris, PUF, 2004; Eric Landowski, "Les interactions risquées", em *Nouveaux actes semiotiques*, Limoges, Pulim, 2005a, v. 101,102,103; Eric Landowski, *Aquém ou além das estratégias, a presença contagiosa*, São Paulo, Edições CPS, 2005b.

[23] Giorgio Agamben, 2006, op. cit.

[24] *Veja on-line*, "Arc e as promessas políticas", disponível em: <http://veja.abril.com.br/061102/arc.html>, acesso em: 10 jun. 2008.

[25] Kati Caetano, *A prática da análise de discursos: literatura e sociedade*, Campo Grande, MS, Editora UFMS, 1997, pp. 93-103.

[26] *Recanto das Letras*, disponível em: <http://www.recantodasletras.com.br/poesias/224611>, acesso em: 2 set. 2006.

[27] *Recanto das Letras*, disponível em: <http://www.recantodasletras.com.br/poesias/224611>, acesso em: 15 jan. 2007.

[28] *Blog do Manel*, disponível em: <http://mdmag.blogs.sapo.pt/6369.html>, acesso em: 20 abr. 2011.

[29] Aurélio B. H. Ferreira, *Novo Aurélio século – XXI: o dicionário da língua portuguesa*, 3. ed., Rio de Janeiro, Nova Fronteira, 1999.

[30] Idem.

[31] L. Lucas; Tania Hoff, "A face oculta da caridade: linhas de força e de fratura no discurso midiático do bem", em Anais do XVII Encontro da Compós, 2008, São Paulo, Unip, GT: Economia Política e Políticas da Comunicação.

Formas de vida e política

Glaucia Proença Lara
Conrado Moreira Mendes

Em março de 2011, a primeira mulher presidente do Brasil, Dilma Rousseff, recebeu a visita da autoridade máxima do Poder Executivo norte-americano, Barack Obama.[1] A vinda do presidente cujo país possui a maior economia e o maior poderio militar do planeta já é, em si, significativa, pois configura uma *presença*.[2] Além disso, demonstra – ou *quer* demonstrar – a parceria e a amizade entre essas duas grandes nações das Américas. A essa carga simbólica soma-se o fato de a passagem de Obama pelo país ter sido marcada por um aspecto peculiar: tratou-se do encontro do primeiro presidente negro dos Estados Unidos com a primeira presidente mulher do Brasil.[3] Configura-se, assim, uma presença forte, *intensa* – para usarmos um termo da gramática de Zilberberg[4] –, carregada de um abundante *quantum* de afeto, que é o que caracteriza diversos eventos na esfera pública.

Com o propósito de refletir sobre a *presença* de Obama no Brasil – e as relações que a ela subjazem –, o objetivo deste capítulo é analisar alguns textos/discursos[5] (de natureza verbal, visual e audiovisual) dos e sobre os dois presidentes, que foram veiculados amplamente pela mídia brasileira à época da visita do chefe de Estado americano. O exame do *corpus* não se restringirá ao nível de pertinência dos textos-enunciados, sendo também pensado a partir de um viés que concebe outros níveis de pertinência, em especial, as formas de vida[6] propostas por Fontanille.[7] Na esteira desse autor, buscar-se-á alargar o escopo da análise semiótica, considerando o processo de engendramento do sentido em outros níveis de pertinência que subsumem o do texto-enunciado. Nesse sentido, será seguido o pensamento de Landowski,[8] que, ao semiotizar o contexto, lançou bases para uma sociossemiótica, pensando, assim, o sentido construindo-se *em ato*.

A análise aqui é guiada pela relação entre a política, seu caráter público (e, por vezes, privado, como poderá ser visto nas análises) e a forma como isso aparece em outros níveis de pertinência, sobretudo, nas formas de vida. Tomar essa relação público *vs*. privado tem relevância se pensarmos na definição mesma de *política*, em sentido estrito. Por isso, serão apresentadas, primeiramente, algumas definições do termo *política* para pensá-lo, num segundo momento, em relação à Semiótica. Em seguida, a proposta de Fontanille sobre os níveis de pertinência semiótica será introduzida e, finalmente, o *corpus* proposto será examinado.

O caráter público da política

O *Dicionário Houaiss*[9] define *política* como "arte ou ciência de governar". O termo deriva do grego *politikê*, "ciência dos negócios do Estado; a administração pública", o qual, por sua vez, advém de *pólis*, "a cidade por excelência".

Já Bobbio, historiador do pensamento político, define *política* da seguinte maneira:

> Derivado do adjetivo originado de *pólis* (*politikós*), que significa tudo o que se refere à cidade e, consequentemente, o que é urbano, civil, público e até mesmo sociável e social, o termo *política* se expandiu graças à influência da grande obra de Aristóteles, intitulada *Política*, que deve ser considerada como o primeiro tratado sobre a natureza, funções e divisão do Estado, e sobre as várias formas de governo, com a significação mais comum de arte ou ciência do Governo, isto é, de reflexão, não importa se com intenções meramente descritivas ou também normativas, dois aspectos dificilmente discrimináveis, sobre as coisas da cidade.[10]

A política foi, assim, construída em torno da *pólis* – do espaço público:

> [...] em torno da praça do mercado, no qual os livres e iguais podiam encontrar-se a qualquer hora. [...] A *pólis* significa a forma de organização do convívio humano, que determinou, de forma tão exemplar e decisiva, aquilo que entendemos hoje por política que até mesmo nossa palavra para isso, em todos os idiomas europeus, deriva daí.[11]

Conta Aristóteles[12] que a união de aldeias deu origem às cidades. Na *pólis*, mais do que um lugar em que pudessem conservar sua existência, os homens encontraram um espaço do bem viver. Por isso, para o estagirita, a política define-se como a ciência da felicidade humana, pois essa felicidade seria fruto das condições de vida do homem: do meio, das leis, dos costumes e das instituições. Sendo o homem um "animal cívico" (*zoon politikon*), contemplado com o dom da palavra, ele "é naturalmente feito para a sociedade política".[13]

Arendt,[14] por outro lado, não partilha da definição aristotélica de *zoon politikon*, pois acredita que a política não nasce *no* homem de forma inata, razão por que, para ela, o homem, em si, é apolítico. No seu entender, a política floresce *entre* os homens, ou seja, nas e pelas relações intersubjetivas. Por isso, para ela, a política se baseia na pluralidade dos homens, pois trata da convivência não entre iguais, mas entre diferentes. Nesse sentido, Arendt defende que o verdadeiro sentido da política é a liberdade.

Chaui,[15] por sua vez, destaca que o nascimento da política deveu-se à criação da figura do poder público, o qual se constituiu pelo direito, pela lei e pelas instituições públicas de deliberação, tais como as assembleias e os senados. A política, portanto, nasceu da necessidade dos homens de se organizarem em cidades e, por essa razão, é marcada por um caráter essencialmente público. Para essa autora, é ponto pacífico entre vários teóricos dizer que:

> A política é o espaço público no qual são deliberadas e decididas as ações concernentes à coletividade, de maneira que a política determina as formas da sociabilidade e das sociedades, segundo nelas se definam a forma do poder e o exercício do governo.[16]

Desse modo, podemos notar que os diversos conceitos de política, ao longo dos séculos, e a partir de vários pontos de vista, possuem uma recorrência sêmica: o traço /público/ está sempre presente. É a esfera pública, portanto, o que, em princípio, definiria a política.

Sobre Semiótica e política

A palavra, segundo Aristóteles, é o laço de toda sociedade, elo simbólico que constitui a *pólis* e, por contiguidade, a política. Poderíamos ir além e acrescentar que a linguagem, não apenas a verbal, constituiria o elo a que se refere o estagirita. Eis, portanto, uma relação prévia que poderíamos estabelecer entre os campos da política e da Semiótica: a política se funda nas relações discursivas, intersubjetivas.

É possível, ainda, pensarmos numa articulação entre Semiótica, tomada como "teoria da significação", e política, em seu sentido estrito, definida como "a gestão de ações do interesse comum".[17] Desse modo, a política, pelas lentes da

Semiótica, trataria das relações intersubjetivas fundadas num contrato fiduciário, o qual, em geral, define-se pela delegação a um sujeito-destinador de um *poder fazer* em nome/em prol de um outro sujeito: o destinatário "coletividade" (nação, opinião pública etc.).[18] Assim, para que haja tal contrato, é necessário um fazer persuasivo da parte do destinador, que tem como correlata a adesão do destinatário, por meio de um fazer interpretativo.[19]

Destaca Fiorin[20] que, no caso do discurso político, tal adesão se funda muito mais num *crer* do que num *saber*: "o discurso político se quer da ordem da racionalidade ou, mais ainda, da racionalidade científica, pois fala do que é com vistas à transformação da realidade". No entanto, mostra o autor que "todo esse processo, na verdade, mascara outro ponto de vista do público a quem o discurso se dirige". Esse mascaramento tem a ver com a modalidade epistêmica, a que nos referimos. A adesão ao discurso político, nesse sentido, é apenas aparentemente racional.

Por mais inequívoca que possa parecer a relação entre política e Semiótica, o verbete *política* não foi incluído no primeiro tomo do *Dicionário de Semiótica*,[21] sendo apresentado apenas no segundo volume, que, diferentemente do primeiro, contou com vários colaboradores.[22] Coube a Eric Landowski[23] a definição de *política*: "historicamente, a abordagem semiótica do domínio político iniciou-se sob a forma de análises de discursos políticos [...] uma abordagem estrutural fundada na ideia de níveis de articulação dos discursos, anteriores a sua manifestação..."[24].

Ora, se a análise semiótica do discurso político não se distingue preliminarmente da análise de qualquer outro discurso, seja ele literário, empresarial, publicitário etc., cabe a seguinte questão: o que definiria um "discurso político" como tal? Ou, em outros termos, o que confere "politicidade" a um discurso?

Para Landowski,[25] existem duas respostas possíveis. A primeira concebe a "politicidade" por meio da semântica do discurso: "é político o discurso que fala de política";[26] portanto, são políticos os discursos que repousam numa mesma base isotópica: a isotopia política. A segunda é a via sintáxica, que subsume "certos *efeitos de poder*, entendendo, com isso, a transformação de competências modais dos actantes da comunicação e, em consequência, a transformação das condições de realização de seus respectivos programas narrativos".[27] A definição sintáxica – narrativa – do discurso político, segundo Landowski, aproxima-se do sentido de manipulação em Semiótica. Tratar-se-ia, assim, de um discurso persuasivo, que visa a um *fazer crer* e/ou a um *fazer fazer*, razão pela qual vem se fomentando uma profícua relação entre Semiótica e Retórica.[28]

A primeira definição de discurso político segundo Landowski[29] – a semântica – parece referir-se mais diretamente a discursos políticos enquanto textos-enunciados. A segunda, no entanto, de caráter mais profundo, mais sintáxico, trataria de quaisquer relações de poder, não necessariamente aquelas referentes a discursos políticos enquanto textos-enunciados. Por isso, ao serem lançadas as bases para uma Semiótica política, ganham destaque as práticas semióticas, as quais se definem, segundo Greimas e Courtés, como "os processos semióticos reconhecíveis no interior do mundo natural e definíveis de modo comparável aos discursos (que são 'práticas verbais', isto é, processos semióticos situados no interior das línguas naturais)".[30] Para os autores:

> As práticas semióticas (que se podem igualmente qualificar de sociais) apresentam-se como sequências significantes de comportamentos somáticos organizados, cujas realizações vão dos simples estereótipos sociais até programações de forma algorítmica. [...] Nesse sentido, certas descrições de rituais e de cerimoniais são bastante concludentes.[31]

Para Landowski,[32] no âmbito de uma Semiótica política, ramo de uma teoria mais geral – a Sociossemiótica –, além dos discursos (enquanto textos-enunciados), as práticas semióticas têm grande importância para o estudo da relação entre Semiótica e política. Esse entrecruzamento, portanto, diz muito de uma Semiótica das situações à qual se associariam "as condições de integração entre sujeitos, individuais ou coletivos".[33] Por isso, para esse autor, a Semiótica política trataria "além da esfera dos discursos propriamente ditos, o conjunto das práticas significantes não verbais que se manifestam na diversidade dos espaços e de situações de interação micro ou macrossocial".[34]

Política e níveis de pertinência semiótica

Com base no que foi dito até agora, seria, então, possível pensarmos numa diferenciação da política/discurso político como texto-enunciado e enquanto prática (dentre outros níveis de pertinência), ou até mesmo numa articulação dessas instâncias, uma vez que uma pode ser subsumida pela outra. Nesse sentido, acreditamos que o modelo de "níveis de pertinência", proposto por Fontanille,[35] pode iluminar essa questão. Nele, o autor alarga e esquematiza diversos patamares de experiência semiótica, indicando, assim, os seguintes níveis de pertinência: signos, textos, objetos, práticas, estratégias e formas de vida. Cabe, num primeiro momento, tecer algumas breves considerações sobre o conceito de imanência[36] e sua relação com os níveis de pertinência estabelecidos por Fontanille.

A Semiótica, tal como foi concebida, orientou-se pelo princípio hjelmsleviano da imanência, o qual limitava a análise do texto ao próprio texto, razão pela qual se tornou bastante conhecido o aforismo greimasiano "fora do texto não há salvação".[37] Com o estudo das práticas semióticas, os limites do texto-enunciado foram ultrapassados e chegou-se ao que Landowski[38] chama de "semiótica das situações" e que, de forma correlata, Fontanille[39] denomina "semiótica das práticas". Entretanto, esse alargamento do campo analítico não contradiz os princípios da Semiótica, uma vez que:

> O princípio de imanência é indissociável [...] da hipótese de uma atividade de esquematização e de modelização dinâmica interna às semióticas-objeto, e é a área de atividade imanente dessa esquematização que nos deve indicar para cada caso os limites do domínio de pertinência.[40]

Assim, a proposta de Fontanille não abandona as bases imanentes da disciplina, pois, como afirma o autor:

> Um plano de experiência somente pode ser convertido em um plano de imanência se ele dá lugar à constituição de uma semiótica-objeto; noutros termos, se ele faz aparecer a possibilidade de uma função semiótica entre um plano de expressão e um plano de conteúdo.[41]

Nesse sentido, para Fontanille,[42] cada nível de pertinência corresponde a um plano de imanência específico, havendo tantos níveis de imanência quantos forem os níveis de pertinência. Assim, no primeiro nível – o dos signos (ou das figuras) –, a análise se restringe às unidades mínimas, constituídas, principalmente, de formantes e de traços distintivos. No nível de pertinência seguinte, o do texto-enunciado,[43] leva-se em consideração "um conjunto de figuras semióticas organizadas numa totalidade homogênea, graças à sua disposição sobre um mesmo suporte ou veículo".[44] Segue-se o nível dos objetos, "estruturas materiais tridimensionais, dotadas de uma morfologia, de uma funcionalidade e de uma forma exterior identificável, cujo conjunto é 'destinado' a um uso ou a uma prática mais ou menos especializados".[45] Desse modo, o funcionamento semiótico dos objetos é inseparável do seu nível inferior, os textos-enunciados, e do superior, as práticas. É válido ressaltar que as práticas, no esquema de Fontanille, apresentam uma posição intermediária, uma vez que elas tanto acolhem os níveis inferiores (signos e textos), como são englobadas pelos patamares superiores (estratégias e formas de vida).

Acima do nível das práticas, encontra-se o nível das estratégias, no qual as práticas se acomodam tanto num espaço e num tempo, quanto em relação a outras práticas semióticas. Desse modo, o nível das estratégias controla, regula, ordena ou otimiza as práticas.[46] O último plano de pertinência, para Fontanille, é o das formas de vida, o qual subsume todos os anteriores. Nesse nível estariam cristalizadas as estratégias, obtidas por meio da repetição e da regularidade. As formas de vida, portanto, "permitem apreender a globalidade de uma prática significante ligada às escolhas axiológicas próprias a um indivíduo ou a uma cultura inteira".[47] Acrescenta Fontanille[48] que, no nível das formas de vida, apreende-se a experiência de um *ethos*, questão que retomaremos mais à frente.

Público e privado nas formas de vida de Rousseff e Obama

Até aqui dedicamo-nos a estabelecer uma relação entre política e Semiótica, a evidenciar o caráter público da política e a pensar a política/discurso político tanto em termos de texto-enunciado, quanto no de outros níveis de pertinência (como os que foram apresentados no item "Políticas e níveis de pertinência semiótica"). Interessa-nos, agora, em especial, a relação entre formas de vida e a oposição público *vs.* privado.

Conforme anunciado no início, o *corpus* a ser examinado compõe-se de textos de natureza verbal, visual e audiovisual, amplamente veiculados em virtude da visita de Obama ao Brasil. Assim, esta análise começa com algumas considerações sobre um vídeo, no qual discursam os presidentes Dilma Rousseff e Barack Obama, no dia 19 de março de 2011, por ocasião da visita deste ao Brasil.[49] Os presidentes chegaram sorridentes à sala em que discursariam, no Palácio do Planalto, em Brasília. Como em qualquer coletiva de imprensa, havia muitos jornalistas e *flashes* sendo disparados a todo momento.

O presidente americano, como seria de esperar, vestia terno e gravata. Dilma Rousseff, por sua vez, usava um vestido vermelho, de mangas curtas, cujo comprimento cobria-lhe os joelhos. Calçava sapatos de salto médio, também vermelhos. Uma echarpe estampada nos tons verde e vermelho completava o traje. Os elementos na constituição do vestuário de Dilma Rousseff chamam a atenção: o fato de ser um vestido já é significativo, na medida em que essa é uma peça convencional e exclusivamente feminina na cultura ocidental. Além disso, o uso da cor vermelha também é digno de nota, pois a ela subjazem duas isotopias. Por um lado, trata-se da cor do Partido dos Trabalhadores (PT), ao qual ela se filia, e, por metonímia, da cor da esquerda. Por outro, o vermelho também se relaciona a um simbolismo da "cor da paixão", o qual também se liga à figura da *femme fatale*. A echarpe conferia àquele visual um ar de sobriedade, mas também realçava o traço /feminino/ da indumentária de Rousseff. Tratava-se de uma composição, enfim, inquestionavelmente feminina.

A incorporação do traço /feminino/ por meio de uma prática (o uso das vestimentas descritas) oblitera, num certo sentido, a imagem do ator político Dilma Rousseff construída até a vitória nas eleições presidenciais de 2010. Até então, sua figura política havia sido edificada sobre a imagem de "gestora",[50] sucessora de Lula, cujo gênero feminino jamais se sobrepusera às características de âmbito profissional e público.[51] Ao longo da campanha presidencial, Dilma vestira, invariavelmente, *tailleur*[52] e assim também o fez no dia em que foi empossada. Portanto, o uso de um vestido vermelho, com sapatos de salto e echarpe, naquela situação específica – a visita de Obama ao Brasil –, remete a uma prática, subsumida por uma estratégia organizadora e, em última instância, por uma forma de vida.[53] Era a forma de vida exclusivamente feminina que estava ali em jogo.

Durante o pronunciamento, os presidentes se posicionaram lado a lado em dois púlpitos, em cuja parte anterior figuravam as bandeiras do Brasil e dos Estados Unidos. Uma voz em *off* (do cerimonial da presidência) anunciou: "Com a palavra a senhora presidenta da República Federativa do Brasil, Dilma Rousseff."[54] O uso de *presidenta* é significativo, uma vez que, quando consultada, inicialmente, sobre sua preferência em relação a *presidente* ou *presidenta*, Rousseff manifestara-se favorável à segunda designação. Por outro lado, a maior parte da imprensa brasileira (canais de TV privados, jornais de circulação nacional etc.) optou por se reportar a ela pelo substantivo comum de dois gêneros *a presidente*, não salientando, dessa forma, o traço /feminino/ da chefe de Estado brasileira por meio da desinência de gênero aplicada ao substantivo. Nesse sentido, o uso de *a presidente* ou *a presidenta* não se faz sem que se leve em conta a intencionalidade ideológica do enunciador do discurso. E, na situação descrita, o uso da forma feminina veio reforçar o modo de se vestir da primeira mulher a governar nosso país.

Dilma Rousseff deu início aos pronunciamentos. Vejamos o primeiro trecho do seu discurso, no qual ela ressalta características pessoais de si mesma e do presidente norte-americano:

> Senhor presidente Obama, a sua visita ao meu país me enche de alegria, desperta os melhores sentimentos de nosso povo e honra a histórica relação entre o Brasil e os Estados Unidos. Carrega também um forte valor simbólico: os povos de nossos países ergueram as duas maiores democracias das Américas, ousaram também levar aos seus mais altos postos *um afrodescendente e uma mulher*, demonstrando que o alicerce da democracia permite o rompimento das maiores barreiras para a construção de sociedades mais generosas e harmônicas.[55]

Evidentemente, o fato de uma mulher e de um afrodescendente conduzirem as maiores democracias e economias das Américas, por si só, configura, de acordo com as palavras da própria Rousseff, algo de forte caráter simbólico – um *acontecimento*, diria Zilberberg[56] –, pois indica mudança num sistema de valores em que a figura do homem branco sempre esteve atrelada ao poder.

No entanto, queremos chamar atenção para o que Landowski[57] chama de constituição intersubjetiva e intrassubjetiva. No caso em análise, a constituição intersubjetiva de Dilma Rousseff e de Barack Obama refere-se à distinção entre eles mesmos e os outros. No segundo caso, trata-se da cisão entre dois *eus*: o *eu presidente* enquanto pessoa pública e o *eu presidente* enquanto pessoa privada. Ao dar enfoque, em alguns momentos, ao caráter da pessoa privada, o discurso de Rousseff enfatiza o *eu presidente* do âmbito do íntimo, do privado, embora, como foi dito, a política (e, por contiguidade, os discursos políticos), em princípio, se situaria(m) na esfera do público.

A matéria do jornal *O Estado de S. Paulo,* intitulada "Dilma vira diva em noite de festa no palácio", relata um evento acontecido no mesmo dia do pronunciamento ao lado de Obama. Dilma abriu as portas do Palácio do Alvorada para mais de cinquenta mulheres, em comemoração ao Dia Internacional da Mulher:

> *Mostrando afabilidade e simpatia surpreendentes*, a presidente Dilma Rousseff deu mostras de que, se é verdadeira a tese do ex-presidente Fernando Henrique Cardoso, de que ela não venceu as eleições por conta das características identificadas com o universo feminino – *se credenciando por meio de uma história pessoal na qual o sexo pouca diferença fez –, ela agora busca o caminho inverso.*[58]

De acordo esse texto, assinado pela jornalista Sonia Racy, Dilma Rousseff, diferentemente de como agira durante a campanha presidencial, estaria passando a vincular sua imagem ao universo feminino. Em primeiro lugar, é digno de nota o título da matéria "Dilma vira diva em noite de festa no palácio". *Diva* denota, segundo o *Dicionário Houaiss*, "divindade feminina, deusa; mulher da qual alguém fez sua musa inspiradora".[59] Portanto, já pelo título, é possível resgatar o traço /feminino/ que se incorpora à figura política de Rousseff, traço esse reforçado pelo enunciado inicial "mostrando afabilidade e simpatia surpreendentes". "Afável", de acordo com o mesmo dicionário, significa: "qualidade ou comportamento de quem é afável; atributo de quem é cortês, *delicado*; benevolência, cortesia, amabilidade".[60] Essa delicadeza, de acordo com o sistema de valores judaico-cristão ocidental, está especialmente relacionada ao feminino. Do elemento "surpreendente" depreende-se um pressuposto: o de que Dilma Rousseff, em outras épocas, não demonstrara tal afabilidade/feminilidade, fato a que já aludimos ao tratar da vestimenta (vestido *vs. tailleur*) da chefe de Estado brasileira. Além disso, do fragmento: "se credenciando por meio de uma história pessoal na qual o sexo pouca diferença fez –, ela agora busca o caminho inverso...", depreendemos que "o caminho inverso" a que se refere a jornalista Sonia Racy implica justamente que Dilma vem procurando dar ênfase à sua história de vida pessoal, via feminino. Em outras palavras, tratar-se-ia, novamente, de colocar em relevo um dos *eus* a que se refere Landowski:[61] o *eu privado*.

Vejamos agora o trecho inicial do discurso do presidente Obama, proferido, também no Palácio do Planalto, logo em seguida ao discurso de Dilma Rousseff:

> Obrigado, senhora presidente, pelas gentis palavras. Muito obrigado a você e ao povo brasileiro pela calorosa recepção e pela famosa hospitalidade brasileira com que vocês receberam Michelle, a mim e nossas filhas. "Muito obrigado" [dizendo em português a expressão de agradecimento].[62]

No excerto, o norte-americano, ao cindir sua figura em dois *eus* – o eu presidente dos Estados Unidos (o *eu público*) e o eu marido e pai de família (o *eu privado*), dá destaque ao segundo *eu*, o de foro íntimo. Não se tratou apenas da visita de um chefe de Estado a outro. A presença da mulher e das filhas de Obama acentua o papel temático de um presidente também pai e marido. Além disso, o fato de o presidente norte-americano referir-se à primeira-dama pelo nome de batismo ("Michelle") vem reforçar, ainda mais, a esfera de sua intimidade familiar. Portanto, estão em jogo o tempo todo dois *eus*, e, naturalmente, duas formas de vida relativas a cada um deles: a forma de vida pública e a forma de vida privada, assim como observamos no caso de Dilma Rousseff.

Vejamos um trecho de outro discurso do presidente Obama, proferido no Teatro Municipal do Rio de Janeiro, um dia após o pronunciamento que fizera em Brasília:

> Desde o momento em que chegamos, o povo desta nação tem gentilmente mostrado à minha família o calor e a generosidade do espírito brasileiro, obrigado. Quero agradecer a todos por estarem aqui, pois me disseram que há um jogo do Vasco ou do Botafogo... Eu sei que os brasileiros não abrem mão de seu futebol tão facilmente. Uma das primeiras impressões que tive do Brasil veio de um filme que vi com minha mãe quando eu era muito pequeno. Um filme chamado *Orfeu Negro*, que se passava nas favelas durante o carnaval. E minha mãe adorava aquele filme, tinha música e dança e como pano de fundo, os lindos morros verdes. Esse filme estreou primeiramente como uma peça bem aqui, no Teatro Municipal. Minha mãe já faleceu, mas ela jamais imaginaria que a primeira viagem de seu filho ao Brasil seria como presidente dos EUA.[63]

Pelo fragmento do discurso de Obama, depreendemos, novamente, o papel temático de pai de família, que aqui se soma ao de filho – de uma mãe já falecida, que "jamais imaginaria que a primeira viagem de seu filho ao Brasil seria como presidente dos EUA". O chefe de Estado norte-americano, ao contar uma passagem de sua trajetória pessoal, traz à tona elementos do campo do sensível, os quais suscitam a emoção, o *pathos* do auditório. O enunciatário é, assim, levado a se compadecer com aquela história de luta e superação. Não por acaso à etimologia de *compaixão* subjaz um "sofrimento comum, comunidade de sentimentos".[64] Evidentemente, essa ênfase no pessoal, no afetivo, não se dá sem intencionalidade persuasiva, conforme veremos à frente.

Serão apresentados a seguir dois trechos, retirados dos discursos proferidos no Palácio do Planalto (19 de março de 2011), que, ao contrário dos excertos reproduzidos até aqui, deixam em evidência o *eu público* dos dois chefes de Estado. Em primeiro lugar, veja-se um trecho do discurso de Rousseff:

> A combinação de uma política econômica séria, com fundamentos sólidos e uma estratégia consistente de inclusão fez do nosso país um dos mais dinâmicos mercados do mundo. Fortalecemos o conteúdo renovável da nossa matriz energética, e avançamos em políticas ambientais protetoras de nossas importantes reservas florestais e de nossa rica biodiversidade. [...] Meu governo, nesse momento, se encontra nas tarefas necessárias para aperfeiçoar nosso processo de crescimento e garantir um longo período de prosperidade para o nosso povo. [...] Temos propugnado por uma reforma fundamental no desenho da governança global, a ampliação do Conselho de Segurança da ONU. Aqui, senhor presidente, não nos move um interesse menor da ocupação burocrática de espaços de representação. O que nos mobiliza é a certeza que um mundo mais multilateral produzirá benefícios para a paz e harmonia entre os povos.[65]

Observe-se agora o seguinte fragmento do discurso de Obama, proferido na mesma ocasião:

> Como presidente, eu sempre promovo o compromisso baseado em respeito mútuo e interesses mútuos e uma parte fundamental desse compromisso é promover uma cooperação maior com centros de influência do século XXI, incluindo o Brasil. Em suma, os EUA não apenas reconhecem o crescimento do Brasil, mas apoiam esse crescimento com entusiasmo. Por isso criamos o G20, o principal fórum de cooperação econômica mundial, para ter certeza de que países como o Brasil terão mais voz ativa. Por isso aumentamos a cota de votação do Brasil e o seu papel nas instituições financeiras internacionais.[66]

Como é possível constatar, nos dois últimos trechos, predominam os *eus públicos* dos atores políticos em questão, cujas preocupações se voltam primordialmente para questões relacionadas a seus respectivos países e governos. Portanto, nessa situação, ambos ocupam o papel temático de presidente, de pessoas públicas que, conforme já foi dito, detêm um *poder fazer* em prol de um actante coletivo (o eleitorado, a nação etc.).

Para Landowski,[67] o sentido da política funda-se numa *complexidade* ligada à cisão intrassubjetiva, como mostram nossas análises a respeito do *eu público* e do *eu privado* de Dilma Rousseff e Barack Obama. Na esteira do autor – e retomando o nível de pertinência fontanilliano das formas de vida –, é possível afirmar que público e privado, enquanto formas de vida dos atores políticos aqui enfocados, constituem um termo complexo,[68] que engendra uma forma de vida também complexa na medida em que articula a figura de ambos os chefes de Estado ao *eu presidente* público + *eu presidente* privado. Desse modo, ao alargarmos o escopo de análise, por meio da proposta fontanilliana de níveis de pertinência semiótica, podemos chegar ao que seria o termo complexo apreensível das formas de vida dos atores políticos Dilma Rousseff e Barack Obama. Essa forma de vida complexa, que subsume os valores do público e do privado desses atores, pode ser vista no quadrado semiótico a seguir:[69]

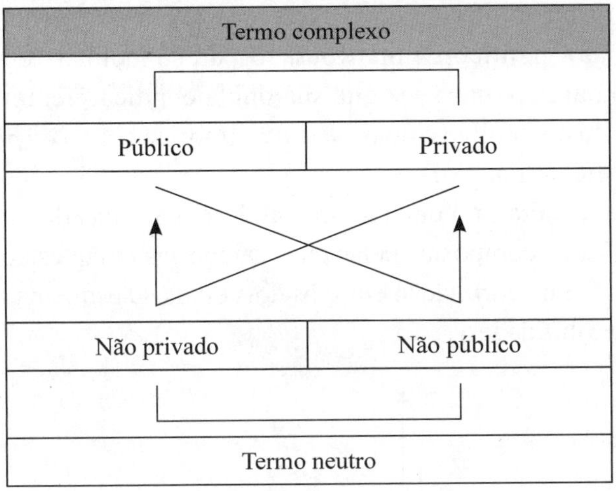

É preciso dizer que o *eu privado*, no caso de Rousseff, funda-se na figura do feminino, enquanto, no de Obama, ancora-se na esfera familiar. Já o *eu público* de ambos traduzir-se-ia pelo papel temático de presidente do Brasil e dos Estados Unidos, respectivamente.

Cabe, porém, uma ressalva em relação ao traço /feminino/ que define o *eu privado* do ator político Dilma Rousseff: tal traço remete, ao mesmo tempo, a um "ser feminino" (portanto, do âmbito do privado) e à representante de um grupo social minoritário no poder: o das mulheres (o que implica, pois, a esfera pública). Desse modo, a chefe de Estado brasileira, ao reafirmar sua condição de mulher, isto é, ao dar ênfase ao /feminino/, torna essa condição ambivalente: a de ser, ao mesmo tempo, de natureza privada e pública. O mesmo não se pode dizer em relação ao ator político Barack Obama, pois, pela análise aqui empreendida, o que o define, a princípio, como *eu privado* é a esfera familiar e não, por exemplo, o fato de ser um afrodescendente. Por essa razão, a composição das formas de vida de Obama e de Rousseff não se dá exatamente da mesma maneira: no caso da chefe de Estado brasileira, o /privado/ parece ter um peso relativamente menor do que no caso de Obama.

Isso remete a uma dinâmica gradual, que modula o entrecruzamento dessas categorias, de modo a dar conta da "elasticidade" do discurso, como propõe a gramática tensiva. Poderíamos, pois, a partir dessa perspectiva, definir o eixo do privado como mais compatível com os estados de alma (intensidade) e o eixo do público como mais conciliável com os estados de coisa (extensidade). Assim, podemos dizer que a forma de vida do ator político Barack Obama ocupa uma posição mais equilibrada em relação aos eixos do privado e do público, enquanto a do ator político Dilma Rousseff parece inclinar-se um pouco mais para o eixo do público, uma vez que sua dupla condição feminina (ao mesmo tempo, do âmbito do público e do privado) se imbrica com o *eu público* do papel temático de chefe de Estado.

Há que se ressaltar, no entanto, que ambas as formas de vida são necessariamente *complexas*, compostas pelas duas categorias em questão, ou ainda, são, necessariamente, uma correlação entre os dois eixos. O esquema tensivo a seguir ilustra essas possibilidades:

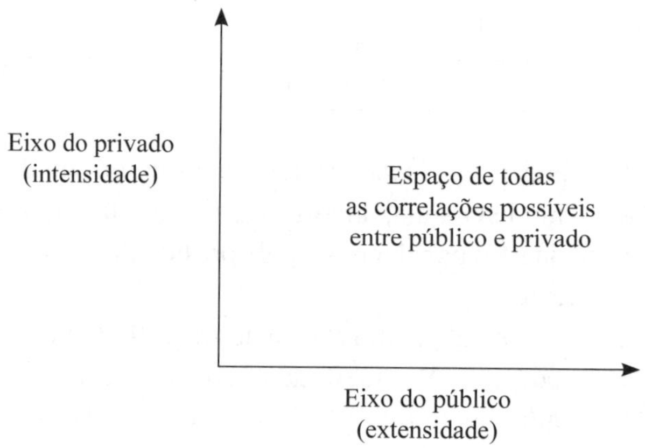

Tal complexidade, como foi observado na análise do *corpus,* pode ser apreendida em discursos textualizados de diversas maneiras (verbais, visuais, audiovisuais) e pensados por um viés que concebe níveis superiores ao do texto-enunciado, como é o caso das formas de vida.

Ethos e discurso político

A construção de uma forma de vida complexa, que funde o público e o privado, não se faz sem uma intencionalidade ou um efeito de sentido pretendido. A *complexidade* das formas de vida dos atores políticos focalizados passa a compor um *fazer crer* manipulatório de um destinador (político), cujo propósito é a adesão de um destinatário (eleitor, opinião pública etc.). Para Bertrand,[70] o discurso político mostra-se como uma realidade familiar e partilhável que se aproxima, ao máximo, da vida cotidiana, imediatamente acessível ao eleitor, a quem são, dessa forma, oferecidas grandes possibilidades de identificação. É dessa proximidade/familiaridade que resulta o sentimento de verdade. Por isso, segundo os autores, a adesão ao discurso político (compreendido não apenas no nível dos textos-enunciados) opera-se mais pelas qualidades pessoais e sensibilidade do ator político (âmbito do sensível), do que por suas posições e convicções (esfera do inteligível).

Em seu esquema de níveis de pertinência semiótica, Fontanille postula que as estratégias, ao se repetirem e se estabilizarem ao longo do tempo, remetem a conteúdos axiológicos específicos que se dão a apreender como forma de vida: "a experiência subjacente, o sentimento de uma identidade de comportamento, a percepção de uma regularidade num conjunto de procedimentos de acomodação estratégica é, portanto, a experiência de um *ethos*".[71] Segundo o autor, o tipo de experiência da forma de vida é, assim, o *ethos*, termo advindo da Retórica clássica.

Para Aristóteles, "é o *ethos* (caráter) que leva à persuasão, quando o discurso é organizado de tal maneira que o orador inspira confiança".[72] Sobre essa questão, Fiorin afirma que "em termos mais atuais, dir-se-ia que o *éthos* não se explicita no enunciado, no dito, mas na enunciação, no ato de dizer [...]. O *éthos* é uma imagem do autor do discurso, não é o autor real; é um autor discursivo, um autor implícito".[73] Nessa perspectiva, o *ethos* pode ser recuperado por meio da enunciação-enunciada, ou seja, das marcas da enunciação deixadas no enunciado.[74]

Assim, ao fundir duas formas de vida num termo complexo que integra o *eu público* e o *eu privado*, cada presidente se vê dotado, simultaneamente, de um *ethos* duplo – se se pode dizer assim – que se constrói com vistas à identificação com o auditório e, consequentemente, à adesão deste ao discurso e ao próprio enunciador. Lembramos que, como afirma Maingueneau, inspirado em Barthes, o *ethos* é uma "*maneira de dizer* que remete a uma *maneira de ser*".[75]

Percebe-se, assim, que essa busca de adesão ao discurso político dá-se em diversos níveis de pertinência semiótica. É possível arriscar ainda dizer que ela se ancora mais em elementos do campo do sensível, do afetivo, do que em elementos da esfera do inteligível, razão pela qual os discursos aqui analisados abrem um espaço significativo para o *eu privado*. Corroboram nosso pensamento Bertrand, Dézé e Missika,[76] quando afirmam que a novidade da campanha presidencial francesa de 2007 foi a extensão do campo do sensível e do afeto para além de um território marcado. Assim, alinha-se o pensamento ao da gramática tensiva,[77] que confere à intensidade (os estados de alma) o lugar de regente da extensidade (os estados de coisas).

Considerações finais

Não são poucos os trabalhos que examinam o discurso político à luz da Semiótica ou que tratam das relações entre Semiótica e política, conforme percebe-se ao longo deste livro e de outros estudos.[78] A contribuição deste capítulo consiste em apontar, nos discursos dos atores políticos focalizados, alguns aspectos relativos ao caráter público e privado que revelam uma forma de vida complexa.

Ao retomar o sentido sintáxico de política/discurso político, proposto por Landowski,[79] é possível afirmar que esse caráter mais *profundo* de política trata, portanto, de quaisquer relações de poder, não necessariamente apenas de discursos políticos enquanto textos-enunciados. Portanto, a compreensão de política num sentido muito semelhante ao de manipulação pode ser prolongada, como foi visto, para outros níveis de pertinência semiótica. Nesse sentido, a análise das formas de vida e da experiência dos *ethe* que lhes são correspondentes mostram que a busca da adesão do público está, evidentemente, no nível do texto-enunciado, mas, conforme dito anteriormente, mostra-se também em níveis outros que o subsumem. Assim, observa-se que um *fazer fazer* e um *fazer crer* manipulatórios também se fazem presentes no engendramento das formas de vida aqui analisadas.

Ademais, as definições de política apresentadas na primeira seção, que repousam no traço /público/, de modo a compor uma oposição com o traço /privado/, suscitariam um certo questionamento. Como foi demonstrado, o sujeito-destinador político é intrinsecamente cindido, caracterizado por uma forma de vida complexa, que articula o público e o privado (ainda que um deles possa mostrar-se mais "saliente" do que o outro num dado discurso). Sua forma de vida é, pois, híbrida, *complexa*. De acordo com a análise apresentada, parece, pois, estar havendo uma mudança de direção no que se refere ao caráter eminentemente público da política/discurso político, à medida que se dá também destaque à forma de vida privada. Essa questão encontra respaldo em Bertrand, Dézé e Missika, para quem:

> O mergulho na intimidade dos candidatos não é apenas um dano colateral da "peopolisação"[80] generalizada, nem um simples efeito de halo da telerrealidade, ele exprime também este deslocamento do julgamento coletivo, ele próprio comandado pela transformação das formas de ação política.[81]

A "'peopolisação' generalizada" a que se referem os autores indica uma transformação no quadro de valores sociais que, por sua vez, opera mudanças nas formas de ação política. Trata-se, pois, de uma modificação de natureza axiológica, passível de ser depreendida pela análise semiótica aqui apresentada. Por isso, à sua maneira, isto é, a partir da epistemologia e metodologia que lhe são próprias, a Semiótica de bases greimasianas tem refletido sobre a relação entre política e significação – sobretudo a partir da análise de discursos políticos. É, portanto, por meio do exercício analítico, que é possível apreender os valores – a axiologia – subjacentes a tais discursos (em vários níveis de pertinência) e, assim, chegar ao "social", ao "histórico", ao "político". Por fim, ao lado de outros trabalhos desta coletânea, acreditamos ter podido atestar a não pertinência da acusação a que sistematicamente a Semiótica é submetida: a de que, por ser imperdoavelmente estruturalista, a disciplina exclui, de forma sumária, de seu campo de atuação o sujeito, a história e a política.

Notas

1 Agradecemos à prof. dra. Regina Souza Gomes a leitura cuidadosa da primeira versão deste trabalho e as valiosas sugestões que fez para enriquecê-lo.

2 Eric Landowski, *Presenças do outro*: *ensaios de sociossemiótica*, São Paulo, Perspectiva, 2002.

3 É digno de nota que durante a chamada "era Lula" (2003-2011), Obama, cujo mandato iniciou-se em 2008, não visitou nosso país uma única vez.

4 Claude Zilberberg, *Eléments de grammaire tensive,* Limoges, PULIM, 2006.

5 Lembramos que, para a Semiótica francesa, teoria que assumimos aqui, o discurso pertence ao plano de conteúdo do texto, enquanto este último constitui a junção de um plano de conteúdo (o do discurso) com um plano de expressão (verbal, não verbal – visual, gestual etc. – ou sincrético). Nesse sentido, o conceito de texto é bastante amplo, não se restringindo ao texto verbal.

6 As *formas de vida* são um dos níveis de pertinência semiótica previstos por Fontanille (Jacques Fontanille, *Pratiques sémiotiques,* Limoges, PULIM, 2008). De acordo com Fontanille e Zilberberg (Jacques Fontanille; Claude Zilberberg, *Tensão e significação*, São Paulo, Humanitas, 2001, p. 203), o conceito tem sua gênese na obra *Investigações filosóficas*, de L. Wittgenstein, que o utiliza "para generalizar os 'jogos de linguagem': a significação de uma expressão não se pode estabelecer senão em seu 'uso' [...]". Assim, "o projeto de Wittgenstein vai na direção de uma pragmática generalizada, que de fato concederia primazia ao cultural". Ainda segundo os autores, o conceito de formas de vida também se encontra, em outra acepção, na obra de E. Cassirer, *La philosophie des formes symboliques*. Nela, tal conceito "não se vincula apenas à pragmática da linguagem, e sim, mais amplamente, à semiótica das culturas", permitindo, pois, "evidenciar o enraizamento sensível das organizações simbólicas coletivas" (Idem, p. 204).

7 Jacques Fontanille, op. cit.

8 Eric Landowski, "Politique (sémiotique politique); situation; sociosémiotique", em Algildas J. Greimas; Joseph Courtés, *Sémiotique: dictionnaire raisonné de la théorie du langage,* Paris, Hachette, 1986. t. II, pp. 172-3; Eric Landowski, *A sociedade refletida*, São Paulo, Pontes, 1992.

9 Antônio Houaiss, *Dicionário da língua portuguesa*, Rio de Janeiro, Objetiva, 2009, p. 1.519.

10 Norberto Bobbio, "Política", em Norberto Bobbio; N. Matteuci; G. Pasqualino (orgs.), *Dicionário de política*, 2. ed., Brasília, Editora UnB, 1998, p. 954, grifos do original.

11 Hannah Arendt, *O que é política?,* 3. ed., Rio de Janeiro, Bertrand Brasil, 2002 (fragmento 3b).

12 Aristóteles, *Política*, Brasília, Ed. Universidade de Brasília, 1985.

13 Idem, 1253a, livro 1, capítulo 1, § 9.

[14] Hannah Arendt, op. cit.

[15] Marilena Chaui, "O que é política", em Adauto Novaes (org.), *O esquecimento da política*, Rio de Janeiro, Agir, 2007, pp. 27-53.

[16] Idem, p. 33.

[17] Eric Landowski, *Passions sans nom*, Paris, PUF, 2004, p. 200.

[18] Coletividade no sentido que Greimas e Landowski (Algirdas Julien Greimas; Eric Landowski, "Analyse sémiotique d'un discours juridique", em Algirdas Julien Greimas, *Sémiotique et sciences sociales,* Paris, Seuil, 1976, pp. 77-128) concebem o "actante coletivo", isto é, indivíduos que partilham com outros um certo papel temático. Nesse estudo, os autores analisam o actante coletivo das sociedades comerciais, conceito que podemos trazer para a seara política, pois tal actante é suscetível de individuação, ao mesmo tempo que se funde num todo. Salientam os autores que o actante coletivo é subsumido pela figura do(s) ator(es) também coletivo(s). Assim, podemos dizer que, no domínio político, o actante coletivo corresponderia ao eleitorado, à opinião pública etc.

[19] Algirdas Julien Greimas; Joseph Courtés, *Dicionário de Semiótica,* São Paulo, Contexto, 2008, pp. 208-9.

[20] José Luiz Fiorin, "Semiótica e política", em Diana Luz Pessoa de Barros; José Luiz Fiorin (orgs.), *A fabricação dos sentidos*: *estudos em homenagem a Izidoro Blikstein,* São Paulo, Humanitas, 2008, p. 558.

[21] Algirdas Julien Greimas; Joseph Courtés, 2008, op. cit.

[22] Algirdas J. Greimas; Joseph Courtés, 1986, op. cit.

[23] Eric Landowski, 1986, op. cit., pp. 172-3

[24] Tradução nossa de: "Historiquement, l'approche sémiotique du domaine politique c'est amorcée sous la forme d'analyses des discours politique [...] une approche sructurale fondée sur l'idée de niveaux d'articulation des discours, antérieures à leur manifestation... ".

[25] Eric Landowski, 1986, op. cit., p. 173.

[26] Tradução nossa de: "Est politique le discours qui 'parle de politique'".

[27] Tradução nossa de: "certains *effets de pouvoir,* en entendant par là la transformation des compétences modales des actants de la communication et, par suite, la transformation des conditions de réalisation de leurs programmes narratifs respectifs". Eric Landowski, 1986, op. cit., p. 173, grifo no original.

[28] Para as questões que envolvem as relações entre Semiótica e Retórica, ver, por exemplo Semir Badir; Jean-Marie Klinkenberg (orgs.), *Sémiotique et rhétorique générale,* Limoges, PULIM, 2008.

[29] Eric Landowski, 1986, op. cit.

[30] Algirdas Julien Greimas e Joseph Courtés, 2008, op. cit., p. 380.

[31] Idem.

[32] Eric Landowski, 1986, op. cit., p. 195.

[33] Idem, p. 206.

[34] Eric Landowski, 1992, op. cit., p. 207.

[35] Jacques Fontanille, op. cit., p. 18.

[36] Segundo Greimas e Courtés, "a autonomia da linguística – justificável pela especificidade de seu objeto, afirmada com insistência por Saussure – foi retomada por Hjelmslev sob a forma do *princípio de imanência*: sendo a forma (ou a língua no sentido saussuriano) o objeto da linguística, qualquer recurso aos fatos extralinguísticos deve ser excluído por ser prejudicial à homogeneidade da descrição" (Algirdas Julien Greimas; Joseph Courtés, 2008, op. cit., p. 255, grifos do original).

[37] Algirdas Julien Greimas, "L'énonciation: une posture épistémologique", *Significação – Revista Brasileira de Semiótica*, Ribeirão Preto (SP), n. 1, 1974, p. 25.

[38] Eric Landowski, 1986, op. cit.; Eric Landowski, 1992, op. cit.

[39] Jacques Fontanille, op. cit.

[40] Idem, p. 14. Tradução nossa de: "Le principe d'immanence est indissociable [...] de l'hypothèse d'une activité de schématisation et de modélisation dynamique interne aux sémiotiques-objets, et c'est l'aire d'activité immanente de cette schématisation qui doit nous indiquer pour chaque cas les limites du domaine de pertinence."

[41] Idem, p. 18, Tradução nossa de: "Un plan d'expérience ne peut être converti en un plan d'immanence que si et seulement s'il donne lieu à la construction d'une sémiotique-objet, autrement dit, s'il fait apparaître la possibilité d'une fonction sémiotique entre un plan d'expression et en plan de contenu."

42 Idem, pp. 17-36.

43 Afirma Fontanille (Idem, p. 18) que a Semiótica, durante os anos 1970, ao abandonar o *atomismo* do signo, passou a dedicar-se a seus constituintes: a expressão e o conteúdo, o que abriu possibilidades para o estudo do discurso. Essa mudança de perspectiva não é senão uma mudança de nível de pertinência.

44 Idem, p. 20. Tradução nossa de: "[...] un ensemble de figures sémiotiques organisées en un ensemble homogène grâce à leur disposition sur un même support ou véhicule".

45 Idem, p. 21, Tradução nossa de: "[...] des structures matérielles tridimensionnelles, dotées d'une morphologie, d'une fonctionnalité et d'une forme extérieur identifiable, dont l'ensemble est 'destiné' à un usage ou une pratique plus ou moins spécialisés".

46 Idem, p. 29.

47 Jacques Fontanille; Claude Zilberberg, op. cit., p. 225.

48 Jacques Fontanille, op. cit., p. 33.

49 Vídeo transmitido pela rede de televisão estatal NBR, disponível em: <http://www.youtube.com/watch?v=Vbf4EyE-Yu0>, acesso em: 20/03/2011.

50 De acordo com uma matéria da agência de notícias Reuters, publicada pelo site G1, durante a campanha presidencial, o PT deu enfoque sobretudo à imagem de gestora da então candidata Dilma Rousseff, disponível em: <http://g1.globo.com/Noticias/Politica/0,,MUL1411785-5601,00-NA+TEVE+PT+MOSTRA+DILMA+GESTORA+E+COMPARA+GOVERNO+LULA+COM+FHC.html>, acesso em: 09/05/2011.

51 Embora, ainda durante a campanha, já houvesse alguns sinais de mudança de perspectiva, no caso, por exemplo, de Lula chamar Dilma de "Mãe do PAC", Programa e Aceleração do Crescimento, disponível em: <http://www1.folha.uol.com.br/folha/brasil/ult96u379664.shtml>, acesso em: 15/04/2011.

52 Salientamos que o *tailleur* é um tipo de vestimenta que se funda numa negação fundadora, que pode tanto oscilar para o /não feminino/, quando se compõe de *blazer* e calça, quanto para o /não masculino/, quando se compõe de *blazer* e saia. De todo modo, há que se ressaltar que esse tipo de indumentária não se enquadra efetivamente na categoria do /feminino/, diferentemente do vestido vermelho e dos acessórios descritos anteriormente.

53 Jacques Fontanille, op. cit.

54 Vídeo transmitido pela rede de televisão estatal NBR, disponível em: <http://www.youtube.com/watch?v=Vbf4EyE-Yu0>, acesso em: 20/03/2011.

55 Transcrição do discurso de Dilma Rousseff transmitido pela rede de TV estatal NBR, disponível em: <http://www.youtube.com/watch?v=Vbf4EyE-Yu0>, acesso em: 20/03/2011, grifos nossos.

56 Claude Zilberberg, "Louvando o acontecimento", em *Revista Galáxia,* São Paulo, n. 13, pp. 13-28, 2007.

57 Eric Landowski, "O olhar comprometido", em *Revista Galáxia*, São Paulo, n. 2, 2001, p. 45.

58 Disponível em: <http://www.estadao.com.br/noticias/nacional,dilma-vira-diva-em-noite-de-festa-no-palacio,697934,0.htm>, acesso em: 27/03/2011, grifos nossos.

59 Antônio Houaiss, op. cit., p. 701.

60 Idem, p. 59, grifo nosso.

61 Eric Landowski, 2001, op. cit.

62 Tradução de Cláudia Freire, disponível em: <http://g1.globo.com/obama-no-brasil/noticia/2011/03/leia-e-assista-integra-do-discurso-de-obama-no-palacio-do-planalto.html>, acesso em: 20/03/2011.

63 Tradução de Luiz Marcondes, disponível em: <http://g1.globo.com/obama-no-brasil/noticia/2011/03/leia-integra-do-discurso-de-barack-obama-no-theatro-municipal.html>, acesso em: 21/03/2011.

64 Antônio Houaiss, op. cit., p. 502.

65 Transcrição do discurso de Dilma Rousseff transmitido pela rede de TV estatal NBR, disponível em: <http://www.youtube.com/watch?v=Vbf4EyE-Yu0>, acesso em: 20/03/2011.

66 Tradução de Cláudia Freire, disponível em: <http://g1.globo.com/obama-no-brasil/noticia/2011/03/leia-e-assista-integra-do-discurso-de-obama-no-palacio-do-planalto.html>, acesso em: 20/03/2011.

67 Eric Landowski, 2001, op. cit., p. 45.

68 Para Greimas e Courtés (Algirdas Julien Greimas e Joseph Courtés, 2008, op. cit., p. 78), o termo complexo, enquanto "derivado da estrutura elementar da significação", define-se "pela relação 'e... e' que contraem, em consequência de prévias operações sintáticas, os termos S1 e S2 do eixo dos contrários no quadrado semiótico". O termo neutro, por sua vez, refere-se à oposição entre os termos não S1 e não S2 (Idem, p. 339).

[69] Salientamos que os termos *público* e *privado* não definem, evidentemente, toda e qualquer forma de vida. Tal oposição semântica no nível de pertinência das formas de vida dos atores políticos em questão foi depreendida dos discursos aqui analisados.

[70] Denis Bertrand; Alexandre Dézé; Jen-Louis Missika, *Parler pour gagner: sémiotique des discours de la campagne presidentielle de 2007*, Paris, Presses de Sciences Po, 2007, p. 105.

[71] Tradução nossa de: "L'expérience sous-jacente, le sentiment d'une identité de comportement, la perception d'une régularité dans un ensemble de procédures d'accommodation stratégique, est donc l'expérience d'un ethos". Jacques Fontanille, op. cit., p. 33.

[72] Aristóteles, apud José Luiz Fiorin, 2008, op. cit., p. 563.

[73] José Luiz Fiorin, 2008, op. cit., p. 563.

[74] Autores como Adam [Jean-Michel Adam, "Imagens de si e esquematização do orador: Pétain e De Gaulle em junho de 1940", em Ruth Amossy (org.), *Imagens de si no discurso,* São Paulo, Contexto, 2005. pp. 93-117] e Maingueneau [Dominique Maingueneau, "A propósito do *ethos*", em Ana Raquel Motta; Luciana Salgado (orgs.), *Ethos discursivo,* São Paulo, Contexto, 2008. pp. 11-29] falam de um *ethos* prévio (ou pré-discursivo), que, juntamente com o *ethos* discursivo (dito e mostrado), responderia pelo *ethos* efetivo do sujeito/orador. Entendemos que, em se tratando de figuras públicas, como é o caso de Dilma Rousseff e Barack Obama, o *ethos* prévio se manifesta antes mesmo que eles "abram a boca" para dizer o que quer que seja. No entanto, como nosso foco é o discurso, não nos deteremos no *ethos* prévio desses atores, restringindo-nos aos comentários já feitos ao longo do texto.

[75] Dominique Maingueneau, *Análise de textos de comunicação,* São Paulo, Contexto, 2001, p. 19, grifos do original.

[76] Denis Bertrand; Alexandre Dézé e Jen-Louis Missika, op. cit., p. 117.

[77] Claude Zilberberg, 2006, op. cit.

[78] Vide, por exemplo, Denis Bertrand; Alexandre Dézé; Jean-Louis Missika, op. cit.; Eric Landowski, 1986, op. cit., pp. 172-3; Eric Landowski, 1992, op. cit.; Eric Landowski, 2001, op. cit.; Eric Landowski, 2004, op. cit.; José Luiz Fiorin e Diana Luz Pessoa de Barros, op. cit.; Izidoro Blikstein, "O direito e o avesso: análise semiótica do discurso político e empresarial", em *Revista Organicom,* ano 5, n. 9, 2008, pp. 36-48; Glaucia M. P. Lara, "Os contratos entre enunciador e enunciatário no discurso de Luís Inácio Lula da Silva", em CASA, *Cadernos de Semiótica Aplicada,* Unesp/Araraquara, v. 2, n. 1, 2004, pp. 1-13 etc.

[79] Eric Landowski, 1986, op. cit., p. 195.

[80] A expressão *peopolisation* advém da expressão *presse people*, que, na França, refere-se a uma categoria de publicações que se dedica à cobertura da vida de celebridades e artistas.

[81] Tradução nossa de: "La plongée dans l'intimité des candidats n'est pas seulement un dommage collatéral de la 'peopolisation' généralisée, ni un simple effet de halo de la téléréalité, elle exprime aussi ce déplacement du jugement collectif, lui-même commandé par la transformation des formes de l'action politique" (Denis Bertrand; Alexandre Dézé; Jen-Louis Missika, op. cit., p. 105).

O peso do corpo

Elizabeth Harkot-de-La-Taille

> [Agosto 2010] Praticamente todos (91%) os Websites eram abertos ao público e a maioria (79%) tinha recursos interativos. A grande maioria (84%) oferecia conteúdo pró-anorexia e 64%, conteúdo pró-bulimia. Poucos sites focalizavam desordens alimentares como escolha de estilo de vida. Material de tipo "thinspiration" [fotos de modelos e citações motivacionais para perda de peso] aparecia em 85% dos sites e 83% forneciam sugestões abertas de como adotar comportamentos associados a desordens alimentares. 38% dos sites incluíam informação ou links orientados à recuperação. Temas comuns eram sucesso, controle, perfeição e solidariedade.[1]

> [Sem data] Observa as outras pessoas, especialmente gordos(as), quando estiverem a comer, e sinta-se superior por não estar comendo nada e ter seu corpo limpo.[2]

> [Sem data] O que me alimenta me destrói. / A gordura frita não pode mentir, sua verdade está escrita em suas pernas. / Você tomou uma decisão NÃO VAI PARAR, e a dor é necessária, especialmente a dor da fome, que te dá certeza de que você é forte e pode suportar qualquer coisa. / A força não vem da capacidade física, mas da indomável vontade. (tradução nossa)[3]

> [Junho 2011] Depois de ser aprovada por unanimidade na Assembleia Legislativa no último dia 3, a Lei de autoria do deputado Raul Pont (PT) que institui a Política Estadual de Prevenção e Combate às Doenças Associadas aos Distúrbios Alimentares foi sancionada pelo governador Tarso Genro e publicada no Diário Oficial desta quinta-feira (19).[4]

O "bebê fofinho" continua na moda. A imagem do bebê saudável exibe as "dobrinhas" nos braços e pernas e o rosto redondo. Pode até ter emagrecido um pouco, nos últimos cinquenta anos, mas nada que fotos mostradas pelo Google tornem evidente. Usando o mesmo mecanismo de busca, a "garota fofa" é ilustrada como a menina bonita ou "antenada". Sua silhueta se alonga e sua imagem divide o espaço com fotos de modelos e reproduções de capas de revista. Passando para "garota saudável", as imagens apresentadas multiplicam modelos e capas de revista, além de dicas de maquiagem, numa clara associação de saúde aos padrões de beleza veiculados na mídia. Enquanto isso, o "garoto saudável" é representado numa gama de situações: em família, no esporte, em atividades diversas, inclusive em representações jocosas, como na foto de um homem muito idoso, ou de um "gordinho" comendo um enorme sanduíche.

As amostragens mencionadas referem-se à primeira página gerada pelo Google imagens, com cerca de vinte exemplos cada, em 01/07/2011. Todas as buscas remetem a menos de uma dezena de milhares de objetos, a ver, 6.980, para os bebês, 4.880, para "garotas fofas", 3.210, para "garotas saudáveis" e 6.080, para "garotos saudáveis".

A experiência de buscar "ser gorda", na mesma data, reserva uma surpresa: 1 milhão e 610 mil imagens de todos os tipos são apresentadas. Em termos de quantidade, enquanto as buscas anteriores geraram resultados na ordem de milhares, *ser gorda* remeteu a resultados na ordem de milhões!

Sem que atribuamos valor científico a resultados obtidos pelo maior mecanismo atual de busca na internet, os números impressionam e provocam reflexão. O peso concreto que tem o corpo é também psíquico e social. Fala-se em epidemia de obesidade. Esse foi o tema do documentário de 44 minutos do "Globo Repórter" de 11 de março de 2011. Na região Sul 56,8% dos homens e 51,6% das mulheres têm excesso de peso. No Brasil, os percentuais de obesidade são de 15,9% nos homens e 19,6% nas mulheres, segundo a Pesquisa de Orçamentos Familiares (POF) – 2008-2009, realizada pelo Instituto Brasileiro de Geografia e Estatística (IBGE) em parceria com o Ministério da Saúde. *O Globo* de 04/02/2011[5] noticiou "Epidemia de obesidade pode criar 'tsunami' de doença cardíaca". Obesidade remete a doenças do corpo e revela a doença social do preconceito. Crianças obesas são mais vítimas de *bullying*, noticiam *O Globo*, em 11/05/2011,[6] e o *Caderno de Ciência e Tecnologia* do *Jornal do Brasil*, em 01/07/2011.[7]

Paralelamente, ser magro é associado à saúde e a ideais estéticos. Magreza rima com beleza e é representada como formas de poder: saúde, sucesso, perfeição. Crescem os números de lipoaspirações, de cirurgias de redução de estômago, de dietas extravagantes. Aumenta a pressão social pelo corpo "enxuto". Disparam os casos de anorexia e bulimia.

Anorexia nervosa é considerada um distúrbio mental grave do qual negação da doença e forte resistência a tratamento são sintomas. Em muitos casos, aniquila a pessoa e pode levá-la à morte. Seu tratamento permanece um desafio para psiquiatras, psicólogos e pesquisadores das áreas da saúde.

Bulimia nervosa é outro tipo de distúrbio alimentar. Uma pessoa bulímica pode comer grandes quantidades de comida em pouco tempo e, para não engordar, usa estratégias para se livrar do alimento, seja por vômito forçado ou uso de laxantes.

Diferentemente dos casos de anorexia, quem tem bulimia pode ter peso dentro do normal para sua faixa etária. Porém, assim como para a anorexia, a pessoa teme engordar, quer perder peso, tem uma imagem distorcida de seu corpo e adota estratégias que lhe podem causar danos físicos e problemas psíquicos.

Práticas semióticas em torno do corpo estereotípico

A Mulher Bonita e a Feia

Caju & Castanha

[...] Dizem que a mulhé bunita tem um olhar atraente
Tem o chero da maçã, tem o sorriso inocente
E com isso ela consegue amanssa qualqué valente.
Dizem que a mulhé feia tem medo di abandono
Ronca igualmente a uma porca quando ela pega no sono
Que mulhé feia e jumento so quem procura é o dono
Refrão (1x)
Dizem que a mulhé bunita faz o homem vira brasa
Faz o homem enloquece, faz o homem cria asa
Se esquece dos seus pais e da feia que tem em casa
Dizem que a mulhé feia
Quando esta inciumada
Começa quebrando os prato em tudo dando porrada
E as vezes mata o marido dormindo de madrugada [...][8]

Greimas e Courtés[9] definem as práticas semióticas ou práticas sociais como "sequências significantes de comportamentos somáticos organizados, cujas realizações vão dos simples estereótipos sociais até as programações de forma algorítmica". Tais práticas são analisáveis, a exemplo das descrições de rituais e de cerimoniais.

A busca da beleza associada a distúrbios alimentares encerra um conjunto de práticas semióticas decorrentes da pressão social exercida sobre "a corporeidade feminina ao longo da modernidade, [segundo a qual a mulher] deve cultivar a vaidade em busca de um corpo ideal",[10] divulgadas pelos meios de comunicação e compartilhadas socialmente, como atinentes à saúde e ao sucesso, conforme as primeiras fotos obtidas pelo Google para "garotas saudáveis" já permitem intuir. No universo das academias de ginásticas, o estudo de Vilaça[11] confirma que "professores de educação física parecem ser atores sociais que reforçam a lógica do corpo belo, utilizando-se estrategicamente, assim como os alunos, do discurso da promoção da saúde para legitimar socialmente a busca pelo modelo de corpo vigente". Para professores entrevistados, "[m]ulher *tem* de ser magra, o homem *tem* de ser forte, diferente de antigamente, que as mulheres gordinhas eram consideradas bonitas e atraentes [...]".[12]

Se, por um lado, "beleza é fundamental", *à la* Vinicius de Moraes, por outro, o padrão de beleza, num período e local, pode diferir sensivelmente daquele de outras épocas e lugares, uma vez que se tratam de construções sociais. Na galeria da história do "corpo ideal", encontram-se: a mulher de seios fartos e ancas largas, desejada na Antiguidade e em culturas atuais, a exemplo do concurso *Miss Big Matofotofo*;[13] as formas arredondadas da Renascença, perenizadas nas *Três Graças*, de Rubens; a mulher "ampulheta", modelada pelo espartilho; os corpos femininos com os seios achatados por faixas, nos anos 1920; as formas voluptuosas à la Marilyn Monroe, nos anos 1950; a magreza excessiva de Twiggy, nos anos 1960; o corpo atlético dos anos 1980; novamente a magreza, a partir dos anos 1990 e até hoje, a ponto de algumas publicações femininas chegarem a causar espécie, o que pode ser constatado em qualquer banca de jornal.

Darrault-Harris, em "L'énonciation adolescente", desenvolve a hipótese de que o conhecimento sobre os adolescentes "[...] poderia passar pelo inventário, pela descrição e análise semiolinguísticas dos *modos de enunciação* originais reinventados pelos adolescentes a fim de tentar elaborar respostas a um questionamento inexprimível dentro do quadro das conversas normais".[14]

Como modos de enunciação, o pesquisador cita discursos verbais orais e escritos, que são o foco de sua atenção, e discursos não verbais, tais como a gestualidade, a apresentação do corpo, práticas alimentares, entre outras.

Se admitirmos a hipótese de que igualmente são reveladores os modos de enunciação dos portadores de distúrbios alimentares, nem sempre adolescentes, mas em 90% dos diagnósticos, mulheres entre 12 e 29 anos,[15] e se atentarmos à apresentação do corpo e às práticas alimentares como práticas semióticas, lembrando que "[a] *dimensão fática* é a base mínima de todas as relações intersubjetivas, o nível, ou melhor, o vetor que permite a transmissão da informação e da manipulação (fazer fazer / fazer acreditar) entre seres humanos",[16] é possível inferir que mais do que ter ou manter o corpo magro, o que está em jogo é um modo peculiar de colocação de si, por meio do corpo, corroborando um efeito de sentido de identidade corporificada, principalmente quando se sabe que sete em cada dez mulheres dessa faixa etária e de todas as classes sociais dizem-se insatisfeitas com seu corpo e três em cada dez admitem adotar práticas de risco, controlando seu peso por meio de dietas severas, laxantes, diuréticos ou vômitos.[17] Deste modo, para muitas jovens, ter um corpo magro, isto é, adequado aos padrões vigentes do presente, passa a ser essencial para estabelecer uma comunhão fática, "para se relacionar social e afetivamente, para consumir os produtos da moda e para apresentá-lo publicamente";[18] em outras palavras, a colocação de si em sociedade ancora-se no corpo, percebido como um suporte do "eu", moldável e manipulável por recursos técnicos e científicos tais como cirurgias plásticas, mercado *light* e *diet*, academias de ginásticas etc., para atingir "os ideais de uma época, ideais estes que expressam um determinado modo de subjetivação dominante".[19]

Anorexia e bulimia: anatomia de uma epidemia social é o título de um livro de Richard A. Gordon, publicado em 1990, nos EUA, pela editora Basil Blackwell. Se nos anos 1990 já se falava em epidemia, desde então, a curva dos diagnósticos tem-se mantido ascendente, notadamente na civilização ocidental. No esforço de compreensão do fenômeno, somente em língua inglesa, milhares de estudos foram e continuam sendo publicados, sendo que uma parte importante deles investiga possíveis relações entre o desenvolvimento de desordens alimentares e o papel da mídia.

Strasburgber e Comstock; Shaw e Waller; Tiggemann e Pickering; Verri et al.; Thompson e Heinberg; Field et al.; Groesz, Levine e Murnen; Stice, Spangler e Stewart; Van Den Berg et al.; Andrist; Mulveen e Hepworth; Norris et al.; Gavin, Rodham e Poyer; Borzekowski et al.; Juarascio, Shoaib e Timko,[20] entre muitos outros, analisam o contágio social de distúrbios alimentares, seja por programas televisivos, revistas, filmes e séries voltadas a adolescentes, revistas de moda, internet, enfim, pesquisam o modo como conteúdos simbólicos se imiscuem com a imagem corporal que adolescentes e jovens mulheres têm de si, como contribuem para a adoção de estereótipos corporais e em que medida influem no nível de satisfação com o corpo, em jovens com distúrbios alimentares. Buscam compreender os mecanismos pelos quais o simbólico interage com o psíquico a ponto de encorajar em jovens mulheres tentativas sempre individuais de produzir efeitos biofisiológicos que lhes possibilitem colocar-se no mundo a partir de uma constituição física julgada sob uma luz mais benevolente.

Desordens alimentares na mídia

Em 14 de outubro de 2001 foi ao ar o primeiro episódio da série canadense *Degrassi: the next generation*, ela mesma a quarta série televisiva da marca *Degrassi*, criada por Linda Schuyler e Kit Hood em 1980. A série inaugural, de autoria de Linda Schuyler e Yan Moore, foi produzida por Epitome Pictures, em associação com Canadian Television.

Reconhecida e amplamente premiada pela delicadeza e profundidade com que trata temas difíceis da vida adolescente, tais como drogas, sexualidade, violência de gangues, racismo, estupro, automutilação, *Degrassi: the next generation* atingiu em 2010 sua décima temporada com grande público no Canadá, mas também nos EUA e em mais 140 países. No Brasil, foi exibida por um breve período por um canal pago de TV.

Dois episódios da série, veiculados em 2006, abordam desordens alimentares, envolvendo uma dupla de amigas adolescentes de classe média, motivadas a fazer uma dieta rigorosa, por causa de uma entrevista a acontecer em uma agência de modelos. No decorrer dos episódios, uma das garotas encontra no controle excessivo da alimentação e na realização de exercícios físicos exagerados conforto em relação à sua vida pessoal e familiar em crise, o que a leva à exacerbação do controle e a condutas perigosas. Enquanto isso, a outra se considera satisfeita com o peso, mas, censurada pela amiga por agir como fraca e desleixada, é cobrada a adotar vômitos forçados, entre outras atitudes, para se purgar do alimento ingerido.

Os episódios focalizam tanto o sucesso da empreitada, visível pela redução do peso e na inveja e admiração de colegas de escola, quanto a tensão crescente entre amigos e na família, diante de modificações abruptas de humor e desinteresse generalizado da primeira jovem, assim como sinais de comprometimento de sua saúde geral.

A ambientação traz uma família de classe média, no Canadá inglês, inclusive com dificuldades financeiras. Há grande valorização do corpo magro entre os colegas de escola e na sociedade em geral. O ambiente familiar é conflituoso, sem deixar de ser amoroso. Pessoas próximas percebem os distúrbios alimentares da jovem e se empenham em ajudá-la, mesmo sendo por ela repelidos. A personagem anoréxica é construída como dotada de grande determinação, motivada por desejo de perfeição e de sucesso, de personalidade controladora, afável, no início, porém capaz de ludibriar amigos e família, por seus objetivos, mais tarde. Conforme insiste na conduta, declara-se superior às pessoas que não suportam a disciplina rígida que se impõe, considera seu corpo "limpo", mostra desprezo por "gordos", vistos como "fracos de caráter", restringe o contato com amigos, aceitando à sua volta somente o que lhe dá confirmação e apoio ao projeto de constante emagrecimento: cerca-se de fotos, propagandas, artigos e conversas favoráveis ao "estilo de vida" sem alimentação.

O desfecho do tema ocorre no hospital, com a jovem internada, após uma crise de comportamento violento culminado em desfalecimento. Em clima de muita apreensão das pessoas mais próximas, a garota diz não crer estar doente, porém, sem hostilidade e admitindo ser possível que tenha "um problema", concorda em ceder ao tratamento.

Em 2007, Josh Schwartz e Stephanie Savage criaram a série televisiva *Gossip Girl*, pela Alloy Entertainment, EUA. Inspirada na série de livros *Gossip Girl*, de Cecily Von Ziegezar, a série conta a história dos jovens de duas escolas da sociedade rica de Upper East Side – Constance Billard, para garotas, e St. Jude's, para garotos –, tendo como narradora a autora anônima de um blog de fofocas sobre os residentes da cidade.

Já no episódio piloto os distúrbios alimentares de uma das protagonistas são apresentados. Jovem, magra, bonita, muito rica e manipuladora, Blair manifesta traços bulímicos como inerentes à sua personalidade e em sintonia com o ambiente extremamente luxuoso. A série retrata Upper East Side como um local marcadamente regulado pelos padrões de beleza e de bom gosto veiculados pela mídia: "para 'ser alguém', é preciso vestir a roupa da moda e ter todo um cuidado com a aparência [para] que se adéque às demandas de Manhattan".[21]

As pressões sobre o corpo ideal magro surgem de todos os lados: a sociedade, a mãe da protagonista, os amigos, seu próprio desejo de poder sobre os outros. As relações travadas são prioritariamente instrumentais, parcerias fazem-se e se desfazem em razão de interesses externos a elas, começando pela mãe, empresária da moda, que quer a filha, Blair, magra, por causa de seu papel na sociedade. Embora ela tenha uma melhor amiga, esta, além de ter um envolvimento amoroso com seu namorado, não se dá conta de sua desordem alimentar. Blair recorre à comida e vomita, como tentativa de lidar com as frustrações e emoções mais fortes, porém, é mimada e consegue tudo o que deseja, inclusive manter sua amiga em proximidade a fim de humilhá-la, no momento que considera ideal. Sua bulimia é construída como um traço de sua personalidade à beira do sórdido, marcadamente maliciosa, vingativa e controladora.

Em sua quarta temporada, sempre com audiência na casa dos milhões, a série é exportada e difundida mundo afora, tendo gerado adaptações como *Korean Gossip Girl*, por exemplo. Recebeu dezenas de prêmios e resenhas conflitantes.

Diferentemente da série canadense, *Gossip Girl* aborda os distúrbios alimentares em pessoas e vidas cheias de *glamour* e escândalos, como um traço normal do universo de celebridades. As cenas de dor psíquica decorrem de frustrações e traições, enquanto a condição de portadora de distúrbios alimentares aproxima-se da ideia de "estilo de vida", chegando a sugerir, em ocasiões esparsas, que o comportamento instrumental, inclusive em relação ao próprio corpo, deve ser adotado para se alcançarem os objetivos almejados.

A série americana coloca a garota bulímica como modelo a ser almejado, por ser bela, rica, glamorosa e dominadora, em um contexto provocador de desejo ou inveja. A série canadense, por sua vez, "desglamoriza" o contexto da desordem alimentar, destaca as dificuldades que causa à garota, à família e a amigos, além do sofrimento, compartilhado por todos, e a clara alusão à dificuldade para o restabelecimento. Emma acaba no hospital, onde promete vencer a anorexia nervosa, o que contribui para o arrefecimento do desejo de tomar a portadora como modelo. Em *Gossip Girl*, quando Blair admite para si mesma e para a melhor amiga que teve uma crise de bulimia, ela vai a uma lanchonete e come *fast-food*, como se fosse fácil voltar a comer e uma questão de escolha imediata, não mostrando a seriedade de uma desordem alimentar.[22]

Nos dois seriados, "ser magra" é objeto-valor compartilhado pela portadora de distúrbios alimentares e seus amigos e familiares. A portadora de desordem alimentar se vê como disciplinada e forte, enquanto menospreza os outros, fracos e indisciplinados, ao seu olhar. A anoréxica é apresentada como uma jovem normal, que desenvolve uma tendência a controlar tudo, que sofre, ao mesmo tempo que demanda e recusa cuidados e atenção. A bulímica, em contraste, coloca-se como autossuficiente, superior, controladora de si e da vida alheia, capaz de obter tudo o que quer, de quem quiser.

A angústia produzida como medo de desagradar ou sentimento de um déficit de poder de sedução, podendo levar à rejeição ou mesmo ódio do corpo, observada por Darrault-Harris,[23] em produções discursivas não ficcionais, converge com a abordagem dos distúrbios alimentares em *Degrassi*, mas pouco eco encontra no tratamento glamoroso dado em *Gossip Girl*, conforme explicitam alguns exemplos citados pelo autor:

> Como fazer quando nos deixam de lado? Como fazer quando nenhum cara ama a gente? Como fazer quando a gente se corta com um estilete? Como a gente faz para conseguir viver NESSE MUNDO DE LOUCOS? Obrigada por me responder.
>
> Meu corpo é uma obsessão, não porque eu procure ser a mais bonita, mas porque quero que não me percebam. Eu sempre tenho medo que as pessoas vejam como sou feia e gorda. Meu corpo me desgosta.[24]
>
> Eu queria tanto não vomitar mais, mas eu também não quero engordar. Que devo fazer? Estou num círculo vicioso.[25]

As colocações foram extraídas do site filsantejeunes.com, criado por um grupo de instituições e organismos governamentais e não governamentais da França com o propósito de funcionar como um canal acessível para jovens em busca de informações confiáveis e dispostos a colocarem suas dúvidas sobre assuntos da área da saúde adolescente. O site é aberto, porém necessita de inscrição, a qual é sugerida sob pseudônimo, para garantir a não exposição dos participantes.

Sem qualquer dúvida, uma iniciativa digna de respeito que, juntamente com investimentos similares, contribui para disponibilizar na web conteúdo ponderado, educacional e de apoio psicológico. Empreitadas como essa, porém, ocorrem em volume muito inferior ao de sites de vocação contrária, visto que a rede internacional constitui um lócus privilegiado de um fenômeno pró-anorexia e pró-bulimia, conectando pessoas que as defendem como "estilo de vida", no lugar de doenças em necessidade de tratamento. Nesse segundo grupo, em números muito superiores aos do primeiro, encontram-se blogs, fóruns e redes sociais que criam comunidades virtuais "pró-ana" ou "pró-mia", consistindo predominantemente em garotas adolescentes ou mulheres jovens interessadas em fazer dietas e trocar dicas de como emagrecerem ou manterem-se magras. Sites "pró-ana" e "pró-mia" apresentam material gráfico e verbal voltado ao encorajamento, ao apoio e à motivação de usuários em seus esforços em prol da anorexia e da bulimia.

Além de conteúdo *thinspiration* (inspiração para emagrecer), constando de fotos modelares, de pessoas consideradas bonitas e de frases de apoio, não raramente esses sites emitem condenações estéticas e morais da pessoa "gorda", entendida como feia, sem força de vontade, desleixada, fraca moralmente, *versus* a "magra", em busca da perfeição, persistente, vencedora, superior do ponto de vista estético e moral. Procuram estabelecer uma corrente de apoio entre as que lutam contra a comida e contra as pessoas que tentam dissuadi-las de suas estratégias, entendidas como obsessão, por quem é de fora, para emagrecimento.

Algumas seções são praticamente constantes: galerias de imagens a serem imitadas; imagens a serem recusadas; tabelas e mecanismos de cálculo de Índice de Massa Corpórea (IMC) e da porcentagem de gordura no corpo; frases inspiradoras; dicas práticas. Qualquer usuário de computador pode aprender que, para emagrecer, deve comer muito devagar, beber água entre garfadas para saciar-se com menos comida, chupar gelo e tomar banho gelado para queimar calorias, sempre manter músculos contraídos e mexer partes do corpo também para queimar calorias. Acrescentam-se conselhos menos anódinos, tais como automedicar-se contra azia, a fim de diminuir a acidez do estômago e amainar a sensação de fome; ou estragar a comida, colocando muita quantidade de algo de que não gosta (pimenta, sal ou vinagre, por exemplo), para desistir de comer muito; ou não se agasalhar em dias frios, para forçar o corpo a gastar energia. Não há lugar para coisas permitidas, figuram tão somente o prescrito e o proibido, mitigados em forma de sugestões: "se diante de compulsão por algum alimento, mastigue-o muito e o cuspa ou provoque vômito"; "aprenda a gostar da sensação de vazio no estômago"; "curve-se e aperte o ventre, se o estômago doer de fome; estabeleça autopunições, quando sentir vontade de comer, provocando-se dor"; "não desista de ser linda, aprenda a gostar da dor, afinal, desistência é para pessoas fracas e você não é fraca".

O corpo projeto e projeção de si

La Taille[26] analisa os efeitos nefastos de uma cultura de não conservação ou não hierarquização de valores sobre a construção de projetos de vida e da própria identidade dos sujeitos. O achatamento de valores ou sua volatilização dificultam, se não comprometem, o "trabalho de construção de si e de elucidação de si".[27] "Escolher 'que vida viver' e 'quem ser' são dois lados de uma mesma moeda [...] a identidade é formada, na sua dimensão consciente, por um conjunto de representações de si, e *essas são sempre valor*".[28] Se os valores não se fixam, se são efêmeros ou achatados, pode-se prever a geração de identidades vacilantes, sugere o autor.

Nem todos os valores sociais têm sofrido achatamento ou volatilização, porém. Dois deles parecem navegar na história recente, muitas vezes entrelaçados, como imbatíveis: o valor econômico e o valor estético do corpo. O primeiro é restrito a poucos; o segundo, faz crer a propaganda, pode ser conquistado. Em se tratando de jovens em formação,[29] de 12 a 29 anos de idade, basta um passo para pensar que o trabalho de construção de si, em pleno andamento, pode estar encontrando no corpo seu valor privilegiado, pois estável enquanto valor e moldável enquanto prática.

Entender esse conjunto de regras e seções enquanto práticas semióticas permite inferir que a preservação do corpo magro e a manutenção da conduta difundida participam da construção do sentido de identidade dessas jovens, inclusive em fortalecimento na troca de experiências. Além da aparência física, o autocontrole sobre o corpo, na forma de recusa de alimentação e realização de exercícios físicos extenuantes, assim como a superação dos próprios limites, parecem-lhes dar sentido à vida, mediante a construção de um "eu" superior, por meio da transformação do corpo, de seu remodelamento, transformado em um projeto de vida.[30] Tal projeto é compartilhado por um contingente principalmente de mulheres jovens sensíveis às imagens normalizadoras difundidas no interdiscurso que visam definir o que é ou não feminino: apoiam-se mutuamente em sua empreitada, defendendo a liberdade sobre o próprio corpo, para com ele confeccionar a prova de um "território de regulação, manipulação e controle social",[31] sob a bandeira de defesa da liberdade individual. Em outras palavras, *escolhem* a submissão incondicional aos padrões de beleza, como decisão autônoma, o que lhes garante conteúdo para sua identidade.

Após as agitações político-culturais dos anos 1960, Lipovestky[32] observa na sociedade um crescente movimento dos interesses em questões puramente pessoais. A despolitização e dessindicalização assumem proporções inéditas, raras são as causas capazes de aglutinar energias a longo prazo e o mundo ocidental vive uma grande operação de neutralização e banalização sociais. Ganham espaço e valor somente temas afeitos à esfera privada: o bem-estar, as férias, a situação material. Viver sem objetivo transcendente passa a ser possível, numa espécie de neonarcisismo originário da deserção política. Vive-se o presente, a continuidade histórica perde o sentido, juntamente com o sentimento de pertencimento a uma sequência de gerações com raízes no passado e prolongamento no futuro. Essa nova forma de narcisismo abole o trágico e instaura uma apatia "feita de sensibilização epidérmica ao mundo e simultaneamente de indiferença a seu respeito".[33]

Beck[34] destaca que as vidas, na contemporaneidade, converteram-se em "soluções biográficas a contradições sistêmicas". Bauman atribui aos *talk shows* a transformação do mundo em egocêntrico, instância em que se opera

> [...] a reencarnação das antinomias e dos riscos de base social como problemas que podem ser definidos em bases individuais, como problemas surgidos individualmente e que individualmente devem ser enfrentados e resolvidos. Se alguém sofreu é porque não foi suficientemente hábil ou conhecedor para evitar o sofrimento; a falta de resolução figura invariavelmente no topo da grande lista de erros e negligências individuais pelas quais se culpam pelos problemas. O problema do "tipo equivocado de sociedade" é retirado da agenda de discussão, ou melhor, nunca lhe é permitido figurar; e o vácuo que, portanto, fica aberto no debate, é preenchido por denúncias ou reprovações da falta de capacidade e de idoneidade individual.[35]

Ainda sobre os *talk shows*, o sociólogo destaca em seu redor a criação de comunidades de indivíduos cujas características comuns são seu isolamento e solidão, indivíduos cujos problemas *individuais* encontram na comunidade confirmação pública, mas para quem não ocorre facilitar-se a tarefa unindo esforços e ampliando o escopo do problema para a sociedade.

E se não há lugar para a ideia de uma sociedade *equivocada*, continua o autor, menos lugar há para surgir a ideia de uma *boa* sociedade e menos ainda para alguma revolta. A percepção de inépcia pessoal só é capaz de produzir um modelo de aptidão pessoal, astúcia individual e versatilidade, no lugar de modelos para uma sociedade justa, cujo embrião reside na percepção da injustiça social. A política como empreendimento coletivo é substituída por políticas de vida, por buscas individuais.

Ricoeur[36] define identidade como associada ao poder contar e poder se contar. Necessariamente narrativa, a identidade é refém de fragmentos, contradições, enfim, das histórias que as pessoas contam e recontam de si sobre si, ao longo do tempo. É, portanto, fruto da dialética entre o *idem* (o mesmo, o componente imutável do "eu") e o *ipse* (o "eu" tomado em sua dimensão histórica, móvel) e entre o *idem* e o *alter* e da dialética do confronto entre *idem-ipse* e *idem-alter*. Participam dos ajustes da identidade, portanto, os níveis individual e coletivo, conjuntamente.

Exatamente por ser uma construção conjunta, a identidade é permeável às ideologias. Se manipulada por estas, sua dimensão histórica e coletiva, móvel, como identidade do grupo x ou y será privilegiada, o que produzirá uma hipertrofia da identidade-*ipse* em detrimento da identidade-*idem*, consequentemente, enfraquecendo a identidade narrativa. Se tal desequilíbrio se exacerba, a identidade narrativa se debilita a ponto de o indivíduo abdicar de ser agente de sua vida para tornar-se agente da causa que ideologicamente abraça, por vezes, tornando-a o sentido próprio de sua vida.

Acrescente-se a esse quadro a colocação de Maffesoli segundo a qual "os indivíduos se perderam na lógica identitária que os inseria no contrato social"[37] e que vivem "um presente sem grandes perspectivas, à espera de um futuro vazio e sem qualquer valorização de tudo o que se construiu no passado".[38] Sem passado e quase sem futuro, nos termos de Ricoeur, memória e promessa, não se conserva a dimensão do *idem* (o mesmo, o imutável), o que, no limite, compromete a consciência de si, o *ipse*, exatamente devido à hipertrofia deste. Diante de uma identidade narrativa enfraquecida e na ausência de vínculos com o passado e com o futuro, esvazia-se o lugar de sujeito agente da história, em um dado contrato social.

"Desafeição pelos grandes sistemas de sentido e hiperinvestimento no Eu vão de par."[39] Sem pertencimento, sem projetos coletivos, vivendo políticas de vidas em um presente contínuo, sem memória, sem promessa, a identidade narrativa[40] não se sustenta. O corpo adquire estatuto de "suporte individual, socialmente mobilizado, enquanto realidade susceptível de ser modificada e moldada, de acordo com [que] o indivíduo deseja, e através dos meios técnicos que a ciência oferece, o mercado disponibiliza e os media difundem".[41] Ortega[42] dá o nome de bioidentidade a tal forma de subjetividade ancorada na valoração do corpo, doravante não mais marginal, como ocorria na religião, mas central, na realidade do consumo dos produtos *light* e *diet*, nas academias de ginástica, nas clínicas de beleza, nas cirurgias plásticas, no mundo da moda, enfim.

Sob pena da perda da condição de sujeito agente em um dado contrato social, a noção de identidade afasta-se da narrativa de si e dos outros sobre si e se atrela ao biológico e ao tecnológico, parametrizada pela estética veiculada pela mídia e exigida socialmente, e se concentra no corpo. Próximo de uma assinatura ou de uma etiqueta, que nada diz do mundo ou do sujeito e que marca o rastro de uma busca de uma enunciação pura, quase desprovida de enunciado,[43] o corpo, dizendo menos do sujeito que da ideologia que este abraça, passa a ter valor da forma da enunciação do indivíduo.

Estamos em pleno campo das práticas sociais, lugar de comportamentos e discursos, mesmo se parametrizados, caracterizados por uma parte importante de imprevisibilidade. Voltamos a Beck, quanto às "soluções biográficas a contradições sistêmicas".

Considerações finais

Na lista das grandes fortunas francesas de 2010, L'Oréal, fabricante de cosméticos, ocupa o terceiro lugar.[44] No Zimbábue, o jornal *The Herald* noticia, em 16/07/2011,[45] o burburinho frenético à frente de uma loja em Harare: todos os tipos e tamanhos de mulheres, desde comparadas a um lápis até obesas, todas descontentes com seu corpo, buscam a solução para seus problemas na promessa do estabelecimento: sabonetes com propriedades especiais. Há sabonetes para emagrecer, para aumentar volumes, para levantar os seios, para destacar músculos, para eliminar celulite e até para imediato restabelecimento da virgindade. Na TV, canais pagos se especializam na divulgação de tecnologias (de cremes a cirurgias) e de estratégias (de dicas de maquiagem à reformulação do modo de se vestir), capazes de rejuvenescer e embelezar. No jornaleiro, revistas tratam exclusivamente de técnicas e cirurgias de emagrecimento e embelezamento, enquanto outras incluem o assunto como seção necessária. No jornal, propagandas vendem a "colocação do balão intragástrico", por endoscopia, com a promessa de perda de peso "de forma saudável", mediante a ocupação de um terço do estômago com uma bola de silicone; outra página ensina: "[é] possível montar *looks* estilosos para o dia a dia sem estourar o orçamento"[46] etc.

A TV *iG* noticia, em 15/07/2011,[47] que o mercado da beleza movimenta R$ 1 bilhão por mês no Brasil. As mulheres respondem pela maior parte desse montante, confirmação tanto da motivação pelo investimento na própria aparência quanto da eficácia do controle social do corpo feminino.

A mudança do papel das mulheres, a transição mais difícil da adolescência para a idade adulta, a importância social da beleza física identificada no corpo magro, uma busca geral de saúde e da boa forma e, ironicamente, a glamorização da anorexia na mídia de massa que colocou seus sintomas na moda[48] são fatores reconhecidamente potencializadores do desenvolvimento de distúrbios alimentares. Exigem ações médicas, mas sociais, educacionais e políticas, para serem enfrentados.

Após a morte da modelo brasileira Ana Carolina Reston, 21 anos, em 2006, foi proposto em Santa Catarina um Projeto de Lei visando proibir a aceitação de modelos com IMC menor que 18 (por exemplo, 55 kg para 1,75 m de altura) em desfiles de moda. A modelo morreu com o IMC igual a 13,2 (se tinha a altura de 1,75 m, a modelo pesava 40,3 kg, em sua morte).

No início de 2010, um Projeto de Lei foi proposto na Câmara dos Deputados de São Paulo com o fim de obrigar agências publicitárias a informar o público sobre o emprego do *software* Photoshop no tratamento de suas fotos. Dois exemplos de irrealidade humana apresentados como modelo de beleza pela marca Ralph Lauren, em 2009, ilustram o que o proponente visa combater.

No Rio Grande do Sul, em junho de 2011, a Lei 13.728 que institui a Política Estadual de Prevenção e Combate às Doenças Associadas aos Distúrbios Alimentares foi aprovada pelo Legislativo, sancionada pelo governador e publicada no *Diário Oficial* do dia 19. Em nosso conhecimento, traduz a política mais completa do país no assunto, articulando ações privadas e públicas de diagnóstico e combate, por um lado, e de prevenção, por outro, com a previsão de campanhas educativas. Não são as únicas iniciativas voltadas ao combate da epidemia de distúrbios alimentares. O problema deixou de ser pensado enquanto atinente à esfera privada, o que é benéfico, e encontra certo enfrentamento, inclusive por parte de algumas agências publicitárias e modelos que se tornam militantes. Emblemático, aqui, é o papel de Isabelle Caro, modelo fotografada por Oliviero Toscani, em campanha da Benetton, que passou a usar sua imagem no combate à anorexia, motivo de sua morte aos 28 anos, em novembro de 2010, pesando 31 kg.

Enquanto isso, no cotidiano, "gordos" e nem tanto continuam a ser discriminados como indisciplinados ou moralmente fracos, referidos por apelidos ofensivos ou humilhantes.

A proposta de uma Semiótica do comportamento, de Darrault-Harris,[49] ao considerar o sujeito dotado de um corpo, que sente e se move, como instância de base de seu fazer enunciativo, parece permitir ir além na compreensão do problema e, consequentemente, nas possibilidades de sua abordagem. Pensar a encarnação dos processos semióticos abre uma janela perceptiva para a compreensão desse corpo tornado enunciação de si. E, talvez, possa contribuir de maneira fundamental para a promoção de práticas semióticas que comuniquem, neste caso, aos portadores de distúrbios alimentares maneiras, alternativas às da sociedade de consumo, de se colocarem no mundo.

Notas

1 D. L. Borzekowski et al., "e-Ana and e-Mia: a content analysis of pro-eating disorder Web sites", em *American Journal of Public Health*, Aug 100(8):1526-34, Epub, 2010. Tradução nossa.

2 Disponível em: <http://anamia2007.blogspot.com/2007/09/manual-das-50-dicas-bsicas-da-mia.html>, acesso em: 23/05/2011.

3 "Lo que me alimenta me destruye. / La grasa frita no puede mentir, su verdad esta escrita en tus piernas. / Tomaste una decision NO VAS A PARAR, el dolor es necesario, sobre todo el dolor del hambre, eso te aseguras que eres fuerte y puedes soportar cualquier cosa. / La fuerza no proviene de la capacida fisica, si no de la voluntad indomable." Disponível em: <http://anaymiaestilodevida.blogcindario.com/2009/03/00002-frases-ana-y-mia.html>, acesso em: 28/05/2011.

4 Disponível em <http://www.raulpont.com.br/noticias/detalhe/governador-sanciona-politica-de-prevencao-aos-disturbios-alimentares>, acesso em: 26/06/2011.

[5] Disponível em: <http://oglobo.globo.com/vivermelhor/mat/2011/02/04/epidemia-de-obesidade-pode-criar-tsunami-de-doenca-cardiaca-923733171.asp#ixzz1RGsISyLo>, acesso em: 18/06/2011.

[6] Disponível em: < http://oglobo.globo.com/vivermelhor/mat/2011/02/04/epidemia-de-obesidade-pode-criar-tsunami-de-doenca-cardiaca-923733171.asp#ixzz1RGsISyLo>, acesso em: 22/04/2011.

[7] Disponível em: <http://www.jb.com.br/ciencia-e-tecnologia/noticias/2011/07/01/obesidade-e-bullying-levam-adolescentes-a-apelarem-para-cirurgia-bariatrica/>, acesso em: 02/07/2011.

[8] Disponível em: <http://letras.terra.com.br/caju-e-castanha/350544/>, acesso em: 02/07/2011.

[9] Algirdas Julien Greimas e Joseph Courtés, *Dicionário de semiótica,* São Paulo, Cultrix, 1979.

[10] M. Amaral, "O fenômeno do culto ao corpo moderno e a magreza como símbolo de beleza: estudo sobre o movimento 'Pró-Ana' no Brasil", VI Congresso Português de Sociologia, Universidade Nova de Lisboa, 2008, p. 5, disponível em: <http://www.aps.pt/vicongresso/pdfs/242.pdf>, acesso em: 20/06/2011.

[11] M. Vilaça et al., "Diversidade ou sujeição ao ideal corporal? Eis a questão", s.d., disponível em: < http://www.cbce.org.br/cd/resumos/081.pdf>, acesso em: 01/07/2011.

[12] Idem, pp. 3-4.

[13] Patrocinado pelo governo do Zimbábue, segundo matéria de *The Herald*, 01/02/ 2010, com o fim de valorizar a beleza tradicional do país, disponível em: <http://allafrica.com/stories/201002010055.html>, acesso: em 15/07/2011.

[14] Ivan Darrault-Harris, "L'énonciation adolescente", texto cedido para a ocasião do curso que o semioticista ministrou na Universidade de São Paulo, em maio de 2011, disponível em: <http://www.fflch.usp.br/dl/semiotica/cursos/darrault/darrault_lenonciation_adolescente.pdf>, tradução nossa, grifos do autor.

[15] W. S. Ida; N. R. Silva, "Transtornos alimentares: uma perspectiva social", em *Revista Mal-Estar e Subjetividade,* Fortaleza, v. 7, n. 2, pp. 417-32, 2007.

[16] Ivan Darrault-Harris, "La sémiotique du comportement: ' l'éthosémiotique, la psychosémiotique'", texto também cedido para a ocasião do curso que o semioticista ministrou na Universidade de São Paulo, em maio de 2011, disponível em: <http://www.fflch.usp.br/dl/semiotica/cursos/darrault/darrault_ethosemiotique.pdf>, tradução e grifos nossos.

[17] W. S. Ida; N. R. Silva, op. cit., p. 420. Praticamente os mesmos números são citados no projeto de política de prevenção aos distúrbios alimentares que se concretizou na Lei 13.728, sancionada pelo governador do Rio Grande do Sul e publicada no *Diário Oficial* em 09/06/2011, apoiado em um "estudo realizado em 2009 pela Universidade de São Paulo (USP)".

[18] M. Amaral, op. cit., p. 5.

[19] W. S. Ida e N. R. Silva, op.cit., p. 421.

[20] V. C. Strasburger; A. G. Comstock, "Adolescents and the Media", em *Adolescent Medicine: State of the Art Reviews*, Philadelphia, v. 4 n. 3, 1993, disponível em: <http://www.eric.ed.gov/ERICWebPortal/search/detailmini.jsp?_nfpb=true&_&ERICExtSearch_SearchValue_0=ED371860&ERICExtSearch_SearchType_0=no>, acesso em: 18/06/2011; J. Shaw; G. Waller, "The Media's Impact on Body Image: Implications for Prevention and Treatment", *Eating Disorders*, v. 3, Issue 2, pp. 115-23,1995, disponível em: <http://psycnet.apa.org/psycinfo/1996-20060-001>, acesso em: 18/07/2011; M. Tiggemann; A. Pickering, "Role of Television in Adolescent Women's Body Dissatisfaction and Drive for Thinness", *The International Journal of Eating Disorders*, South Australia, 20(2), pp. 199-203, 1996, disponível em: <http://www.ncbi.nlm.nih.gov/pubmed/8863073>, acesso em: 11/07/2011; Verri et al., "Television and Eating Disorders. Study of Adolescent Eating Behavior", *Minerva Pediatrica*, Itália, 49(6): 235-43, 1997, disponível em: <http://www.ncbi.nlm.nih.gov/pubmed/9304042>, acesso em: 11/07/2011; J. K. Thompson; L. J. Heinberg "The Media's Influence on Body Image Disturbance and Eating Disorders: We've Reviled Them, Now Can We Rehabilitate Them?", *Journal of Social Issues*, 55 (2), pp. 339-53, 1999, disponível em: <http://jkthompson.myweb.usf.edu/articles/The%20Media's%20Influence%20on%20Body%20Image%20Disturbance.pdf>, acesso em: 16/07/2011; A. Field et al., "Exposure to the Mass Media and Weight Concerns Among Girls", *Pediatrics*, v. 1. 103 n. 3, March 1999, disponível em: <http://pediatrics.aappublications.org/content/103/3/e36.full>, acesso em: 16/07/2011; Lisa M. Groesz; Michael Levine; Sarah Murnen, "The Effect of Experimental Presentation of Thin Media Images on Body Satisfaction: a Meta-analytic Review", *International Journal of Eating Disorders*, Ohio, v. 31, Issue 1, pp. 1-16, 2001, disponível em: <http://www.ncbi.nlm.nih.gov/pubmed/11835293>, acesso em: 16/07/2011; E. Stice; D. Spangler; W. Stewart, "Exposure to Media-Portrayed Thin-Ideal Images

Adversely Affects Vulnerable Girls: a Longitudinal Experiment", *Journal of Social and Clinical Psychology*, v. 20, Issue 3, pp. 270-88, 2001, disponível em: <http://www.psychologie.tu-dresden.de/i2/klinische/studium/ss07/stice-modelexposure-2001.pdf>, acesso em: 14/06/2011; P. Van Den Berg et al., "The Tripartite Influence Model of Body Image and Eating Disturbance: a Covariance Structure Modeling Investigation Testing the Mediational Role of Appearance Comparison", *Journal of Psychosomatic Research*, 53(5), pp. 1007-20, 2002, FL, disponível em: <http://jkthompson.myweb.usf.edu/articles/The%20Tripartite%20Influence%20Model%20of%20Body%20Image.pdf>, acesso em: 11/07/2011; L. C. Andrist, "Media Images, Body Dissatisfaction, and Disordered Eating in Adolescent Women", *American Journal of Maternal Child Nursing*, 28(2), pp. 119-23, Mar./Apr. 2003, disponível em: <http://www.ncbi.nlm.nih.gov/pubmed/12629318>, acesso em: 17/07/2011; R. Mulveen; J. Hepworth, "An Interpretative Phenomenological Analysis of Participation in a Pro-anorexia Internet Site and its Relationship with Disordered Eating", *Journal of Health Psychology*, 11, pp. 283-96; 2006; L. M. Norris et al., "Ana and the Internet: a Review of Pro-anorexia Websites", *International Journal of Eating Disorders*, 39, pp. 443-7, 2006; J. Gavin; K. Rodham; H. Poyer, "The Presentation of "Pro-anorexia" in On Line Group Interactions", *Quality Health Research*, v. 3, n. 18, pp. 325-33, 2008; D. L. Borzekowski et al., "e-Ana and e-Mia: a Content Analysis of Pro-eating Disorder Websites", *American Journal of Public Health*, Aug.;100(8), pp. 1526-34. Epub 2010; A. J. Juarascio; A. Shoaib; C. A. Timko, "Pro-eating Disorder Communities on Social Networking Sites: a Content Analysis", *Eating Disorders: The Journal of Treatment and Prevention*, v. 18, pp. 393-40, 2010.

21 P. M. Coelho, "A construção da identidade da adolescente anoréxica ou bulímica em dois seriados televisivos em língua inglesa", relatório de pesquisa de Iniciação Científica, FFLCH-DLM, 2009.

22 Idem.

23 Ivan Darrault-Harris, "L'angoisse, sa mise en discours", *Enfances & Psy,* 2009/1 n. 42, ÉRÈS.

24 Idem, p. 45.

25 Idem, p. 46.

26 Yves de la Taille, *Formação ética: do tédio ao respeito de si,* Porto Alegre, Artmed, 2009.

27 Finkielkraut, apud La Taille, op. cit., p. 47.

28 La Taille, op. cit., pp. 47-8, grifos nossos.

29 Em Harkot-de-La-Taille e Bariaud (Elizabeth Harkot-de-La-Taille; F. Bariaud, "Construção discursiva do adulto por jovens francesas: perspectiva dinâmica", CASA, v. 9, n. 1, 2011, disponível em: <http://seer.fclar.unesp.br/casa>), a análise de entrevistas com jovens francesas entre 15 e 25 anos de idade aponta convergência na percepção do início da idade adulta entre os 30 e 35 anos de vida.

30 M. Amaral, op. cit.

31 W. S. Ida; N. R. Silva, op. cit.

32 G. Lipovetsky, *L'Ère du vide. Essais sur l'individualisme contemporain,* Paris, Gallimard, 1983.

33 Idem, p. 58.

34 Beck, apud Zigmund Bauman, *La sociedad sitiada,* Buenos Aires, Fondo de Cultura Econômica, 2004, p. 207.

35 Zigmund Bauman, op. cit., pp. 207-10, tradução nossa.

36 Paul Ricoeur, *Percurso do reconhecimento,* São Paulo, Loyola, 2007.

37 Michel Maffesoli, apud I. V. Machado, "Transtornos alimentares em modelos brasileiras: o culto ao corpo na pós-modernidade como causa de flexibilização das características inerentes aos direitos da personalidade humana", Fazendo Gênero: Corpo, Violência e Poder, Florianópolis, v. 8, 2008, p. 3, disponível em: <http://www.fazendogenero.ufsc.br/8/sts/ST59/Isadora_Vier_Machado_59.pdf>, acesso em: 17/07/2011.

38 I. V. Machado, op. cit., p. 3.

39 Lipovetsky, op. cit., p. 59.

40 Paul Ricoeur, op. cit.

41 A. P. R. do N. Castela, *O corpo escrito – as tatuagens na pós-modernidade*, Salamanca, 2008, Tese (Doutorado em Sociologia) – Faculdade de Ciências Sociais, Universidad de Salamanca, p. 131.

42 F. Ortega, "Da ascese à bio-ascese: ou do corpo submetido à submissão ao corpo", em M. Rago; L. Orlandi; A. Veiga-Neto (orgs.), *Imagens de Foucault e Deleuze: ressonâncias nietzschianas,* Rio de Janeiro, DP&A, 2002.

43 Ivan Darrault-Harris, "Vers un modèle des comportements et des discours adolescents", em *Sémiotique et Psychanalyse*, n. 9, pp. 127-36, 2004, disponível em: <http://www.cairn.info/revue-figures-de-la-psy-2004-1-page-127.htm>, acesso em: 22 mar. 2013.

44 Disponível em: <http://www.topidia.com/societe/economie/classement-2010-des-plus-grandes-fortunes-de-france.html>, acesso em: 15/07/2011.

45 Disponível em: <http://www.herald.co.zw/index.php?option=com_content&view=article&id=15527:soap-new-weapon-in-love-beauty-war&catid=42:features-news&Itemid=134>, acesso em: 17/07/2011.

46 *O Estado de S. Paulo*, capa do Suplemento Feminino de 17 de julho de 2011.

47 Disponível em: <http://tvig.ig.com.br/beleza/mercado+da+beleza+gira+r++1+bilhao+por+mes+no+brasil-8a49802630ffc25c01312b465a900b88.html>, acesso em: 18/07/2011.

48 A. R. Gordon, *Anorexia and Bulimia: Anatomy of a Social Epidemic,* Cambridge, MA, Basil Blackwell, 1990.

49 Ivan Darrault-Harris, "La sémiotique du comportement", op. cit.

Bibliografia

ADAM, Jean Michel. Imagens de si e esquematização do orador: Pétain e De Gaulle em junho de 1940. In: AMOSSY, Ruth (org.). *Imagens de si no discurso*. São Paulo: Contexto, 2005, pp. 93-117.

AGAMBEN. A potência do pensamento. *Revista do Departamento de Psicologia*. Rio de Janeiro: UFF, v. 18, n.1, jan./jun. 2006, pp. 11-28.

_____. *Bartleby*: escrita da potência (Bartleby ou da contingência). Lisboa: Assírio & Alvim, 2007.

ALBERTINI, Matteo. *Fratellanza e unità. Politica, nazionalismo e guerra in Jugoslavia*: uno sguardo semiótico. Bologna, 2007. Tesi (Laurea Specialistica Corso di Discipline Semiotiche) – Facoltà di Lettere e Filosofia, Università di Bologna.

ALEXANDER, Jeffrey. C. *La costruzione del male*. Dall'Olocausto all'11 settembre. Bologna: Il Mulino, 2006.

ALONSO ALDAMA, Juan. *Il discorso del terrorismo*. Roma: Meltemi, 2006.

_____. Modèles stratégiques et rationalité sémiotique. In: *Modèles linguistiques*, Tomme 24-1, v. 47, 2003.

_____; MONTANARI, Federico. L'attente de l'événement. À propos du concept d'ultimatum. In: FONTANILLE, J. (ed.). *Le devenir*. Limoges: PULIM, 1995, pp. 77-89.

AMARAL, M. O fenômeno do culto ao corpo moderno e a magreza como símbolo de beleza: estudo sobre o movimento "Pró-Ana" no Brasil, VI Congresso Português de Sociologia, Universidade Nova de Lisboa, 2008, p. 5. Disponível em: <http://www.aps.pt/vicongresso/pdfs/242.pdf>. Acesso em: 20/06/2011.

ANDRISTI, L. C. Media Images, Body Dissatisfaction, and Disordered Eating in Adolescent Women, *American Journal of Maternal Child Nursing*, 28(2), pp. 119-23, Mar./Apr. 2003. Disponível em: <http://www.ncbi.nlm.nih.gov/pubmed/12629318>. Acesso em: 17/07/2011.

AQUINO, Tomás de. *Quaestiones diputatae de veritate*. Roma: Edição Leonina, 1970.

ARENDT, Hannah. *On Revolution*. New York: Penguin, 1965.

_____. *O que é política?* 3. ed. Rio de Janeiro: Bertrand Brasil, 2002.

ARISTÓTELES. *Política*. Brasília: Universidade de Brasília, 1985.

_____. *Politeia (La política)*. Bogotá: Imprenta Patriótica de Instituto Caro e Cuervo, 1989.

_____. Retórica. In: MESQUITA, António Pedro (coord.). *Obras completas de Aristóteles*. Lisboa: Imprensa Nacional-Casa da Moeda, 2005, t. I, v. VIII. (Biblioteca de Autores Clássicos.)

ARON, Raymond. *Le tappe del pensiero sociologico*. Milano: Mondadori, 1972.

_____. *Penser la guerre*. Clausewitz. Paris: Gallimard, 1976.

AUSTIN, J. L. *Quand dire c'est faire*. Paris: Seuil, 1970.

AXELROD, R. *Giochi di reciprocità*. L'insorgenza della cooperazione. Milano: Feltrinelli, 1985.

BADIR, Semir; KLINKENBERG, Jean-Marie (orgs.). *Sémiotique et rhétorique générale*. Limoges: PULIM, 2008.

BAKTHIN, Mikhail. *Estética da criação verbal*. São Paulo: Martins Fontes, 1992.

BARROS, Diana Luz Pessoa de. Paixões e apaixonados: exame semiótico de alguns percursos. *Cruzeiro Semiótico*. Porto, n. 11/12, 1990, pp. 60-3.

_____. A identidade intolerante no discurso separatista. *Filologia e Linguística Portuguesa*. São Paulo, v. 9, 2007, pp. 147-67.

_____. Preconceito e intolerância em gramática do português. In: BARROS, D. L. P. de; FIORIN, J. L. (orgs.). *A fabricação dos sentidos* – estudos em homenagem a Izidoro Blikstein. São Paulo: Humanitas, 2008a, v. 1, pp. 339-63.

_____. Discurso, indivíduo e sociedade: preconceito e intolerância em relação à linguagem. In: NAVARRO, P. (org.). *O discurso nos domínios da linguagem e da história*. São Carlos- SP: Claraluz, 2008b, v. 1.

_____. Gêneros do discurso e ensino. In: ERNST, Aracy; FUNCK, Susana Bornéo; LEFFA, Vilson (orgs.). *Teorias linguísticas e ensino*: possibilidades e limites. Anais do V SENALE (2007). Pelotas: EDUCAT, CD-ROM, 2009.

_____. Uma reflexão semiótica sobre a "exterioridade" discursiva. *Alfa*: Revista de Linguística. São Paulo, v. 53, n. 2, 2009, pp. 351-64.

_____. Variedades do discurso. In: BASTOS, Neusa Barbosa. *Língua portuguesa, cultura e identidade nacional*. São Paulo: EDUC, 2010.

_____ (org.). *Preconceito e intolerância na linguagem*. São Paulo: Mackenzie, 2011.

BARTOS, O. J; WEHR, P. E. *Using Conflict Theory*. Cambridge: Cambridge University Press, 2002.

BAUDRILLARD, Jean. *Simulacri e imposture*. Bologna: Cappelli, 1980.

BAUMAN, Z. *La sociedad sitiada*. Buenos Aires: Fondo de Cultura Económica, 2004.

BAYARD, Jean-Pierre. *Sacres et couronnements royaux*. Paris: Guy Trédaniel, 1984.

BENVENISTE, Émile. *Le vocabulaire des institutions indo-européennes*. Paris: Minuit, 1969, v. I.

BERTIN, Erik. Penser la stratégie dans le champ de la communication. Une approche sémiotique. *Nouveaux Actes Sémiotiques*. Limoges, n. 110, 2007. Disponível em: <http://revues.unilim.fr/nas/documents.php?id=70>. Acesso em: 24/04/2012.

BERTRAND, Denis. *Caminhos da semiótica literária*. Trad. grupo CASA. Bauru - SP: EDUSC, 2003.

_____; DÉZÉ, Alexandre; MISSIKA, Jean-Louis. *Parler pour gagner* – sémiotique des discours de la campagne présidentielle de 2007. Paris: Presses de Science Po, 2007.

BLIKSTEIN, Izidoro. O direito e o avesso: análise semiótica do discurso político e empresarial. *Revista Organicom*. São Paulo, v. 5, n. 9, 2008, pp. 36-48.

BOBBIO, Norberto. *A era dos direitos*. São Paulo: Campus, 1992.

_____ *et al*. *Dicionário de política*. Brasília: Editora da UnB, 1998.

BOLTANSKI, Luc. *L'Amour et la justice comme compétences*. Paris: Métailié, 1990.

BOUDON, Raymond; BOUVIER, Alban; CHAZEL, Francois (eds.). *Cognition et sciences sociales*. La dimension cognitive dans l'analyse sociologique. Paris: PUF, 1999.

BUENO, Alexandre Marcelo. *Intolerância linguística e imigração*. São Paulo, 2006. Dissertação (Mestrado em Linguística) – Faculdade de Filosofia, Letras e Ciências Humanas, Universidade de São Paulo.

CAETANO, K. E. *A prática da análise de discursos*: literatura e sociedade. Campo Grande: Editora UFMS, 1997.

CALVET, Louis-Jean. *La Guerre des langues et les politiques linguistiques*. Paris: Payot, 1987.

CARDINI, Franco. *Quella antica festa crudele*. Milano: Mondadori, 1995.

CARDOSO, Ciro Flamarion. *Sete olhares sobre a Antiguidade*. 2. ed. Brasília: Editora da UnB, 1998.

CASSIRER, E. *La philosophie des formes symboliques*. Paris: Éditions de Minuit, 1972.

CASTELA, A. P. R. do N. *O corpo escrito*: as tatuagens na pós-modernidade. Salamanca, 2008. Tese (Doutorado em Sociologia) – Faculdade de Ciências Sociais, Universidade de Salamanca.

CASTELO BRANCO, Humberto de Alencar. *Discursos*: 1965. Rio de Janeiro: Departamento de Imprensa Nacional, s.d.

CHARAUDEAU, Patrick. *Discurso político*. São Paulo: Contexto, 2006.

CHAUI, Marilena. O que é política. In: NOVAES, Adauto (org.). *O esquecimento da política*. Rio de Janeiro: Agir, 2007, pp. 27-53.

COSER, Lewis A. *Le funzioni del conflitto sociale*. Milano: Feltrinelli, 1968.

CROZIER, Michel; FRIEDBERG, Erhard. *Attore sociale e sistema*. Milano: Etas Libri, 1978.

DAL LAGO, Alessandro. *Il conflitto della modernità*. Il pensiero di Georg Simmel. Bologna: Il Mulino, 1994.

DARRAULT-HARRIS, Ivan. Vers un modèle des comportements et des discours adolescents. Sémiotiques et psycanalyses. *Figures de la psychanalyse*. Paris, n. 9, 2004, pp. 127-36.

_____. L'angoisse, sa mise en discours. *Enfances & Psy*, n. 42, 2009.

DE CERTEAU, M. *L'Invention du quotidien*. Paris: Gallimard, 1980.

DELORME, J; GEOLTRAIN, P. Le discours religieux. In: COQUET, J. C. *Sémiotique*: l'école de Paris. Paris: Hachette, 1982, pp. 103-26.

DELEUZE, G; GUATTARI, F. *Mille plateaux*. Capitalisme et schizophrénie. Paris: Minuit, 1980.

_____. *Che cos'è la filosofia?* Torino: Einaudi, 1996.

DEMARIA, Cristina. *Semiotica e memoria*. Roma: Carocci, 2006.

DETIENNE, Marcel; VERNANT, Jean-Paul. *Les Ruses de l'intelligence*: la metis des grecs. Paris: Flammarion, 1974.

DISCINI, Norma. *O estilo nos textos*. São Paulo: Contexto, 2003.

DOBRY, Michel. *Sociologie des crises politiques*. Paris: Presses de la Fondation Nationale des Sciences Politiques, 1986.

DOUGLAS, Mary. *Rischio e colpa*. Bologna: Il Mulino, 1996.

ELSTER, Jon. *Ulysses and the Sirens*. Paris: Maison des Sciences de l'Homme, 1979.

_____. *Il cemento della società*. Bologna: Il Mulino, 1995.

FABBRI, P.; LANDOWSKI, Eric. (eds.). Explorations stratégiques. *Actes Sémiotiques*. Paris: Institut National de la Langue Française, 1983, n. 25.

_____. *La svolta semiotica*. Roma: Laterza, 1998.

_____; MARRONE, Gianfranco (eds.). *Semiotica in nuce*. Roma: Meltemi, 2001, v. 2.

FIELD, A. et al. Exposure to the Mass Media and Weight Concerns Among Girls. *Pediatrics*. v. 103, n. 3, Mar. 1999. Disponível em: <http://pediatrics.aappublications.org/content/103/3/e36.full>. Acesso em: 16/07/2011.

FIORIN, José Luiz. *O regime de 1964*: discurso e ideologia. São Paulo: Atual, 1988a.

_____. *Linguagem e ideologia*. São Paulo: Ática, 1988b.

_____. Algumas considerações sobre o medo e a vergonha. *Cruzeiro Semiótico*. Porto, n. 16, 1992, pp. 55-63.

_____. Gêneros e tipos textuais. In: MARI, Hugo; WALTY, Ivete; VERSIANI, Zélia (orgs.). *Ensaios sobre leitura*. Belo Horizonte: Editora PUC-Minas, 2005, pp. 101-7.

_____. *Introdução ao pensamento de Bakhtin*. São Paulo: Ática, 2006.

_____. Semiótica e política. In: BARROS, D. L. P. de; FIORIN, J. L. (orgs.). *A fabricação dos sentidos*: estudos em homenagem a Izidoro Blikstein. São Paulo: Humanitas, 2008, pp. 551-78.

FONTANILLE, Jacques. Le tumulte modal. *Actes Sémiotiques*: Bulletin, v. 11, n. 39. Paris: CNRS, 1986.

_____. *Les Espaces subjectifs*. Introduction à la sémiotique de l'observateur. Paris: Hachette, 1989.

_____. *Sémiotique du discours*. Limoges: PULIM, 1999.

_____; ZILBERBERG, Claude. *Tensão e significação*. São Paulo: Discurso/Humanitas, 2001.

_____. *Pratiques sémiotiques*. Limoges: PULIM, 2008.

FOUCAULT, Michel. *Surveiller et punir*. Naissance de la prison. Paris: Gallimard, 1975.

_____. *Microfísica do poder*. Rio de Janeiro: Graal, 1979.

_____. *Il faut défendre la société*. Paris: Gallimard, 1997.

GALLINO, Luciano. *Finanzcapitalismo*. Torino: Einaudi, 2011.

GAVIN, J.; RODHAM, K.; POYER, H. The Presentation of "Pro-anorexia" in On Line Group Interactions. *Quality Health Research*. v. 3, n. 18, 2008, pp. 325-33.

GENTILE, Emilio. *Les religions de la politique*. Entre démocraties et totalitarismes. Paris: Seuil, 2006.

_____; FELICE, Renzo de. *A Itália de Mussolini e a origem do fascismo*. São Paulo: Ícone, 1988.

GOFFMAN, Erving. On Cooling the Mark Out. Some Aspects of Adaptation to Failure. *Psychiatry*, v. 15, 1952.

_____. *Strategic Interaction*. Philadelphia: University of Pennsylvania Press, 1969 (trad. it., *Interazione strategica*. Bologna: Il Mulino, 1988).

_____. The Interaction Order. *American Sociological Review*, v. 48, 1969, pp. 1-17.

_____. *Frame Analysis:* an Essay on the Organization of Experience. Boston: Northeastern University, 1986.

GORDON, R. A. *Anorexia and Bulimia*: Anatomy of a Social Epidemic. Cambridge - MA, US: Basil Blackwell, 1990.

GOSSIP GIRL. Direção de Mark Piznarski et al. New York: Alloy Entertainment, 2007.

GREIMAS, Algirdas Julien. *Du sens*. Paris: Seuil, 1970.

_____. L'Énonciation: une posture épistémologique. *Significação* – Revista Brasileira de Semiótica. Ribeirão Preto-SP, n. 1, 1974, pp. 9-25.

_____. *Sobre o sentido*. Ensaios semióticos. Trad. Ana Cristina Cruz Cezar et al. Petrópolis: Vozes, 1975.

_____. *Sémiotique et sciences sociales*. Paris: Seuil, 1976a.

_____. *Semântica estrutural*. Trad. Haquira Osakabe e Izidoro Blikstein. São Paulo: Cultrix, 1976b.

_____; COURTÉS, J. *Dicionário de semiótica*. São Paulo: Cultrix, 1979.

_____; COURTÉS, J. *Sémiotique*. Dictionnaire raisonné de la théorie de langage. Paris: Hachette, 1979.

_____. *Du sens II*. Paris: Seuil, 1983.

_____; FONTANILLE, J. *Semiótica das paixões*. São Paulo: Ática, 1993.

_____; COURTÉS, J. *Dicionário de semiótica*. Trad. Alceu Dias Lima et al. São Paulo: Contexto, 2008.

GROESZ, Lisa M.; LEVINE, Michael P.; MURNEN, Sarah K. The Effect of Experimental Presentation of Thin Media Images on Body Satisfaction: a Meta-analytic Review. *International Journal of Eating Disorders*. Ohio, v. 31, n. 1, 2001, pp. 1-16. Disponível em: <http://www.ncbi.nlm.nih.gov/pubmed/11835293>. Acesso em: 16/07/2011.

GUINS, Raiford; CRUZ, Omayra, Z. (eds.). *Popular Culture*. A Reader. London: Sage, 2005.

HARKOT-DE-LA-TAILLE, E.; BARIAUD, F. Construção discursiva do adulto por jovens francesas: perspectiva dinâmica. CASA. *Cadernos de Semiótica Aplicada*. Araraquara – *SP*, v. 9, n.1, junho/2011, pp. 1-20.

HEBDIGE, Dick. *Subculture*. London: Routledge, 1979.

HERACLITUS, Ephesius. *Frammenti*. Le testimonianze. Milano: Fondazione Lorenzo Valla – Mondadori, 1994.

HIRSCHMAN, Albert O. *Exit, Voice and Loyality*. Cambridge: Harvard University Press, 1970 (Trad. francesa *Défection et prise de parole*. Paris: Fayard, 1995.)

HITLER, Adolf. *Minha luta:* Mein Kampf. 5. ed. São Paulo: Centauro, 2005.

HJELMSLEV, Louis. *Prolegômenos a uma teoria da linguagem*. São Paulo: Perspectiva, 1975.

HONNETH, Axel. *The Struggle for Recognition*. Cambridge: Polity Press, 1995.

HOUAISS, Antônio. *Dicionário da língua portuguesa*. Rio de Janeiro: Objetiva, 2009.

IDA, S. W.; SILVA, R. N. Transtornos alimentares: uma perspectiva social. *Revista Mal-Estar e Subjetividade*. Fortaleza, v. 7, n. 2, 2007, pp. 417-32.

JAURES, Jean et al. *Discursos que mudaram o mundo*. São Paulo: Folha de S. Paulo, 2010.

JOHNSON, Paul. *Egito antigo*. Rio de Janeiro: Ediouro, 2010.

JOXE, Alain. *Voyage aux sources de la guerre*. Paris: PUF, 1991.

_____. *L'Empire du chaos*. Paris: La Découverte, 2002.

_____.Vocabulaire des armes, phrasé militaire, langages stratégiques. *Mots*. Paris, n. 51, juin. 2007, pp. 7-21.

JUARASCIO, A. J.; SHOAIB, A.; TIMKO, C. A. Pro-eating Disorder Communities on Social Networking Sites: a Content Analysis. *Eating Disorders*: *The Journal of Treatment and Prevention*. v. 18, 2010, pp. 393-40.

JULLIEN, François. *Eloge de la fadeur*. Paris: Picquier, 1991.

KALDOR, Mary. *New and Old Wars*. Organized Violence in a Global Era. New York: Polity Press, 1999.

LADRIÈRE, Paul; PHARO, Patrick; QUÉRÉ, Louis. *La théorie de l'action*. Paris: CNRS Éditions, 1993.

LANDOWSKI, Eric. Du politique au politologique. In: GREIMAS, A. J.; LANDOWSKI, E. *Introduction à l'analyse du discours en sciences sociales*. Paris: Hachette, 1979, pp. 103-27.

_____. Les discours du pouvir. In: COQUET, J. C. *Sémiotique*: l'école de Paris. Paris: Hachette, 1982, pp. 151-72.

_____. Politique (sémiotique politique); situation; sociosémiotique. In: GREIMAS, A. J.; COURTÉS, J. *Sémiotique*: dictionnaire raisonné de la théorie du langage. Paris: Hachette, 1986, t. II, pp. 172-3.

_____. *La société réfléchie*: essais de socio-sémiotique. Paris: Seuil, 1989.

_____. *A sociedade refletida*. São Paulo: Pontes, 1992.

_____. Viagem às nascentes do sentido. In: ASSIS SILVA, I. (org.) *Corpo e sentido*. São Paulo: Edunesp, 1996, pp. 21-43.

_____. O olhar comprometido. *Revista Galáxia*. São Paulo, n. 2, 2001, pp. 19-56.

_____. *Presenças do outro*: ensaios de sociossemiótica. São Paulo: Perspectiva, 2002.

_____. *Passions sans nom*. Paris: PUF, 2004.

_____. Les interactions risquées. *Nouveaux actes semiotiques*. Limoges: PULIM, 2005a, v. 101,102, 103.

_____. *Aquém ou além das estratégias, a presença contagiosa*. São Paulo: Edições CPS, 2005b.

LARA, Glaucia M. P. Os contratos entre enunciador e enunciatário no discurso de Luís Inácio Lula da Silva. CASA. *Cadernos de Semiótica Aplicada*. Araraquara-SP, v. 2, n. 1, 2004, pp. 1-13.

LA TAILLE, Y. *Formação ética*: do tédio ao respeito de si. Porto Alegre: Artmed, 2009.

LAS CASES, Emmanuel de. *Le Mémorial de sainte Hélène*. Paris: Seuil-Points, 2008, v. 2.

LATOUR, B.; LEMONNIER, P. (eds.). *De la préhistoire aux missiles balistiques*. Paris: La Découverte, 1994.

LEITE, Marli Quadros. *Intolerância e preconceito na linguagem*. São Paulo: Contexto, 2008.

LIPOVETSKY, G. *L'Ère du vide*. Essais sur l'individualisme contemporain. Paris: Gallimard, 1983.

LOTMAN, Iuri M. Semiótica dos conceitos de "vergonha" e "medo". In: LOTMAN, Iuri et al. *Ensaios de semiótica soviética*. Lisboa: Horizonte, 1981, pp. 237-40.

LUHMANN, Niklas. *Sistemi sociali*. Bologna: Il Mulino, 1990.

MACEVOY, Sébastien. *L'Invention défensive*. Paris: Métailié, 1995.

MACHADO, I. V. *Transtornos alimentares em modelos brasileiras:* o culto ao corpo na pós-modernidade como causa de flexibilização das características inerentes aos direitos da personalidade humana. Disponível em: <http://www.fazendogenero.ufsc.br/8/sts/ST59/Isadora_Vier_Machado_59.pdf>. Acesso em: 17/07/2011.

MAINGUENEAU, Dominique. *Genèses du discours*. Bruxelas: Pierre Mardaga, 1984.

_____. *Análise de textos de comunicação*. São Paulo: Contexto, 2001.

_____. A propósito do ethos. In: MOTTA, A. R.; SALGADO, L. (orgs.). *Ethos discursivo*. São Paulo: Contexto, 2008, pp. 11-29.

MARCUS, George; FISCHER, Michael. *Anthropology as Cultural Critique*. Chicago: The University of Chicago Press, 1986.

MARTINI, Carlo M.; ZAGREBELSKY, Giorgio. *La domanda di giustizia*. Torino: Einaudi, 2003.

MARZO MAGNO, Antonio (ed.). *La guerra dei dieci anni. Jugoslavia 1991-2001*. Milano: Il Saggiatore, 2001.

MERLEAU-PONTY, Maurice. *Fenomenologia da percepção*. São Paulo: Martins Fontes, 1999.

_____. *A prosa do mundo*. Trad. Paulo Neves. São Paulo: Cosac & Naify, 2002.

MINI, Fabio. *La guerra dopo la guerra*. Torino: Einaudi, 2003.

MISSIKA, Jean-Louis. La communication de Nicolas Sarkozy: l'art de la saturation. *La Revue Socialiste – La droite dans tous ses états*. Paris, n. 41, 2011, pp. 77-82.

MONTANARI, Federico. *Linguaggi della guerra*. Roma: Meltemi, 2004.

MONTEIRO, Duglas Teixeira. Um confronto entre Juazeiro, Canudos e Contestado. In: FAUSTO, Boris (org.). *História geral da civilização brasileira*. Rio de Janeiro: Difel, 1977, v. 2, t. III, pp. 39-92.

MOURIN, Maxime. *Reddition sans conditions*. Paris: Albin Michel, 1973.

MULVEEN, R.; HEPWORTH, J. An Interpretative Phenomenological Analysis of Participation in a Pro-anorexia Internet Site and its Relationship with Disordered Eating. *Journal of Health Psychology*. v. 11, Mar. 2006, pp. 283-96.

NIETZSCHE, Friedrich. *La filosofia nell'epoca tragica dei greci*. Milano: Adelphi, 1977.

NOGUEIRA, Ataliba. *Antônio Conselheiro e Canudos*: revisão histórica. São Paulo: Nacional, 1978.

NORRIS, M. L. et al. Ana and the Internet: a Review of Pro-anorexia Websites. *International Journal of Eating Disorders*, v. 39, 2006, pp. 443-7.

ORTEGA, F. Da ascese à bio-ascese: ou do corpo submetido à submissão ao corpo. In: RAGO, M.; ORLANDI, L. B. L.; VEIGA-NETO, A. (orgs.). *Imagens de Foucault e Deleuze*: ressonâncias nietzschianas. Rio de Janeiro: DP&A, 2002.

PARRET, H. *A estética da comunicação*: além da pragmática. Campinas: Editora da Unicamp, 1997.

PGNARRE, Philippe; STENGERS, Isabelle. *La sorcellerie capitaliste*: pratiques de désenvoûtement. Paris: Éditions La Découverte, 2004.

POIRIER, Lucien. *Le chantier stratégique*. Paris: Hachette, 1997.

PONGE, Francis. *O partido das coisas*. Trad. Ignácio Antonio Neis e Michel Peterson. São Paulo: Iluminuras, 2000.

PROPP, Vladimir I. *Morfologia do conto maravilhoso*. Trad. Jasna Paravich Sarhan. Rio de Janeiro: Forense Universitária, 1984.

PROUST, Marcel. Un amour de Swan. *Du coté de chez Swan*. Paris : Folio, 1987.

RANCIÈRE, J. *O desentendimento*: política e filosofia. São Paulo: Editora 34, 1996.

RICOEUR, Paul. *Tempo e narrativa*. Trad. Constança Marcondes César. Campinas: Papirus, 1994.

_____. *Percurso do reconhecimento*. São Paulo: Loyola, 2007.

ROUSSEAU, Jean-Jacques. *Do contrato social*. 4. ed. São Paulo: Nova Cultural, 1987.

SCHELLING, Thomas. *The Strategy of Conflict*. Cambridge: Harvard University Press, 1963.

SHAW, J; WALLER, G. The Media's Impact on Body Image: Implications for Prevention and Treatment. *Eating Disorders*, v. 3, n. 2, 1995, pp. 115-23. Disponível em: <http://psycnet.apa.org/psycinfo/1996-20060-001>. Acesso em: 18/07/2011.

SIMMEL, George. *Sociologie*: études sur les formes de la socialisation. Paris: PUF, 1999.

STÁLIN. *A propos du marxisme en Linguistique*. Paris: Editons Sociales, 1953.

STICE, E.; SPANGLER, D.; STEWART AGRAS, W. Exposure to Media-Portrayed Thin-Ideal Images Adversely Affects Vulnerable Girls: a Longitudinal Experiment. *Journal of Social and Clinical Psychology*, v. 20, n. 3, 2001, pp. 270-88. Disponível em: <http://www.psychologie.tu-dresden.de/i2/klinische/studium/ss07/stice-modelexposure-2001.pdf>. Acesso em: 14/06/2011.

STRASBURGER, V. C.; COMSTOCK, G. A. Adolescents and the Media. *Adolescent Medicine:* State of the Art Reviews. Philadelphia, v. 4, n. 3, 1993. Disponível em: <http://www.eric.ed.gov/ERICWebPortal/search/detailmini.jsp?_nfpb=true&_&ERICExtSearch_SearchValue_0=ED371860&ERICExtSearch_SearchType_0=no>. Acesso em: 18/06/2011.

SUSMEL, Edoardo; SUSMEL, Duilio. *Opera omnia di Benito Mussolini*. Florença: La Fenice, 1955, v. 18.

TAINE, Hippolyte. *Histoire de la littérature anglaise*. Paris: Hachette, 1866, t. I.

THEIS, Laurent. *Clovis, de l'histoire au mythe*. Paris: Editons Complexe, 1996.

TIGGEMANN, M; PICKERING, A. S. Role of Television in Adolescent Women's Body Dissatisfaction and Drive for Thinness. *The International Journal of Eating Disorders*. South Australia, v. 20, n. 2, 1996, pp. 199-203. Disponível em: <http://www.ncbi.nlm.nih.gov/pubmed/8863073>. Acesso em: 11/07/2011.

THOMPSON, J. K.; HEINBERG, L. J. The Media's Influence on Body Image Disturbance and Eating Disorders: We've Reviled Them, Now Can We Rehabilitate Them? *Journal of Social Issues*, v. 55, n. 2, 1999, pp. 339-53. Disponível em: <http://jkthompson.myweb.usf.edu/articles/The%20Media's%20Influence%20on%20Body%20Image%20Disturbance.pdf>. Acesso em: 16/07/2011.

VAN DEN BERG et al. The Tripartite Influence Model of Body Image and Eating Disturbance: a Covariance Structure Modeling Investigation Testing the Mediational Role of Appearance Comparison. *Journal of psychosomatic research*, v. 53, n. 5, 2002. Disponível em: <http://jkthompson.myweb.usf.edu/articles/The%20Tripartite%20Influence%20Model%20of%20Body%20Image.pdf>. Acesso em: 11/07/2011.

VERRI et al. Television and Eating Disorders. Study of Adolescent Eating Behavior. *Minerva Pediatrica*, v. 49, n. 6, 1997, pp. 235-43. Disponível em: <http://www.ncbi.nlm.nih.gov/pubmed/9304042>. Acesso em: 11/07/2011.

VILAÇA, M. M. et al. *Diversidade ou sujeição ao ideal corporal?* Eis a questão. Disponível em: <http://www.cbce.org.br/cd/resumos/081.pdf>. Acesso em: 01/07/2011.

WEIL, Simone. L'Iliade poema della forza. In: *La Grecia e le intuizioni precristiane*. Genova: Borla, 1999.

WITTGENSTEIN, L. *Investigações filosóficas*. Lisboa: Fundação Calouste Gulbenkian, 1995.

ZILBERBERG, Claude. *Eléments de grammaire tensive*. Limoge: PULIM, 2006a.

_____. Síntese da gramática tensiva. Trad. Luiz Tatit e Ivã Carlos Lopes. *Significação* – Revista Brasileira de Semiótica. São Paulo: Annablume, 2006b, n.25, pp. 163-204.

_____. *Razão e poética do sentido*. São Paulo: Edusp, 2006c.

_____. Louvando o acontecimento. *Revista Galáxia*, São Paulo, v. 7, n. 13, 2007, pp.13-28.

ZOLA, Emile. *Therése Raquin*. Paris: Bibliothèque Charpentier, 1953.

Os organizadores

Oriana N. Fulaneti é mestre e doutora em Semiótica e Linguística Geral pela Universidade de São Paulo, com estágio doutoral na Université Paris VIII, França. Fez pós-doutorado no Departamento de Ciências da Linguagem da Universidade Federal Fluminense. Desenvolve pesquisas sobre as temáticas de enunciação, paixões e interações sociais, comunicação e estratégia e imagens de si. Atualmente é professora adjunta de Língua Portuguesa e Linguística na Universidade Federal da Paraíba.

Alexandre Marcelo Bueno é mestre e doutor pelo programa de Semiótica e Linguística Geral da Universidade de São Paulo, com estágio doutoral na Université Paris VIII. Professor visitante da Universidade Nacional de Timor-Leste durante o ano de 2012. Tem pesquisas e publicações nas seguintes temáticas: Imigração, Intolerância Linguística e Sociossemiótica.

Os autores

Arnaldo Cortina é professor adjunto da FCL-Unesp, campus de Araraquara, atuando na graduação e na pós-graduação; mestre e doutor na área de Semiótica e Linguística Geral pela Universidade de São Paulo, fez pós-doutorado na área de Semiótica na Université de Limoges e na Université Paris VIII. É bolsista de produtividade em pesquisa do CNPq, nível 2, desde 2005. Foi presidente do GEL – Grupo de Estudos Linguísticos (2005-2006); editor responsável da *Alfa: Revista de Linguística* (2009-2012). Desenvolve pesquisa em Semiótica desde o mestrado, o que, ao longo do tempo, tem resultado em diferentes publicações em livros e artigos em periódicos científicos.

Conrado Moreira Mendes é bacharel em Comunicação Social pela Universidade Federal de Minas Gerais; mestre em Estudos Linguísticos pela mesma instituição e doutorando em Semiótica e Linguística Geral pela Universidade de São Paulo, com estágio doutoral na Université Paris VIII, França. Tem artigos publicados nas seguintes áreas: Semiótica Discursiva, Comunicação e Linguística Geral.

Denis Bertrand é professor de Literatura Francesa na Université Paris VIII; codiretor, juntamente com Jacques Fontanille, do Seminário Intersemiótico de Paris. Como pesquisador, dedica-se sobretudo à relação entre Semiótica e Retórica, tendo produzido diversos artigos e livros que abordam não apenas a questão teórica, mas também as aplicações da Sociossemiótica. Entre suas publicações, destacam-se *Parler pour gagner. Sémiotique des discours de la campagne présidentielle de 2007* (em coautoria com Alexandre Dézé e Jean-Louis Missika).

Diana Pessoa de Barros é professora titular aposentada do Departamento de Linguística da FFLCH-USP; coordenadora geral de pós-graduação *stricto sensu* da Universidade Presbiteriana Mackenzie; secretária-geral da Associação de Linguística e Filologia da América Latina. Obteve o título de mestre na Universidade de Paris III e os de doutor, adjunto, livre-docente e titular na Universidade de São Paulo. Realizou estágio de pós-doutoramento na École des Hautes Études en Sciences Sociales em Paris. Publicou capítulos nos livros *Enunciação e discurso* e *Introdução à linguística* (volumes I e II), publicados pela Editora Contexto.

Elizabeth Harkot-de-La-Taille, mestre e doutora em Semiótica e Linguística Geral pela Universidade de São Paulo, com pós-doutoramento junto à Univesité de Liège. É docente da Universidade de São Paulo; realiza pesquisas e tem publicações nas temáticas de construção discursiva da identidade, estereótipos culturais, imagens de si, paixões e interações sociais, aspectos retóricos e papel de componentes sensíveis no processo de significação.

Federico Montanari, doutor em Semiótica, é professor de Análise do Discurso Político e de Semiótica na Università di Bologna e professor visitante na Universidade da Califórnia – San Diego. Suas pesquisas concentram-se na temática da Semiótica do discurso político, da guerra e do conflito. Do ponto de vista teórico, investiga a relação entre Semiótica e pós-estruturalismo, baseando-se sobretudo no pensamento de Deleuze e Guattari. É autor, entre outros artigos e livros, de *Linguaggi della guerra*.

Glaucia Proença Lara possui graduação e mestrado em Letras pela Universidade Federal de Minas Gerais, doutorado em Semiótica e Linguística Geral pela Universidade de São Paulo e pós-doutorado em Semiótica, junto ao Groupe de Recherches Sémiotiques/EHESS (Paris); é professora da Faculdade de Letras/UFMG, atuando tanto na graduação quanto na pós-graduação na área de Estudos Textuais e Discursivos. É coautora, autora e organizadora de diversas publicações.

José Luiz Fiorin é mestre em Linguística pela Universidade de São Paulo e doutor em Linguística pela mesma universidade. Fez pós-doutorado na École des Hautes Études en Sciences Sociales (Paris) e na Universidade de Bucareste. Fez livre-docência em Teoria e Análise do Texto na Universidade de São Paulo. Atualmente é professor-associado do Departamento de Linguística da FFLCH da Universidade de São Paulo. Foi membro do Conselho Deliberativo do CNPq

(2000-2004) e representante da Área de Letras e Linguística na Capes (1995-1999). Além de muitos artigos em revistas especializadas, publicou, pela Editora Contexto, capítulos nos livros *Comunicação e análise do discurso*, *Enunciação e discurso*, *Bakhtin: outros conceitos-chave* e *Ethos discursivo*. Também é autor de *Em busca do sentido* e *Elementos de análise do discurso* e organizador de *Introdução à Linguística* (volumes I e II) e *África no Brasil*, todos igualmente pela Editora Contexto.

Juan Alonso Aldama é doutor em Semiótica, professor de Ciências da Informação e de Semiótica da Comunicação Política na Université Paris 12. Desenvolve pesquisas relacionadas às temáticas de comunicação e estratégia, paixões na comunicação e Semiótica da comunicação. É autor, entre outros, de *Le discours de l'ETA. Un terrorisme à l'epreuve de la sémiotique*.

Kati Caetano é professora titular do Programa de Pós-graduação em Comunicação e Linguagens e do Curso de Jornalismo da Faculdade de Ciências Sociais Aplicadas, da Universidade Tuiuti do Paraná. Mestre em Linguística pela Faculdade de Filosofia, Letras e Ciências Humanas (FFLCH) da USP, doutora em Letras pela FFLCH-USP, com pós-doutorado em Semiótica, pelo CNRS (Paris) e em Comunicação pela UFBA. Tem obras, artigos em periódicos e capítulos de livros publicados, relacionados à área de fotografia, jornalismo, imagem digital, estética da comunicação, teorias do discurso e à Semiótica das interações.

GRÁFICA PAYM
Tel. (11) 4392-3344
paym@terra.com.br